델리 · 또쁘라 석주(최초로 해독(解讀)된 비문)

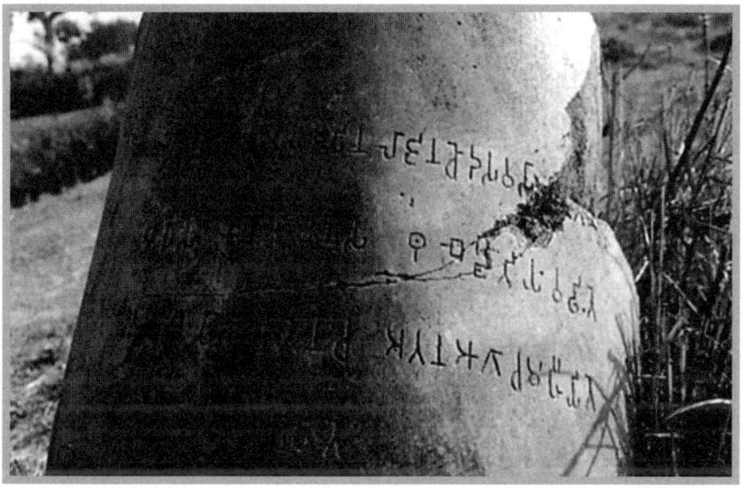

니갈리 사가르 석주 비문

아쇼까왕 비문

아쇼까왕 비문

츠카모토 게이쇼 지음
호진·정수 옮김

불교시대사

역자 서문

아쇼까왕의 비문은 인도에서 가장 오래된 비문이다. 그러나 이 비문이 세상에 알려지기 시작한 것은 겨우 170년 전(1837), 영국학자 제임스 프린셉(James Prinsep)이 비문 해독에 성공하면서부터였다. 비문의 양은 얼마 되지 않지만, 그 중요성은 매우 크다. 이 비문 덕택으로 아쇼까왕의 관정(灌頂, 即位) 연대를 알게 되었고, 그것으로 붓다의 입멸연대도 추정해 낼 수 있었다. 또한 붓다의 탄생지를 비롯한 몇몇 성지(聖地)들의 확인, 붓다가 사용한 언어, 가장 오래된 몇몇 불교 경전들의 명칭, 기원전 3세기의 불교교단, 불교의 전도(傳道) 등에 대해서도 많은 것을 알 수 있게 되었다.

아쇼까왕의 비문은 불교와 관련된 사실들뿐 아니라 왕의 인간적인 모습, 그의 통치 이념과 활동, 신앙생활과 종교정책 등에 대해서도 구체적으로 알 수 있게 해 주었다. 그리고 인도 고대의 종교 · 사상 · 예술 · 역사 · 사회 · 경제 · 법률뿐 아니라 언어학 · 고고학 등 인도 고대사의 많은 문제들을 해명하는 데도 중요한 실마리를 제공해 주었다.

이와 같은 중요성을 가진 이 비문이 최근까지 세상에 알려지지 않았던 이유는 비문에 사용된 언어와 문자가 완전히 잊혀져 버린 것이었기 때문이었다. 그것은 현대 학자들이 "마가다 지방의 언어"라는 의미에서 "마가디(Māgadhī)"라고 이름을 붙여준 언어로서, 쁘라끄리뜨(Pr-akrit)어의 일종이다. 그것을 기록하기 위해서는 브라흐미(Brāhmī) 문자를 사용했다. 게다가 고대 서북 인도의 카로슈티(Kharoṣṭī) 문자와 페르시아어의 일종인 아람어(Aram) 및 그리스어로 쓰인 것도 있었다.

*

아쇼까 비문 연구와 번역으로 정평(定評)이 있는 쥘 블로흐(Jules Bloch)의 불어 번역본을 내가 손에 넣은 것은 1988년이었다. 우리말로 번역을 꿈꾸어 온 지는 이미 오래 되었다. 그러나 나에게 문제가 되었던 것은 비문에 사용된 용어였다. 이 문제를 해결하기 위해서, 결국 일본학자 츠카모토 게이쇼(塚本啓祥) 교수의 일본어 번역본을 기본 텍스트로 삼기로 했다. 그렇지만 나의 일본어 실력이 부족하기 때문에, 일본에서 오랫동안 연구한 사제(師弟) 정수(淨修) 스님의 도움을 빌기로 했다. 뜻밖에도 츠카모토 교수님은 정수 스님의 박사논문 지도교수였다. 교수님은 기꺼이 한국어 번역을 허락해 주셨을 뿐 아니라, 2005년에 발표한 「룸민데이의 아쇼까 석주각문재고(ルンミンデイのアショカ石柱刻文再考)」라는 장편의 논문까지 보내 주셨다.

* *

일본어로 된 부분은 모두 정수 스님이 초벌 번역을 했다. 나는 그것을 가지고 츠카모토 교수님이 번역할 때 저본(底本)으로 삼은 블로흐(Bloch)의 *Les Inscriptions d'Asoka*(1950년)와 아쇼까 비문 번역서로서 학계에서 널리 인정받고 있는 서카(D. C. Sircar)의 *Inscriptions of Asoka*(1998년, 제4판), 그리고 인도의 마이소르(Mysore) 대학교의 니캄(N. A. Nikam) 교수와 미국의 시카고(Chicago) 대학교의 매키언(R. McKeon) 교수가 공역한 *The Edicts of Asoka*(1962년)를 대조해서 정밀하게 손질했다.

비문의 양이 별로 많지 않기 때문에 그다지 시간이 걸리지 않을 것이라고 생각했는데, 예상과는 달리 1년 반이라는 짧지 않은 시간이 소요되었다. 2250여 년 전의 이 귀중한 비문을 글자 한 자라도 잘못 번역하는 일이 있어서는 안 된다는 강박관념이 떠나지 않았다. 고치고 다시 고치기를 7~8번이나 되풀이했다. 이 과정에서 번역이란 상당히 주관적이라는 것을 새삼 깨닫게 되었다. 어떤 부분은 일본어, 불어, 영어(二本)로 된 4가지 번역이 서로 달랐다. 이와 같은 경우, 나 자신의 주장이 개입되지 않을 수 없었다. 결과적으로 츠카모토 교수님의 많은 역주(譯註)에 다시 나의 적지 않은 역주가 보태지게 되었다.

츠카모토 교수님이 사용한 번역어에는 어려운 말들이 많았다. 교수님은 이 비문이 왕의 칙령(勅令)이기 때문에 그렇게 표현해야 한다고 생각한 것 같다. 그러나 내 생각은 달랐다. 아쇼까 비문은 특정한 소수의 사람을 위한 것이 아니라 모든 백성들에게 왕 자신의 뜻을 전하기 위한 것이었다. 그래서 비문은 전국의 도시와 마을, 사람들이 많이 왕래하는 큰 도로변, 종교적인 성지(聖地) 등의 바위나 비석에 새겨졌던 것이다. 아쇼까는 이 비문을 직접 읽을 수 있는 사람뿐 아니라

설사 읽지 못하더라도 그것을 듣는 사람이면 모두 이해할 수 있기를 원했을 것이다. 이와 같은 목적을 가진 비문에 어려운 말은 사용하지 않았을 것이다. 그래서 한글 번역에는 가능한 한 쉬운 용어와 문장을 사용하기로 했다. 따라서 츠카모토 교수님의 용어와 문장들을 바꾸어야 하는 경우도 종종 있게 되었다. 예를 들면 "법(法)의 애모(愛慕)", "법의 교계(教誡)"와 같은 말을 "법에 대한 사랑", "법의 가르침" 등으로 한 것이다.

* * *

츠카모토 교수님의 책에는 제2부가 없다. 그러나 한글 번역본에서는 교수님의 「룸민데이의 아쇼까 석주각문재고(ルンミンデイ のアショカ石柱刻文再考)」, 블로흐의 *Les Inscriptions d'Asoka*의 서문, 그리고 1995년에 발표한 나의 논문 「아쇼까왕과 불교」를 합쳐 제2부로 했다. 이 부분의 내용은 제1부의 서설(序說)과 중복되는 것도 있지만, 같은 사실을 다른 관점에서 볼 수도 있고, 서로 부족한 내용에 보완이 될 수도 있을 것이라 생각한다.

츠카모토 교수님의 책에 실린 사진들은 상태가 좋지 않아서 모두 바꾸지 않을 수 없었다. 여러 책들에서 필요한 사진을 찾아야 했다. 내부분이 외국 책들이기 때문에 사진 사용에 대한 허락을 받지 못했다. 이 점 죄송하게 생각하면서, 사진 출처를 모두 밝혔다. (사진 제작권자와 연락이 되면 한국의 관례에 따라 사용료를 지불할 의사가 있음을 밝힌다.) 촬영자의 이름이 명시되지 않은 사진은 내가 직접 찍은 것이다.

* * * *

이 책의 번역을 허락해 주시고 귀중한 논문을 보내 주신 츠카모토 게이쇼 교수님께 존경과 감사의 말씀을 드린다. 교수님 덕택으로 이 분야에 관심을 가진 한국의 연구자들이 많은 도움을 받게 되리라 믿는다. 정수 스님에게도 고마운 마음을 전한다. 미국 필라델피아에 창건한 관음사의 운영과 그곳 교민들에 대한 포교를 위해 바쁜데도 불구하고, 이 책 번역에 기쁜 마음으로 동참해 주었다. 정수 스님의 도움이 없었다면 이처럼 쉽게 책이 나올 수 없었을 것이다. 끝으로, 경제성이라고는 없는 이 책의 출판을 기꺼이 맡아준 불교시대사에도 감사드린다.

불기 2552(2008)년 봄

기림사 동암에서 호진 합장

머리말

아쇼까(Aśoka: 阿育, 無憂)왕의 이름이 우리에게 알려진 것은 상당히 오래 전부터였다. 불교 경전 가운데 『아육왕경(阿育王經)』이 있는데, 이 경전에서 그는 법아육(法阿育), 즉 다르마쇼까(Dharmaśoka)라는 이름으로 붓다의 교법을 널리 펴는 데 크게 공헌한 왕으로 나온다.

고대 인도에는 역사적인 사건을 객관적으로 기록한 역사서가 없었기 때문에, 역사를 정확하게 파악하기는 매우 어렵다. 그런데 아쇼까왕 시대에 왕의 신조(信條)나 업적을 바위나 돌기둥에 새겼는데, 그 비문〔法勅〕이 현존하고 있다. 이 비문은 고대 인도에서 유일하다고 할 수 있는 중요한 역사연구의 자료이다. 아쇼까 비문의 일본어 번역은 이미 오래 전에 우이 하쿠주(宇井伯壽) 박사가 『아육왕각문(阿育王刻文)』이라는 이름으로 간행했다(南傳大藏經 제65권, 1927년). 그러나 이 번역은 문장이 어려운 데다, 그 후 다시 많은 비문이 발견되었기 때문에 새로운 번역서가 나오기를 기다리고 있었다.

나는 1973년에 『아쇼까왕』(アショカ王, 平樂寺書店)을 간행하였다.

그러나 이 책은 문헌고증에 중점을 두었기 때문에 일반 독자를 대상으로 하는 책을 집필할 필요가 있었다. 우연히 제3문명사(第三文明社)로부터 '레굴루스 문고(Regulus Library)'의 한 책(册)으로 『아쇼까왕 비문(碑文)』을 집필해 달라는 의뢰를 받았다. 그래서 나는 이 책에서 다음과 같은 두 가지 목적을 이루고자 했다.

서설에서는 비문의 배경이 되는 역사적 사정을 개설하고, 비문에서는 원문에 충실할 뿐 아니라, 쉬운 문장으로 번역을 하기로 목표를 정했다. 따라서 이해하기 어려운 문장에 대해서는 간단한 보충설명 또는 설명 어구(語句)를 붙이고, 역주(譯註)에서 상세한 설명을 했다. 번역문 중에는 우이 하쿠주 박사의 번역문을 고친 곳도 몇 군데 있다. 이것은 나의 독창적인 것이 아니라 그 동안의 비문연구의 진전에 의한 것이다. 역시 마땅한 번역어를 결정할 수 없는 몇 가지 문제도 남아 있다. 이에 대해서는 역주에서 그 이유를 논술했다.

이 책을 만들면서 제3문명사의 야스다 토시오(安田理夫) 씨로부터 찾아보기(索引) 작성과 교정뿐 아니라 다른 여러 가지 면에서 도움을 받았다. 깊이 감사드린다.

1975년 12월 8일

성도재일에 우거(寓居)에서

츠카모토 게이쇼(塚本啓祥)

일러두기

1. 비문의 일본어 번역은 쥘 블로흐(Jules Bloch)의 『아쇼까 비문』(*Les inscriptions d'Aśoka*, Paris, 1950)을 저본(底本)으로 했지만, 그 후 새로 발견된 비문에 대해서는 해설에서 소개한 연구논문들을 따랐다.

2. 번역문 가운데서 〔 〕은 간결한 원문에 대한 보충설명을, ( )은 설명을, …은 원문이 떨어져 나간 것을, [ ]은 떨어져 나간 원문에 대한 보충설명을 나타낸다.

3. 비문의 이본(異本) 간에, 어구(語句)가 서로 다를 경우 각 비문의 끝에 주(註)를 달았다.

4. 번역문 중의 어구에 대한 주(원어, 문법상의 설명, 역사적 배경)는 본문에 *기호를 붙여서 열거했다. 또 ✓은 동사어근을, 〈은 그 어휘가 다음 말에서 유래하는 것을 나타낸다.

5. 한글 번역을 위해서는, 블로흐(Bloch)의 『아쇼까 비문』뿐 아니라 니캄과 매키언(N.A. Nikam and R. Mckeon)의 『아쇼까의 법칙(法勅)』(*The Edicts of Asoka*, Bombay, 1962), 그리고 서카(D.C. Sircar)의 『아쇼까 비문』(*Inscriptions of Asoka*, New Delhi, 1998)을 참조했다(한글 飜譯者).

6. 번역문 및 주(註)에 사용된 생략 기호는 다음과 같다.

1) **14장마애법칙(十四章磨崖法勅)**

Sh. 샤흐바즈가리히(Shāhbazgaṛhī) *M.* 만세흐라(Mānsehrā)

K. 깔시(Kālsī) *G.* 기르나르(Girnār)

Sop. 소빠라(Sopārā) *Dh.* 다울리(Dhauli)〔Tosali〕

J. 자우가다(Jaugaḍa) *E.* 에라구디(Erraguḍi)〔Suvarṇagiri〕

Kan. 깐다하르(Kandahār)

2) **소마애법칙(小磨崖法勅)**

Rūp. 루쁘나트(Rūpnāth) *Bai.* 바이라뜨(Bairāṭ)

Sah. 사하스람(Sahasrām) *Ahr.* 아흐라우라(Ahraurā)

Del. 델리(Delhi) *Gav.* 가비마트(Gavīmaṭh)

Mas. 마스끼(Maski) *Br.* 브라흐마기리(Brahmagiri)

Pāl. 빨끼군두(Pālkīguṇḍu) *Jat.* 자띵가 · 라메슈바라(Jatiṅga-Rāmeśvara)

Sid. 싯다뿌라(Siddāpura) *Rāj.* 라줄라 · 만다기리(Rājula-Maṇḍagiri)

Erra. 에라구디(Erraguḍi)

Guj. 구자라(Gujarrā)

3) 7장석주법칙(七章石柱法勅)

Top. 델리 · 또쁘라(Delhi-Toprā)

Mīr. 델리 · 미라트(Delhi-Mīraṭh)

Ara. 라우리야 · 아라라즈(Lauṛiyā-Ararāj)

Nan. 라우리야 · 난단가리(Lauṛiyā-Nandangaṛh)

Rām. 람뿌르바(Rāmpurvā)

Kos. 알라하바드 · 꼬삼(Allāhābād-Kosam)

4) 소석주법칙(小石柱法勅)

Kos. 꼬삼비(Kosambi)

Sār. 사르나트(Sārnāth)

Nig. 니갈리 · 사가르(Nigālī-Sāgar)

Lam. 람빠까(Lampāka)

Sāñ. 산찌(Sāñcī)

Rum. 룸민데이(Rummindeī)

Tax. 딱실라(Taxila)

Am. 아마라바띠(Amarāvatī)

5) 동원각문(洞院刻文)

Bar. 바라바르(Barābar)

차 례

■역자 서문 _ 6

■머리말 _ 11

■일러두기 _ 13

제1부 아쇼까왕 비문

서설

1. 비문의 소재지 21
2. 정치와 사회 · 경제 33
3. 법에 의한 통치 50
4. 불교와의 관계 62

비문

I. 14장마애법칙 87

II. 별각마애법칙 134

III. 소마애법칙 144

IV. 7장석주법칙 ··· 161
V. 소석주법칙 ··· 180
VI. 동원각문 ··· 189
VII. 황후법칙 ··· 191

■해설 참고문헌 _ 192
■연표(年表) _ 201

제2부

I. 룸민데이의 아쇼까 석주각문재고 ··· 207
II. 아쇼까 비문 ··· 259
III. 아쇼까왕과 불교 ··· 287

■아쇼까왕 비문 분포도 _ 338
■찾아보기 _ 340

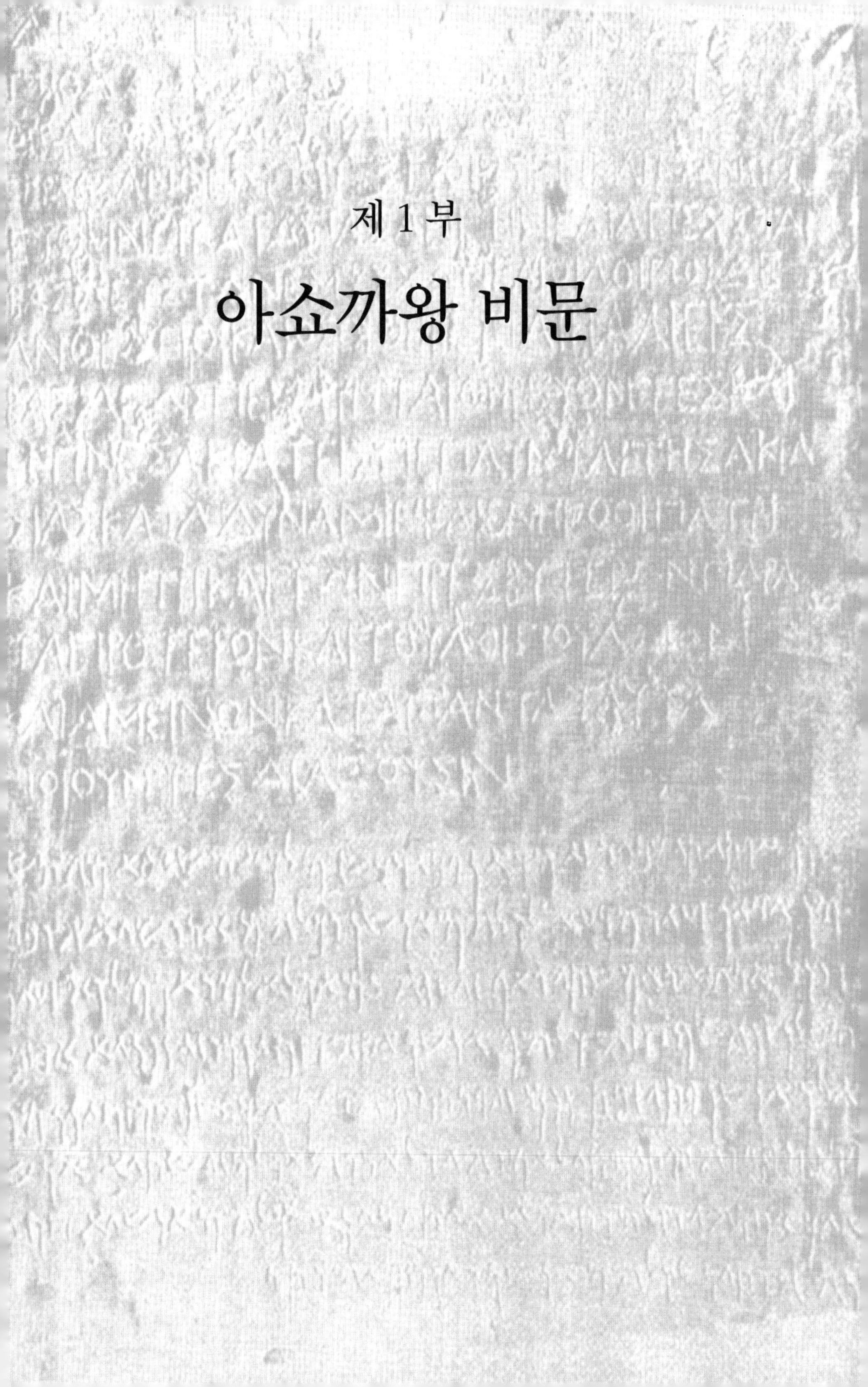

제 1 부

아쇼까왕 비문

서설

1. 비문의 소재지

아쇼까왕의 법칙(法勅: dhaṃma-lipi)을 새겼던〔銘刻〕 카로슈티(Kharoṣṭhī) 문자와 브라흐미(Brāhmī) 문자는 오랫동안 잊혀졌다가, 제임스 프린셉(James Prinsep)이 그리스 문자와 인도 문자를 사용한 2가지 언어로 된 화폐를 실마리로 해서, 해독(解讀)에 성공한 것은 1837년이었다. 그 이후 아쇼까 비문의 연구는 인도 역사를 해명하는 데 가장 중요한 자료로서 학자들의 주목을 받게 되었다. 그 뒤 1세기 반 동안 발견된 비문은 40개에 달하였다.

비문은 그 내용과 새겨진 비석에 따라 분류하면 다음과 같이 7종이다.

I. 14장마애법칙(十四章磨崖法勅)

II. 별각마애법칙(別刻磨崖法勅, 2장)

III. 소마애법칙(小磨崖法勅, 4장)

IV. 7장석주법칙(七章石柱法勅 또는 6장석주법칙)

V. 소석주법칙(小石柱法勅, 6種)

VI. 동원각문(洞院刻文)

VII. 황후법칙(皇后法勅)

지금부터 이 비문들의 소재지와 특색에 대해 서술하려 한다.

I. 14장마애법칙

(1) 샤흐바즈가리히(Shāhbāzgaṛhī; *Sh.*로 생략)

서북 변경주(邊境州)인 뻬샤와르(Peshāwār) 지방, 까뿌르다가리히(Kapurdagaṛhī)에서 3km. 큰 화성암 덩어리(火成岩塊)와 표석(漂石: 풍화작용으로 강 하류까지 옮겨진 바윗돌의 파편), 2곳에 새겨져 있다.

(2) 만세흐라(Mānsehrā; *M.*으로 생략)

서북 변경주(邊境州) 하자라(Hazārā) 지방. 3개의 표석에 새겨져 있다. 오른쪽의 두 비문은 고대 페르시아의 아람(Aram) 문자에서 유래한 카로슈티 문자를 사용하고 있다.

(3) 깔시(Kālsī; *K.*로 생략)

웃따르 쁘라데쉬(Uttar Pradeshi) 주(州) 데흐라 · 둔(Dehra Dūn) 지방, 데흐라에서 2.5km, 야무나(Jamunā) 강과 톤스(Tons) 강의 합류점. 커다란 석영(石英) 표석에 새겨져 있다. 서북쪽 면에는 코끼리의 윤곽이 조각되어 있다. 현재 인도에서 사용되고 있는 데바나가리(Devanāgarī) 문자의 가장 오래된 형식(最古形)인 브라흐미(Brāhmī) 문자를 사용하고 있다(아래에서 표시하지 않는 경우에는 다른 비문들도 이 브라흐미 문자를 사용한다).

(4) 기르나르(Girnār; *G*.로 생략)

구자라뜨(Gujarāt) 주의 주나가리(Junagaṛh)의 동쪽 1.5km 지점. 원추(圓錐) 모양의 거대한 화강암 표석의 동북쪽 면에 새겨져 있다. 다른 면에는 마하끄샤뜨라빠 · 루드라다만(Mahākṣatrapa-Rudradāman, 152년경)과 굽따 왕조의 스깐다굽따(Skandagupta, 456~457년)의 각문(刻文)이 있다.

(5) 소빠라(Sopārā; *Sop*.으로 생략)

마하라슈뜨라(Mahārāṣṭra) 주 타나(Thāna) 지방의 밧세인 딸루까(Bassein Tāluka)에 있는 고대 도시. 1882년에 제8장 법칙이 새겨진 현무암(玄武岩)의 파괴된 바위가 발견되었다. 이것을 봄베이 소빠라(Bombay-Sopārā) 단편(斷片)이라고 한다. 역시 1956년에 소빠라 근처인 부이가온(Bhuigaon)에서 제9장 법칙이 새겨진 파손된 현무암 석판(石板)이 발견되었다.

(6) 다울리(Dhauli; *Dh*.로 생략)

오릿사(Orissa) 주 뿌리(Puri) 지방의 부바네슈와르(Bhuvaneśwar)의 남쪽 11km 지점. 아스와스뜨마(Aswastma)라고 통칭(通稱)되는 바위에 새겨져 있다. 이 바위는 석영이 섞인 혼합된 가만암(角蛮岩)이다. 비문의 윗부분에는 코끼리의 전반신(前半身)이 조각되어 있다. 비문은 제11장에서 제13장이 빠졌다.

(7) 자우가다(Jaugaḍa; *J*.로 생략)

오릿사 주 간잠(Ganjām) 지방의 서북쪽 30km 지점. 폐허 속의 거대한 바위에 새겨져 있는데, 제11장에서 제13장이 빠졌다. 바위 표면이

샤흐바즈가리히 마애법칙(원경)(中村元, 『불타의 세계』)

떨어져 나가 비문의 3분의 1이 사라져 버렸다. 비문의 윗부분에 卍(만)자와 M자가 새겨져 있다.

(8) 에라구디(Erragudi; *E*.로 생략)

안드라 쁘라데쉬(Andhra Pradesh) 주 꾸르눌(Kurnool) 지방의 구띠(Gooty)로부터 15km 지점. 검은 코끼리의 무덤〔黑象塚〕이라고 불리는 구릉(丘陵)의 6개 표석에 새겨져 있다.

(9) 깐다하르(Kandahār; *Kan*.으로 생략)

아프카니스탄의 깐다하르 폐허에서 발견되었다. 직각형의 화장석(化粧石)에 새겨져 있다. 제12장에서 제13장 전반(前半)에 해당하는데, 그리스어로 기록되어 있다. 이것을 깐다하르 제2법칙 또는 그리스어 제2 깐다하르 법칙이라고 부른다.

이외에 다른 것으로, 10) 딱실라와 11) 람빠까 출토의 소석주법칙에 제4장의 일부로 추정되는 내용이 포함되어 있다(V. 소석주법칙 항(項)을 볼 것).

II. 별각마애법칙

(1) 다울리(Dhauli)

(2) 자우가다(Jaugaḍa)

이 2곳에는 14장 법칙(제11장에서~13장이 빠졌음)과 함께 별각(別刻) 법칙 2장이 새겨져 있다.

III. 소마애법칙

(A) 제1장

(1) 루쁘나트(Rūpnāth; *Rūp.*로 생략)

마댜 쁘라데쉬(Madhya Pradesh) 주 자발뿌르(Jabalpur) 지방. 까이무르(Kaimur) 산맥에 원천을 둔 강이 폭포를 이루어 3개의 못을 만들고 있는데, 사람들은 이 못들을 성스럽게 생각한다. 바위가 좁게 갈라진 틈 사이에 놓여 있는 시바(Siva)신의 링가(liṅga)로 인해 순례지로 알려져 있다. 법칙은 사암(砂岩)의 표석에 새겨져 있다.

(2) 구자라(Gujarrā; *Guj.*로 생략)

마댜 쁘라데쉬 주(州) 다띠아(Datia) 지방. 구릉의 표석에 새겨져 있다.

(3) 사하스람(Sahasrām; *Sah.*로 생략)

비하르(Bihar) 주 샤하바드(Shāhābād) 지방의 사하스람(Sahasrām; Sasarām이라고도 함)에서 3km 지점에 위치한 바위에 새겨져 있다.

(4) 바이라뜨(Bairāṭ; *Bai.*로 생략)

라자스탄 주(Rājasthān 州) 자이뿌르(Jaipur) 지방의 자이뿌르에서

70km, 바이라뜨 동북쪽 1.6km 지점에 위치한 바위에 새겨져 있다.

(5) 델리(Delhi; *Del.*로 생략)

델리의 동남부, 깔까지(Kalkajee) 사원의 서쪽에 위치한 바하뿌르(Bahapur)의 바위에 새겨져 있다.

(6) 아흐라우라(Ahraurā; *Ahr.*로 생략)

웃따르 쁘라데쉬 주 미르자뿌르(Mirzapur) 지방의 추나르(Chunar)에서 가까운 아후라우라(Ahurauraā) 언덕의 바위에 새겨져 있다.

(7) 마스끼(Maski; *Mas.*로 생략)

마이소르(Mysore) 주 라이추르(Raichur) 지방의 라이추르에서 75km 지점. 불규칙한 모양의 회색 결정질(結晶質) 화강암의 표석에 새겨져 있다.

(8) 가비마트(Gavīmaṭh; *Gav.*로 생략)

마스끼의 서남쪽 85km 지점에 위치한 꼽발(Kopbāl) 마을의 돌투성이 언덕에 있는 2개의 바위에, 동문(同文)이라 추측되는 2개의 법칙이 새겨져 있다. 그러나 그 가운데 하나는 마멸(磨滅)되어 판독할 수 없다.

(9) 빨끼군두(Pālkīguṇḍu; *Pāl.*로 생략)

꼽발 근처 구릉 위의 바위에 새겨져 있다.

(10) 브라흐마기리(Brahmagiri; *Br.*로 생략)

마이소르 주 치딸드루그(Chitaldrug) 지방. 마스끼로부터 125km 지점, 꼽발에서 195km 지점. 편마암(片麻岩)의 표석에 새겨져 있다.

(11) 싯다뿌라(Siddāpura; *Sid.*로 생략)

브라흐마기리의 서쪽 1.8km 지점. 구릉의 남쪽 벼랑 중턱에 선반처럼 비쭉 나온 바위(岩棚)에 새겨져 있다.

(12) 자띵가 · 라메슈바라(Jatiṅga-Rāmeśvara; *Jat.*로 생략)

브라흐마기리 서북쪽 5km 지점. 구릉 위의 바위에 새겨져 있다.

(13) 에라구디(Erraguḍi; *E.*로 생략)

14장법칙과 같은 지점. 1개의 표석에 새겨져 있다.

(14) 라줄라 · 만다기리(Rājula-Maṇḍagiri; *Rāj.*로 생략)

안드라 · 쁘라데쉬 주(州) 꾸르눌(Kurnool) 지방, 에라구디에서 32km 지점. 라말링게슈바라(Rāmaliṅgeśvara) 사원의 입구에 있는 바위에 새겨져 있다.

(B) 제2장

소마애법칙 제1장을 포함한 비문 가운데, (13)과 (14)에서는 제2장이 새겨져 있고, (10), (11), (12)에서는 그 요약된 내용의 비문이 포함되어 있다.

(C) 제3장

소마애법칙 제1장을 새긴 비석의 근처, 바이라뜨 남서쪽 1.5km 지점의 구릉 위에 있던 회색 화강암 덩어리에 새겨져 있었다. 현재는 캘컷타의 Asiatic Society Bengal이 보존하고 있다. 이것은 캘컷타 · 바이라뜨 법칙, 바브라(Bhābrā; Bhābrū의 잘못) 법칙, 바이라뜨 제2법칙 등으로 불린다. 이 언덕 위에는 불교승원(僧院) 유적이 있다.

(D) 제4장

아프카니스탄의 깐다하르 옛 유적지 샤르 · 이 · 쿠나(Shar-i-Kuna)의 입구에 있는 구릉의 암벽에 새겨져 있다. 윗부분에 그리스어 비문,

아랫부분에 아람어 비문이 있다. 깐다하르 제1법칙이라도 한다.

IV. 석주법칙

(A) 6장법칙

(1) 델리 · 또쁘라(Delhi-Toprā; *Top.*으로 생략)

이 석주는 하나의 사암(砂岩)으로 되어 있는데, 현재는 델리의 피로자바드(Fīrozābād) 유적지에 있는 궁전의 꼭대기에 세워져 있다. 원래는 델리 북방 160km 거리에 위치한 암발라(Ambālā) 지방의 또쁘라에 있었는데, 피로즈 · 샤(Fīroz-shāh) 왕이 1356년에 현재의 장소로 옮겼다. 이 석주만은 6장 법칙에 다시 1장(章)을 첨가한 내용을 포함하고 있다.

(2) 델리 · 미라트(Delhi-Mīraṭh; *Mīr.*로 생략)

현재 델리의 구릉에 서 있지만, 또쁘라 석주와 마찬가지로 원래는 미라트(Mīraṭh)에 있던 것을 피로즈 · 샤 왕이 1356년에 현재의 장소로 옮겼다.

(3) 라우리야 · 아라라즈(Lauṛyā-Ararāj; *Ara.*로 생략)

(4) 라우리야 · 난단가리(Lauṛyā-Nandangaṛh; *Nan.*으로 생략)

앞의 2석주는 비하르 주 짬빠란(Campāran) 지방의 라우리야 마을 근처에 있다. 하나는 같은 지방 께사리야(Kesariya)의 북서쪽 32km 지점에 있고, 다른 하나는 같은 지방 베띠야(Betiya)의 북북서쪽 24km 지점에 있다. 두 석주를 구별하기 위해, 앞 비석에는 가까이에 있는 아라라즈(Ararāj) 시바 사원의 이름을, 그리고 뒤 비석에는 역시 근처의 폐허가 된 난단가리 성채(城砦)의 이름을 붙여 부르고 있다. 두 석주 모두 하나의 사암으로 되어 있는데, 전자에는 이전에 금시조(金翅鳥)의 상(像)이 얹혀 있었다고 전한다. 후자에는 기둥머리에 사자상(獅子像)이 놓여 있다.

(5) 람뿌르바(Rāmpurvā; *Ram.*으로 생략)

비하르 주 짬빠란 지방의 베띠야 북북서쪽 52km 지점에 있다. 기둥머리의 사자상은 잃어버렸다가 뒷날 발견되었다.

(6) 알라하바드 · 꼬삼(Allāhābād-Kosam; *Kos.*로 생략)

이 석주는 현재 강가와 야무나 두 강의 합류점인 알라하바드에 서 있지만, 원래는 꼬삼(Kosam: 고대의 Kosambī)에 있었다고 생각된다. 아래와 같은 여섯 종류의 비문이 새겨져 있다.

① 아쇼까의 비문

6장법칙

황후법칙(②의 오른쪽)

꼬삼비법칙(황후법칙의 윗부분)

② 마하라자디라자 · 사무드라굽따(Mahārājādhirāja Samudragupta)의 비문(①의 아랫부분)

③ 나가리(Nāgarī) 문자의 행간(行間)에 삽입

④ 자한기르(Jahangīr)의 비문

(B) 7장법칙

(1) 델리 · 또쁘라(Delhi-Toprā)

앞의 6장법칙에 제7장을 덧붙이고 있다.

(2) 깐다하르

석회석 바위에 인도어와 아람어 번역을 축어적(逐語的)으로 섞어서

사르나트의 파괴된 석주

새겨 놓았다. 제7장의 일부에 해당된다. 이것은 깐다하르 제3법칙 또는 아람어의 제2 깐다하르 법칙이라고도 부른다.

V. 소석주법칙

(A) 파승가(破僧伽)에 관한 법칙

(1) 알라하바드 · 꼬삼

앞의 6장법칙을 새긴 석주에 새겨져 있다. 이것을 특히 꼬샴비(Kośambī)법칙이라고도 한다.

(2) 산찌(Sāñcī; *Sāñ.*으로 생략)

산찌 대탑의 남쪽 문에 서 있는 석주로서, 기둥머리에는 이전에 4

두사자(四頭獅子)의 상(像)이 있었다.

(3) 사르나트(Sārnāth; *Sār*.로 생략)

바라나시 교외의 사르나트(붓다의 초전법륜지: 녹야원)에 세워졌던 석주. 기둥머리에는 이전에 4두 사자상이 얹혀 있었고, 역시 4개의 법륜과 사자 · 코끼리 · 소 · 말의 상이 조각되어 있었다. 이 기둥머리 부분은 현재 완전한 상태로 사르나트 박물관에 보존되어 있다.

(B) 룸민데이(Rummindeī)법칙

웃따르 쁘라데쉬 주(州) 바스띠(Basti) 지방의 둘하(Dulhā) 동북쪽 8km, 네팔 국경 내 4km 지점, 룸민데이(Rummindeī; *Rum*.으로 생략)의 마야당(堂) 바로 옆에 서 있다. 붓다 탄생지. 이전에 기둥머리에 말의 상〔馬像〕이 얹혀 있었다.

(C) 니갈리 · 사가르(Nigālī-Sāgar)법칙

룸민데이의 서북쪽 20km, 니글리바(Nigliva)에서 남쪽으로 1.6km 지점의 니갈리 · 사가르(Nigālī Sāgar; *Nig*.로 생략) 못(池) 서쪽 둑(堤防)에 가로 누워 있다. 다른 곳에서 옮겨온 것이라고 생각된다.

(D) 딱실라(Taxila)법칙

딱실라(Taxila; *Tax*.로 생략) 시르깝(Sirkap)의 쌍두취(雙頭鷲: 두 개의 머리를 가진 독수리)의 탑유적에서 발견되었다. 8각형의 흰 대리석 기둥에 아람어로 새겨져 있다. 마애법칙 제4장의 일부에 해당한다.

(E) 람빠까(Lampāka)법칙

아프가니스탄의 풀 · 이 · 다룬테(Pūl-i-Darunteh) 근처, 라그만(Laghmān; Lampāka; *Lam.*으로 생략)에서 발견되었다. 마애법칙 제4장의 일부와 거의 같다. 인도어와 아람어 번역을 축어적으로 섞어서 배열하고 있다.

(F) 아마라바띠(Amarāvatī)법칙

안드라 쁘라데쉬 주 군뚜르(Guntur) 지방의 아마라바띠(Amarāvatī; *Am.*으로 생략)에서 발견되었다. 아쇼까에 의한 아마라바띠 불탑(佛塔) 건립을 기록한 석주의 일부일 것이라고 생각된다.

VI. 동원각문(洞院刻文)

비하르 주(州) 가야(Gayā)의 북쪽 25km 지점의 구릉에 7개의 동원(洞院: 동굴사원)이 있다. 그중 4개는 바라바르(Barābar; *Bar.*로 생략) 동원이다. 제1동원에서 제3동원에 각문이 있다. 다른 3개는 나가르주니(Nāgārjunī) 동원인데, 제1동원에서 제3동원에는 아쇼까의 손자 다샤라타(Daśaratha)의 각문이 있다.

VII. 황후법칙(皇后法勅)

알라하바드 · 꼬삼 석주에는 아쇼까의 제2 왕비 차루바끼(Charuvaki)의 기진(寄進)에 관한 비문이 새겨져 있다.

2. 정치와 사회 · 경제

1) 마우리야 왕조

마케도니아에서 군대를 일으켜 그리스를 통일한 알렉산드로스(Alexandros)는 중근동으로부터 소아시아에 이르는 광대한 페르시아 제국의 영토를 정복한 다음, 서북인도에 침입했다. 그것은 기원전 326년 봄의 일이었다. 그러나 그의 장병들이 장기간에 걸친 전투의 피로와 미지의 세계로 진군한다는 불안 때문에 그의 뜻에 따르지 않았다. 그래서 그는 부득이 인더스 유역에 지배권을 확립한 뒤에, 서쪽으로 군대를 철수시켰다. 그러나 그는 기원전 323년 7월에 바비론에서 병으로 죽었다.

그가 죽은 후 그 영토는 휘하 장군들의 2회에 걸친 회의를 통해 분할되었지만, 인도 근방의 여러 주(州)는 대부분 알렉산드로스가 직접 그 통치권을 맡겼던 지배자들의 밑에 놓이게 되었다.

그런데 이에 앞서 먼저 알렉산드로스가 서북인도의 펀잡에 도착했을 때, 중앙인도는 난다 왕조의 통치하에 있었다. 그 지배자 다나 · 난다(Dhana Nanda) 왕은 그리스 · 라틴 문헌에는 아그라메스(Agrammes) 또는 크산드라메스(Xandrames)로 전해지고 있다. 이 왕조를 멸망시켜, 전인도의 통일을 꾀했던 인물은 짠드라굽따(Candra-gupta; 그리스 문헌에는 Sandracottus)이다. 그는 난다 왕통(王統)과 관계가 있는 비천한 계급 출신으로, 난다왕의 노여움을 사서 서북인도에 망명하고 있었다. 그가 알렉산드로스를 만났을 때는 젊은 청년이었다고 한다.

알렉산드로스가 인더스 강의 동부지방을 지배하에 두고 있을 때,

필립포스(Philippos)를 그곳 태수(太守)로 임명했다. 그러나 그는 324년에 용병(傭兵)에게 살해되었다. 그의 후계자로 임명된 유데모스(Eudemos)는 잠깐 동안 그 지위를 보전했지만, 317년에 안티파트로스(Antipatros)와 교전상태에 있던 유메네스(Eumenes)를 돕기 위해 서쪽 지방으로 갔다. 이것은 인도에서 그리스인의 지배권이 사라졌음을 의미한다. 그 무렵 짠드라굽따는 펀잡에서 군사를 일으켜, 마우리야 왕조를 창설한 다음 마가다(Magadha)로 진군했던 것으로 생각된다.

알렉산드로스가 죽은 후, 장군 셀레우코스(Seleucos, 1세 Nicator)는 바빌로니아의 태수(太守)로 임명되었다. 그는 3년 동안 이집트에 망명한 후, 312년에 바빌로니아를 회복해서 셀레우코스 왕조를 창설하고, 지배권의 확대를 위해 힘을 다했다. 그는 박트리아를 정복한 다음, 305년에 인더스 강을 건너, 알렉산드로스가 정복했던 영토를 회복하려 했다. 그러나 그는 그곳에서 강대한 짠드라굽따의 군대를 만났다. 셀레우코스는 할 수 없이 짠드라굽따와 강화조약을 맺었다. 셀레우코스는 아리아(Aria), 아라코시아(Arachosia), 게도로시아(Gedorosia), 파로파미사다이(Paropamisadai)의 영토를 짠드라굽따에게 내어주고, 그 대신 5백 마리의 코끼리를 손에 넣었다. 강화(講和) 후에는 두 왕조 사이에 우호관계가 유지되었다. 셀레우코스는 메가스테네스(Megasthenes)를 사신으로 마우리야 왕조의 수도 빠딸리뿌뜨라에 체류하게 하였다. 메가스테네스가 인도 체재 중에 보고들은 것을 기록한 『인도지(印度誌, Indica)』는 당시의 인도 사정을 알 수 있는 귀중한 자료이다.

짠드라굽따는 비슈누굽타(Viṣṇugupta, 일명 Caṇakya 또는 Kauṭilya)

아쇼까왕 궁전 유적(빠딸리뿌뜨라)(中村元, 『불타의 세계』)

바라문의 조언에 따라 인도 통일의 사업을 수행하였다. 그 판도는 아라비아해로부터 벵갈만에 미쳤고, 북쪽으로는 히말라야산맥, 남쪽으로는 데칸고원의 상당한 부분, 서쪽으로는 수라슈뜨라(Surāṣṭra)반도로부터 힌두쿠쉬산맥에 이르렀다.

짠드라굽따가 24년 동안 통치한 후에, 그의 아들 빈두사라(Bindusāra)가 왕위를 계승했다. 그의 치세 동안 셀레우코스 왕조로부터 데이마코스(Deimachos)가 사신으로 파견되었다. 셀레우코스는 기원전 280년에 암살되고, 그의 아들 안티오코스(Antiochos) 1세가 왕위에 올랐다. 빈두사라는 그에게 편지를 보내 무화과와 건포도로 만든 술과 소피스트(sophist, 詭辯論者, 철학자)의 구입을 요청했다. 그러나 안티오코스는 무화과와 포도주는 보낼 수 있지만 그리스 법에 소피스트를 보낼 수는 없다고 답했다. 그 밖에 에집트의 프톨레마이오스(Ptolemaios) 2세는 사신 디오니시오스(Dionysios)를 빈두사라 또는 아쇼까에게 파견했다. 빈두사라가 25년 동안 통치한 후, 그의 아들 아쇼까(Aśoka, 阿育 또는 無憂)가 왕통을 계승했다(기원전 268년). 아쇼까는 짠드라굽따 이래 이룩한 국가통일 위업을 계승해서, 인도 역사상 가장 큰 제국(帝國)을 건설했다. 깔링가(Kaliṅga) 전쟁을 마지막으로 무력에 의한 정복을 중지하고, 법(法, Dharma)에 의한 통치를 하였다. 36년 동안 통치한 후, 왕통은 후기 마우리야 왕에게 계승되었지만, 왕조는 점차 쇠퇴해져 기원전 184년경 뿌샤미뜨라(Puṣyamitra)에 의해 멸망되었다.

2) 왕조의 판도(版圖)

마애법칙 제13장에 의하면, 아쇼까왕은 관정(灌頂: 즉위) 8년에 동인도의 깔링가를 정복했다. 그 결과 15만 명이 포로가 되어 다른 지방으로 이송되었고, 10만 명이 그곳에서 살해되었다. 그리고 그 몇 배의 병사와 인민이 사망했다. 더욱이 재해(災害), 살육, 사랑하는 사람과의 이별은 바라문, 사문, 다른 종파의 사람과 재가자(在家者)에게도 미쳤다. 아쇼까는 이 비참한 사실을 통감하고, 무력에 의한 정복에서 법(法, dharma)에 의한 정복으로 정책을 바꾸었다. 이것은 붓다시대의 마가다 왕 빔비사라(Bimbisāra)에 의한 앙가(Aṅga)국의 합병 이래, 대략 200년에 걸친 마가다의 주권확장의 끝을 의미했다. 아쇼까는 깔링가를 또살리(Tosalī)와 사마빠(Samāpā)의 태수왕자 및 도시집의관(都市執義官)인 대관(大官)들로 하여금 통치하게 했다. 그 시정(施政) 방침은 다울리(Dauli)와 자우가다(Jaugaḍa)의 별각마애법칙에 기록되어 있다.

남인도의 마이소르 지방에는 마스끼(Maski), 가비마트(Gavīmaṭh), 빨끼군두(Pālkī-guṇḍu), 브라흐마기리(Brahmagiri), 싯다뿌라(Siddāpura), 자띵가·라메슈바라(Jatiṅga-Rāmeśvara)의 6곳에 소마애법칙이 새겨져 있는 것으로 보아, 왕조의 행정적 지배력이 상당히 넓게 미쳤다는 것을 추측할 수 있다. 이 지방은 수바르나기리(Suvarṇagiri, Suvaṃṇagiri)의 태수왕자가 통치했다.

마애법칙 제2장, 제5장, 제13장은 왕의 영토와 이웃나라 사람(隣邦人 또는 邊境人)을 서로 비교해서 기술하고 있는데, 각 범주에 포함된 나라 (또는 지방) 이름은 다음과 같다.

(1) 왕의 영토

1. 요나(Yona), 깜보자(Kaṃboja), 간다라(Gaṃdhāra) (서북인도)
2. 나바까(Nabhaka), 나바빵띠(Nābhapaṃti) (북인도)
3. 보자(Bhoja), 빠린다(Pāriṃda), 삐띠니까(Pitinika), 랏티까(Raṭṭhika), 안드라(Aṃdhra) (남인도)

(2) 이웃나라 사람〔隣邦人〕

1. 앙띠요까(Aṃtiyoka)와 4인의 요나(Yona)왕 (서쪽)
2. 쪼나(Coḍa), 빤디야(Paṃḍiya), 사띠야뿟따(Satiyaputta), 껠랄리뿟다(Kelalaputta), 땀바빵니(Taṃbapaṃṇī) (남쪽)

서방에서는 마우리야 제국은 아라비아해로 확대되어, 수라슈뜨라(Surāṣṭra)에 예속된 국가 또는 국가연합을 포함한 아빠란따(Aparānta) 전체를 지배했다. 그리스 출신의 왕 뚜샤스파(Tuṣāspha)가 기리나가라(Girinagara, Girnār)를 수도로 해서 통치했다. 그 밖에 웃자이니(Ujjayinī)의 태수왕자는 말라바(Mālava), 구자라뜨(Gujarāt), 까티아와르(Kaṭhiāwār)를, 딱샤쉴라(Takṣaśilā)의 태수왕자는 간다라(Gandhāra), 까슈미르(Kaśmīr)를 모두 관할했다.

3) 외교정책

서북인도에 있어서 이란인(Kaṃboja)과 그리스인(Yona)의 존재는 아쇼까의 변경(邊境)정책에 중요한 영향을 미쳤다.

먼저 페르시아의 아카이메네스(Achaimenes) 왕조의 창설자 키로스 2세(Cyros, 기원전 559~529)는 게도로시아를 거쳐 인도에 원정(遠征)을 갔다가 패배를 당했다. 그러나 카불 지방에서는 종주권을 획득한 것 같다.

이 왕조의 제3대 군주인 다레이오스(Dareios) 1세(기원전 521~486)의 바히스탄(Bahistān) 비문에 의하면, 간다라인은 페르시아 제국의 예속 인민으로 나오고 있지만, 인도인(인더스 유역의 인민)에 대해서는 말이 없다. 그러나 페르세폴리스(Persepolis) 궁전의 비문과 나크시·이·루스툼(Naqsh-i-Rustum)에 있는 다레이오스 능(陵)의 비문에는 예속민의 목록에 간다라인과 인도인이 포함되어 있다.

여하튼 인더스 강 유역의 인민은 알렉산드로스의 원정 이전에, 대략 2세기에 걸쳐서 페르시아의 지배하에 있었다. 아쇼까의 샤흐바즈가리히(Shāhbāzgaṛhī)와 만세흐라의 비문에서 카로슈티 문자의 도입, 그리고 딱실라, 람빠까, 깐다하르에서 아람어의 비문은 이 지방에 이란인이 정착해 있었던 것과, 그들에 대한 아쇼까 정책의 일부분을 알 수 있다.

그리스인과의 관계를 보면, 알렉산드로스가 인도에 원정했던 당시, 스와뜨(Swāt) 계곡의 니사(Nysa)에는 디오니소스(Dionysos)의 후예라 일컫는 그리스인들이 정착해 살고 있었다. 이것은 알렉산드로스 이전에, 이 지방에 그리스인들의 식민지가 형성되어 있었다는 것을 시사한다. 알렉산드로스는 인더스 강 서쪽의 토지를 지배하에 두고 있었는데, 그때 몇 개의 도시(알렉산드리아)를 건설했다. 그 가운데 중요한 것은 다음과 같다.

1. 아라코시아의 알렉산드리아(깐다하르)
2. 카우카소스(Caucasos)의 알렉산드레이아 또는 파로파미사다이의 알렉산드레이아(Begrām)
3. 부케할라(Bucehala, Hydaspes 강의 서안)
4. 니카이아(Nicaia, 히다스페스 강의 동안)
5. 신드(Sindh)의 알렉산드레이아(인더스 강과 체납 강의 합류점)
6. 소그디아(Sogdia)의 알렉산드레이아(편잡의 여러 강들의 합류점 아래쪽)

알렉산드로스는 서방으로 군대를 철수하면서 이들 도시에 그리스 출신의 통치자들을 남겨 놓았지만, 셀레우코스가 짠드라굽따에게 인도의 4개 주(州)를 내 주어, 그리스의 군사적 지배권이 후퇴했던 이후에도, 그리스인들은 그 지방에 계속해서 거주했다. 깐다하르에서 출토된 2종(種)의 그리스어 법칙은 서북인도에서 그리스인이 정착했던 것을 확실하게 증명해 준다. 마애법칙 제13장에 의하면 아쇼까는 깔링가의 정복 후 법(Dharma)에 의한 정복이야말로 최고의 정복이라 생각하고 왕의 영토 및 이웃나라에 사신을 파견했는데, 비문에는 특히 다음과 같은 5명의 그리스 왕 이름이 열거되고 있다.

1. 안티오코스 2세 테오스(Antiochos II Theos)(시리아 왕)
2. 프톨레마이오스 2세 필라델포스(Ptolemaios II Philadelphos)(이집트 왕)
3. 안티고노스 2세 고나타스(Antigonos II Gonatas)(마케도니아 왕)
4. 마가스(Magas)(키레네 왕, Cyrene)
5. 알렉산드로스 2세(Alexandros II)(에페이로스 왕, Epeiros) 또는 알렉산드로스(코린토스 왕, Corintos)

남방 국경선은 아쇼까왕의 치세 때는 짠드라굽따의 치세 때보다 북방으로 후퇴한 것처럼 보이지만, 이들 남방의 여러 나라에 대해서는 민생과 교통에 관해서 국내와 다름없는 사업을 행하고 있다. 이와 같은 사실에 따르면, 왕조와 남방 여러 나라 사이에는 일찍부터 우호관계가 수립되고 있었음을 추정할 수 있다.

4) 행정조직

메가스테네스가 전하는 바에 의하면 마우리야 왕조의 행정관으로서는 (1) 시장감독관, (2) 도시감독관, (3) 군(軍)감독관의 3종류가 있다.

시장감독관의 직무는 하천(河川)의 관리, 토지의 측량, 갑문(閘門)을 설치한 운하의 감찰(監察)이었다. 그 밖에 엽사(獵師: 사냥꾼), 세금의 징수, 토지에 관한 기술, 초부(樵夫: 나무꾼), 직인(職人), 진유공(眞鍮工: 놋쇠 그릇을 만드는 사람), 갱부(坑夫: 광부)의 기술을 감독하고, 도로의 건설, 이정표의 설치를 임무로 하고 있다. 이와 같은 관장(管掌)

사항이 시장감독관(ἀγορανόμοι)이라는 명칭과 반드시 일치하지 않는 것으로 보아, 지방관(ἀγρουόμοι)이라는 이름이 잘못 전해진 것으로 추정된다.

도시감독관은 6그룹으로 구분되고, 각 그룹은 5인씩으로 구성되었다.

1. 직인(職人)의 감독
2. 외국인의 보호
3. 출생과 사망 조사
4. 통상과 교역(交易)의 감독
5. 제작품의 감독
6. 물품세의 징수

사르나트 · 4두 사자상
(고고학박물관)

가 그들의 관장사항으로 되어 있다. 또 앞의 특수한 의무 외에, 공통의 임무로서 개인이나 시민에 관한 일, 공공시설의 수리, 상품가격, 시장, 항만, 승단(僧團)을 관리하는 것으로 되어 있다.

군감독관에 대해서는, 군대의 일(軍事)을 감독하는 통합본부가 있고, 6그룹으로 구분되었다. 각 그룹은 5인씩으로 구성되었다.

1. 제독(提督)과 공동의 군사행동
2. 무기, 식량, 군수품 운반의 감독
3. 보병의 관할
4. 말(馬)의 관리
5. 전차(戰車)의 관리
6. 코끼리(象)의 관리

등이 그들의 관장 사항으로 되어 있었다.

아쇼까왕 비문에 의하면, 왕과 태수왕자는 다음과 같은 행정관 단체의 보좌(補佐)를 받았던 것을 알 수 있다.

1. 대관(大官: 법대관, 監婦대관, 邊境人에 관한 대관)과 장관
2. 사직관(司直官: 재판관)
3. 지방 장관
4. 수세관(收稅官)
5. 유사(有司: 사무를 맡아 보는 사람)
6. 상주관(上奏官)
7. 사축원관(飼畜苑官)
8. 서기관(書記官)
9. 사신(使臣)

마우리야 제국 중앙정부의 최고 의사결정은 왕 밑에 조직된 대관(大官)회의에서 실행되었다. 그러나 대관회의를 관료기구 가운데 포함시킨 것은 까우띨야(Kauṭīlya) 대신의 독창적인 것이 아니고, 마우리야 왕조 이전의 정치이론가의 견해에 따른 것이다. 회의에 의해 국가의 의사를 결정하는 것은 이미 고대부족의 공화제국가(saṃgha 또는 gaṇa)의 집회에 도입되었지만, 기원전 6~5세기에 마가다(Magadha) 또는 꼬살라(Kosala)와 같은 왕국이 출현했을 때는 군주에 의한 전제(專制)적인 행정형태가 나타났다. 그러나 마우리야 왕조라는 통일국가의 출현에 따라, 통치형태의 변혁과 행정조직의 정비가 촉진되었다.

마애법칙 제6장은 왕권(王權)과 (대관)회의의 의사결정 사이의 관계를 분명히 하고 있다. 즉 회의는 어떠한 사여(賜與: 나라에서 백성에게

물품을 내림) 또는 포고(布告)에 관해서, 왕이 구두로 명령했거나 또는 대관에게 긴급한 사건이 위임된 것에 대해 심의했지만, 때로는 회의에서 쟁론(諍論)이 일어나거나 재심을 할 필요가 생기는 일이 있었다. 그 때 상주관(上奏官)은 그것을 어디에서라도, 어느 때라도 왕에게 알릴 것을 의무화했다.

별각마애법칙 제1장에 의하면, 대관에게는 임기가 있어서, 그 기간이 지나면 전임(轉任)하도록 명령을 받았다. 법칙에는 이 일을 "순찰(巡察)하도록 출발시킨다."라고 표현하고 있다. 또살리(Tosalī)와 사마빠(Samāpā)의 대관은 5년마다 전임시켰지만, 웃자이니와 딱샤쉴라(Takṣaśilā)의 대관은 3년을 임기로 했다. 이것은 관리(官吏)가 특정지역에 장기간 머무르는 데서 생기는 폐해를 방지하기 위해 의도된 것이다.

메가스테네스가 빠딸리뿌뜨라(Pāṭaliputra)에서 주목했던 도시감독관은 빠우라(paura: 市民)의 조직이었다고 볼 수도 있다. 즉 그들은 왕이 임명한 관리가 아니고, 민중이 선임한 관리였다. 또 제국(帝國)의 주도(州都)에도 독립된 빠우라의 단체가 존재했던 것 같다. 북부주(北部州)의 주도 딱샤쉴라에서 반란이 일어났을 때, 아쇼까는 꾸날라(Kuṇāla)왕자를 태수왕자 자격으로 그곳에 파견해서 평정했다. 딱샤쉴라의 빠우라는,

> 우리는 태수왕자에게 반역하지 않습니다. 아쇼까왕에게도 반역하지 않습니다. 그러나 나쁜 마음(惡心)을 가진 대관(大官)이 와서 우리를 경멸했습니다.

라고 꾸날라에게 말했다. 따라서 앞에서 언급한 바와 같이 별각법칙 제1장에서 주도의 도시집의관(都市執義官)을 5년 또는 3년마다 '순찰하도록 출발시킬 것' 을 규정한 것은 빠우라의 단체에 대한 감독을 목적으로 하는 것이었다.

또 마애법칙 제8장에 의하면, 아쇼까는 법(法)의 순례를 하고, 지방의 인민을 만나 법의 교계(敎誡: 가르치며 훈계하는 것)를 하고, 그것에 맞는 법의 시문(試問: 시험하기 위해 묻는 것)을 한 것을 기록하고 있다. 이것은 아쇼까가 정통파의 전통적인 관습을 폐지하고 새로운 법에 의한 통치를 실시함에 있어서, 빠우라 · 자나빠다(Paura-jānapada: 지방민)의 지지를 구하기 위한 것이라는 해석도 가능하다.

마우리야 왕조의 일차적 재원(財源)은 왕실 소유의 땅(御料地)에서 나오는 생산과 (백성들 소유의) 사유지로부터 받는 여러 가지 토지세(稅)로 구성되어 있었다. 토지세는 전통적으로는 6분세(六分稅: 소출의 6분의 1을 받는 세)였다. 또 조세(租稅)는 초기 베다시대로부터 관습화된 토지 부과금이었는데, 1년에 1회씩 중앙 국고에 납부하는 것으로서 6분세와는 달랐다.

사법행정에 관해서 별각법칙 제1장은 여러 가지 규정을 부여하고 있다. 즉 도시집의관은 사법(司法)을 감독하고, 사법을 집행하는 과정에서 불법적인 감금 또는 고문을 금지하게 하여, 재판에서 공정을 기(期)할 것을 요망하고 있다.

5) 사회구성

기원전 6세기의 갠지스 평원에 상공업이 발달함으로써 도시들을 형성시켰는데, 이것은 상인과 자산가 등의 새로운 계층의 발생을 재촉하게 되었다. 그러나 이것을 기반으로 해서 전제군주 국가가 형성되고, 역시 사문(沙門: 反바라문의 혁신적 사상가)들의 교단이 형성된 것은 고대 인도의 부족사회를 계급사회로 변질시킨 중요한 원인을 제공하게 되었다. 그러나 기원전 4세기 말에 난다(Nanda) 왕조에 대한 바라문 및 인민들의 반동에 의해 마우리야 왕조가 수립되었고, 까우띨야(Kauṭīlya) 대신의 지도 아래 각 계급의 생활단계(階梯)에 대한 법을 규정함으로써 사회의 통제를 향상시켰다.

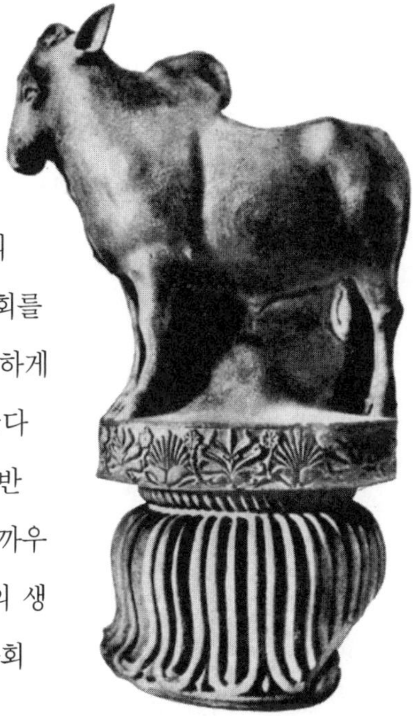

람뿌르바 석주의 황소상 주두
(뉴델리 대통령궁 · D.C. Sircar의 『아쇼까 비문』)

고대 인도의 계급사회 구성은 4성(姓)을 중심으로 많은 하위계급들이 종속되어 있었다. 이 하위계급들은 다른 계급들 간의 결혼에 의해 생겨난 혼합계급이었다.

이 사회조직에서는 맨 꼭대기에 바라문이 자리잡았는데, 그들은 왕사(王師)로서 광범위하게 정치, 행정에 있어서뿐만 아니라 회의의 구성원으로서 법률 제정에도 많은 영향을 주었다. 그러나 이러한 사회조직은 적어도 갠지스 평원의 도시를 중심으로 하는 지역에서는, 불교와 같은 반(反)바라문적인 종교의 교단이 형성됨에 따라 상당히 위협을 받았던 것 같다. 그 때문에 『실리론』에는 바라문 사회의 붕괴를 방지하기 위해 규정한 사회 통제의 예를 볼 수 있다.

메가스테네스는 인도 사회를 다음과 같이 7종의 계층으로 구분했다.

1. 철인(哲人)
2. 농부
3. 목인(牧人: 목축인)
4. 직인(職人), 소매상
5. 전사(戰士)
6. 감찰관
7. 고문관

이 7계층은 사회적 구분이라기보다는 오히려 경제적(직업) 구분이라 할 수 있지만, 마우리야 왕조시대의 사회 형태를 비교적 편견 없이 관찰하고 있다. 이것에 대해서 인도문헌, 특히 바라문의 문헌에는 고층(古層)의 전승과 후기 전승이 혼합되어 있는데, 바라문 입장에서의 사회 통제가 의도되고 있다.

그런데 메가스테네스는 인도의 철인(哲人) 계층을 바라문(Βραχμâναι = Brāhmaṇāḥ)과 사문(Σαρμâναι = Śramaṇāḥ)으로 구분했다. 또 아쇼까 비문에서는 브라마나-슈라마나(Bramaṇa-Śramaṇa[*Sh.*], 婆羅門-沙門)라는 복합조사(複合助詞)를, 『니까야(Nikāya)』에서는 사마나-브라흐마나(Samaṇa-Brāhmaṇa)라는 복합조사를 발견할 수 있지만, 각각의 용어가 의미하는 실체(實體)는 다소 다르다. 메가스테네스가 말하는 사문(沙門)에 불교도가 포함되었는지는 분명하지 않지만, 알렉산드리아의 클레멘스(Clemens, 기원후 215년 사망)는 『스트로마테이스(Stromateis)』에서, 인도에는 발가벗은 철학자 외에 이방적(異邦的)인 철학자가 있다고 한 다음, 사문과 바라문의 2종류를 설명했다. 그리고 사문과 관계가 있는 것으로 임주자(林住者, ὑλόβιοι)에 대해 언급하고, 인도인 가운데 붓다(Βούττα)의 가르침을 신봉하는 사람들이 있다는 것과, 그들은 붓다의 신성(神聖) 때문에 그를 신으로 숭배한다고 기술했다.

석주법칙 제7장에는 여러 종파 중에 불교승가(saṃgha), 바라문(bābhana), 아지비까(ājīvika, 邪命外道), 니간타(nigaṇṭha: 자이나)를 들고, 이들 각 교단을 관장하는 법대관(法大官)을 임명하고 있다.

6) 교통과 무역

마우리야 왕조 이전(기원전 5~4세기)의 인도 교통노선은 불교문헌에서 알 수 있다. 중요한 것으로,

① 북에서 남서쪽 노선(슈라바스띠 → 쁘라띠슈타나, Pratiṣṭhāna)

② 북에서 남동쪽 노선(슈라바스띠 → 라자그리하)

③ 동서쪽 노선(강가와 야무나 강의 하천 교통)

을 들 수 있고, 서해안의 무역항 바루깟차(Bharukaccha), 서쪽의 상업중심지 바베루(Baveru)가 알려져 있다.

마우리야 왕조의 확대와 관료기구의 정비는 수도 빠딸리뿌뜨라와 제국(帝國)의 여러 주(州)와 변경지(邊境地)의 교통노선을 발달시켰다. 그리고 이들 노선의 건설과 유지는 중앙정부가 한 것 같다.

서북의 딱샤쉴라로부터 빠딸리뿌뜨라까지의 왕의 공도(公道)는 가장 중요했는데, 수세기 동안 간선(幹線)으로 사용되었다. 그 노선은 다시 동쪽으로 연장되어, 갠지스 하구(河口)의 땀룩(Tāmluk)에 이르렀다. 이 노선은 통상(通商)과 전략이라는 두 가지 점에서 중요했다.

남인도에서는 까티아와르(Kāṭhiawār)나 바루깟차로부터 남서해안

바이샬리 석주(비문 없음)

의 항구나 스리랑카에 이르는 서해안 해상교통로가 알려져 있었다.

한편 마하나디(Mahānadī) 강과 고다바리(Godāvarī) 강 사이에 깔링가가 위치해서 마우리야 왕조에 적(敵)으로 맞섰던 것은 동쪽 노선확보에 장애가 되었다.

남인도의 노선은 사하스람(Sahasrām)까지 손(Son) 강을 따라 올라간 다음, 고원을 넘어 깔링가의 또살리(Tosalī)로 내려가서, 해안을 따라 끄리슈나(Kṛṣṇā) 강의 델타(delta) 지대에 이른다. 그리고는 다시 끄리슈나 강을 따라 라이추르(Raichur) 지방으로 가고, 다른 지선(支線)은 끄리슈나 강으로부터 뚠가바드라(Tungabhadra)의 계곡을 지나서 북 마이소르(Mysore)에 이른다. 빠딸리뿌뜨라에서 출발하는 노선은 루쁘나트(Rūpnāth)에서 갈라져, 와인강가(Waingaṅga) 계곡을 지나 고다바리 하류로 가고, 다른 노선은 아반띠 지방에서 고원을 넘어 쁘라띠슈타나(Pratiṣṭhāna)로 간 다음, 고다바리를 내려가는 노선과 소빠라(Sopārā)로 나와서 서해안을 남하하는 노선이 있었다.

마우리야 제국(帝國)에서 서방의 여러 나라로 통하는 다음과 같은 3개의 노선이 있었다.

(1) 딱샤쉴라로부터 카불(Kābul)로, 그리고 박트리아(Bactria), 옥서스(Oxus) 강 유역, 카스피(Caspi)해 남쪽, 카우카소스(Caucasos)의 파시스(Phasis)를 지나서 흑해에서 끝나는 노선.

(2) 3개의 노선이 있다.

① 인도로부터 깐다하르와 헤라뜨(Herāt)를 지나 에크바따나(Ecbatana)에 이른다.

② 깐다하르로부터 페르세폴리스(Persepolis)와 수사(Susa)에 이른다.

③ 페르시아 만에서 티그리스(Tigris) 강을 지나 셀레우키아(Seleucia)에 이른다.

이 노선은 다시 여러 갈래로 나누어져 에페소스(Ephesos), 안티오크(Antioch), 프리기아(Phrygia), 에데사(Edessa), 다마스쿠스(Damascus), 티레(Tyre)에 이른다.

(3) 인도의 서해안으로부터 아라비아 동남 해안을 따라가는 해상교통로.

3. 법에 의한 통치

1) 법의 개념

짠드라굽따는 까우띨야(Kauṭīlya) 대신의 조언에 따라 마우리야 제국의 행정조직을 정비했다. 그 정책의 일부분은 앞에서 말한 바와 같이 까우띨야의 『실리론』을 통해 알 수 있다. 이와 관련해서 이 문헌의 성립연대에 대해서는 학자들 사이에 이설(異說)이 있고, 후세에 삽입된 것도 지적되고 있다. 그러나 그 기본이 되는 부분은 까우띨야 이전의 오래된 자료를 기초로 해서 편찬되었기 때문에 마우리야 왕조, 특히 짠드라굽따의 정책을 해명할 수 있는 한 근거가 될 것이다.

아쇼까는 짠드라굽따의 정책을 받아들였다고 생각된다. 그것은 법칙에 나오는,

> 수세관(收稅官), 지방장관, 대관(大官)회의, 유사(有司), 축사(畜舍), 도시집의관(都市執義官), 고문(拷問), 법에 의한 정복, 8분세, 사축원관(飼畜苑官)

과 같은 용어를 『실리론』에서도 발견할 수 있는 것에서 추정할 수 있다.

그러나 아쇼까 정책의 중심이 법(法, dhamma, *Skt.* dharma)에 의한 통치에 있었다는 것은 비문에서 법(法)이라는 말이 여러 가지 다른 말과 복합사(複合詞)로 나오고 있는 사실로서도 분명하다. 예를 들면,

법에 대한 사랑, 법에 의한 공덕, 법을 알리는 소리(法響), 법의 실행, 법주(法柱), 법시(法施), 법칙(法勅), 법의 규제, 법에 의지하는 것, 법에 대한 질문(試問), 법에 대한 욕구, 법의 의식(儀式), 법대관(法大官), 법의 순례(巡禮), 법에 전념하는 것, 법의 증진(增進), 법의 실수(實修), 법에 의한 정복, 법의 준수(遵守), 법에 의한 결연(結緣), 법의 분배(分配), 법에 의한 친교(親交), 법의 청문(聽聞), 법에 대한 순종, 법의 수립, 법은(法恩), 법의 가르침(教誡), 법의 위업(偉業)

등이 그것이다.

그런데 아쇼까 법의 내용은 크게 나누어 2가지로 분류할 수 있다.

(1) 기본적인 법, 즉 아쇼까의 정책 원리가 되는 공적인 선언

(2) 특수한 종단(宗團)에 대한 사적인 편지

* *

브라흐마기리(Brahmagiri)의 소마애법칙 제2장은 아쇼까의 법(法)을 다음과 같이 규정하고 있다.

거듭, 천애(天愛)는 다음과 같이 알린다.

부모에게 순종해야 한다. 마찬가지로 스승에게도 순종해야 한다. 동물에 대해서는 견고한 연민의 마음을 가져야 한다. 진실을 말해야 한다. 이 법의 공덕은 실천해야 한다. 이와 같이, 제자는 스승을 존경해야 한다. 또 친족들에게 합당한 예의를 갖추어 처신해야 한다. 이것은 오래된 법칙(法則)이고, 이 원칙은 오래 계속되고 있다.

아쇼까가 제시한 법이란 "오래된 법칙", 즉 예로부터 인도 사회에

서 사람들이 실행해야 하는 것으로 규정되었던 생활의 "궤범(軌範)·원리"를 의미한다. 또한 그것은 불교·바라문·아지비까·니간타에서 취급하는 법(생활규정)의 근본이 되고, 인도 사회 공통의 법 개념에 근거를 두고 있다.

2) 실천적인 법

아쇼까 법칙에서 기본적인 법은, 다시 (1) 실천적인 법과 (2) 교의적(敎義的)인 법으로 분류될 수 있다. 먼저 실천적인 법의 주된 것을 열거해 보자.

(1) 부모에 대한 순종, 장로에 대한 순종, 스승에 대한 순종, 존자(尊者)에 대한 순종

(2) 스승에 대한 제자의 존경

(3) 바라문·사문에 대한 예의, 친족에 대한 예의, 노예·종복(從僕)에 대한 올바른 대우, 빈자(貧者)·비인(卑人: 천한 사람)에 대한 올바른 대우, 붕우·지인·동료에 대한 올바른 대우

(4) 바라문·사문에 대한 보시, 붕우·지인·친족에 대한 보시, 장로에 대한 보시

(5) 동물의 불도살(不屠殺), 동물에 대한 금계(禁戒), 동물에 대한 불쌍히 여기는 굳은 생각

(6) 자민(慈愍), 진실, 청정, 유화(柔和), 선량, 적은 지출과 적은 축적(蓄積), 자제(自制), 보은(報恩), 굳은 신앙, 법에 대한 사랑

그런데 마애법칙 제4장에서 아쇼까는 동물의 살해와 사문·바라문에 대한 비례(非禮)를 피해야 할 것을 말하고 있다.

과거 수백 년 동안, 동물의 도살과 유정(有情)의 학대, 친족에 대한 무례와 사문 · 바라문에 대한 무례가 증가하기만 했다. 그러나 지금은 천애 희견왕이 법을 실행한 결과, 그리고 백성들에게 천궁(天宮), 코끼리, 불덩어리〔火蘊〕, 그리고 천상의 다른 많은 형상(形相)들을 보여 주었기 때문에, 전쟁의 북소리는 법을 알리는 소리(法響)가 되었다.

이와 같이, 수백 년 동안 여태까지 일찍이 없었던 일로서, 이제는 천애 희견왕이 법을 가르친 덕택으로, 동물 도살의 자제, 유정 학대의 자제, 친족에 대한 예의, 바라문과 사문에 대한 예의, 부모에 대한 순종, 장로에 대한 순종이 증진(增進)되었다.

동물의 살해가 과거 오랫동안 늘어났지만, 아쇼까에 이르러서 불살생을 특히 강조한 것을 지적하고 있다. 불살생은 인도 사회에서는, 특히 혁신적 교단에서 말(說)한 것이었지만, 그럼에도 불구하고 아쇼까가 살생을 금지한 것은, 바라문의 공희(供犧: 신에게 바치는 희생물)의 금지를 시사하는 것으로 간주된다.

아쇼까는 석주법칙 제5장에서 불살생에 관한 구체적인 예를 들고 있다. 그리고 살해 · 학대를 금지하는 생물의 이름은 육지와 물에서 살고 있는 짐승 · 새 · 물고기에까지 넓은 범위에 미치고 있다.

3) 왕의 의무

까우띨야는 국가의 긴급사건에 관해서,

긴급한 사건의 경우에는 고문관(顧問官) 및 고문관회의를 소집해서 그

룸비니 마야당과 석주

들에게 알려야 한다.

라고 규정하고, 왕의 의무에 대해서도,

짐(朕)은 모든 긴급한 사건을 들어야(聞) 한다. 지체(遲滯)해서는 안 된다.

라고 기록하고 있다. 이것에 대해 아쇼까는 마애법칙 제6장에서, 대관(大官)회의와 국가사업의 신속한 처리를 명령하고 있다.

과거에는 국무(國務)를 언제든지 처리하거나, 사건들을 보고하는 일은 없었다. 그래서 나는 다음과 같은 조치를 취했다. 즉 내가 식사를 하고 있어도, 후궁(後宮)에 있어도, 침실에 있어도, 농장에 있어도, 수레 속에 있어도, 정원에 있어도, 어떠한 때에도, 어디에서도, 상주관(上奏官)은 백성들에 관한 일을 나에게 알려야 한다. 그렇게 하면 나는 어디에서도, 백성들에 관한 일을 처리할 수 있을 것이다. 또 내가 구두로 하는 어떤 명령, 즉 증여(贈與)나 포고(布告)에 관해서 또는 내가 대관들에게 위임한 긴급 사건에 관해서, 그 일 때문에 대관회의에서 쟁론(諍論)이 일어났거나 재심을 해야 할 필요가 생겼을 때에는, 어디에서도, 언제라도, 즉시 나에게 이 일을 알려야 한다.

이상에서 까우띨야와 아쇼까 사이에 밀접한 관계가 있음을 지적할 수 있다. 그러나 아쇼까가 "나는 나의 노력이나 백성들의 일에 대한 나의 처리에 대해서 결코 만족하지 않는다."라고 말한 것은, 긴급한 사건에 대한 상주(上奏)의 필요성을 그가 거듭 강조한 이유일 것이다.

과거 오랫동안 왕들은 오락을 위한 여행을 떠났다. 이 여행 동안 그들은 사냥을 했고, 다른 유사한 오락을 즐겼다.(14장)

라고 기술하고 있다(14장마애법칙의 제8장). 『실리론』에 따르면 경작하지 않는 도지에는 가축을 위한 목장을 설치하고 또 수렵에 이용되는 암수의 코끼리 및 새끼 코끼리가 있는 수림(獸林)을, 왕의 오락을 위해 정비할 것을 규정하고 있다. 그러나 아쇼까는 지금까지 여러 왕들 사이에서 관습화되어 있던 오락을 위한 여행(巡遊)을 폐지하고, 그의 독자적인 법순례(法巡禮)를 시작하였다. 즉 같은 법칙에,

그러나 천애희견왕은 관정 10년에 삼보리(三菩提)를 방문했다. 그때부터 법의 순례가 시작되었다.

라고 기록하고 있는데, 소마애법칙 제1장에 의하면, 법의 순례에 256일을 소비했다고 한다. 그런데 법의 순례라는 것은 사문과 바라문들을 방문하고 그들에게 보시를 하는 것, 장로들을 방문하고 금전을 나누어 주는 것, 지방 백성들을 만나고 그들에게 법의 가르침과 법의 시문(試問: 시험하여 물음)을 하는 것이었다.

4) 관리의 의무

아소까 법칙에서 고급 관리는 대관(大官)이라 불리고, 다음과 같은 직무를 위촉받았다.

1. 또살리, 사마빠, 꼬삼비와 같은 도시집의관(都市執義官)의 직무를 위촉받는다.
2. 또살리, 수바르나기리(Suvarṇagiri)의 경우처럼, 태수왕자와 제휴한다.
3. 수천의 사람들에 대한 사법과 행정을 위촉받는다.
4. 사법과 행정을 위해 5년마다 순찰하는 의무를 진다.
5. 법(法)대관, 감부(監婦)대관, 변경인(邊境人)에 대한 대관으로서, 각 부문(部門)의 장(長)의 임무를 위촉받는다.
6. 여러 종파(불교 승가, 바라문, 아지비까, 니간타)의 관리자.
7. 긴급 사건을 토의하는 회의의 구성원.

그 다음, 각 관리(官吏)들의 직무에 대해 살펴보면 다음과 같다. 즉, 법칙에 나오는 도시집의관은 『실리론』에서는 도시의 수장(首長)의 의미로 사용되고 있다.

보드가야 대탑의 석주(비문 없음)

법칙(法勅)의 수세관(收稅官)·유사(有司)는 『실리론』에서는 관리·부리(副吏, upayukta: 부관리)·사정(使丁, puruaṣa: 심부름꾼)을 정부 관리의 의미로, 대관(代官, yogapurusa)을 고용자의 의미로 사용한다. 그리고 법칙의 사직관(司直官)은 『실리론』에서는 포도관(捕盜官: corarajjuka)의 의미로 사용된다.

법칙에서는 왕에게 정보를 제공하는 상주관(上奏官)을 말하고 있는데, 『실리론』에서는 행정의 첩보기관을 취급하고 있다.

법칙에서는 사여(賜與: 나라에서 백성에게 물품을 내리는 것)에 관한 일을 취급하는 사람에 대해 말하고 있지만, 『실리론』에서는 납세자가 지불해야 하는 세액(稅額)을 정하고 징수하는 관리에 대해 설명하고 있다.

법칙의 사축원관(飼畜苑官)은 모든 종파의 본질을 증진할 목적으로 하는 보시와 존경에 대한 일을 맡은 관리이지만, 『실리론』에서는 수세관 밑에서 황소, 물소, 양, 당나귀, 낙타, 말, 노새 등 목축에 관한 사무를 취급하는 사람이다.

법칙의 감부(監婦)대관은 『실리론』에서는 유락(遊樂)의 보호관으로 시녀(侍女)장관이라고 한다.

법칙에서는 왕의 영토 내에서 살고 있는 임주족(林住族)의 정복에 대해 언급하는데, 『실리론』은 삼림(森林)의 정복과 식민(植民)된 영토의 정복을 기술하고, 삼림정복을 삼림장관의 행정 밑에 두었다. 법칙에서 말하는 변경인에 대한 대관은 『실리론』에서는 국경(國境)장관에 해당한다.

법칙에서는 여러 이웃나라에 사신을 파견하고, 이들 나라의 많은 국민이 법(Dharma)의 가르침을 따랐다고 하는데, 『실리론』에서는 사신의 사명으로 왕명의 전달, 동맹의 보호, 권력의 행사, 우방(友邦)의 획득, 선동(煽動), 동맹국의 이간, 정보의 탐지, 평화조약의 파기 등을 들고 있다.

아쇼까의 사법(司法) 조직이 '궤범(軌範: nīti)'에 따랐던 것은, 별각법칙 제1장에서 밝혔지만, 그것은 사법(司法, daṇḍa-nīti)을 의미한다고 생각된다. 또 그곳에서 규정된 판사(判事)의 공정한 판단과 처리는 『실리론』에 기초를 두고 있다. 『실리론』에 의하면 징세관(徵稅官) 및 형사관(刑事官)은 국가의 여러 기관의 장관이며, 또 하급 장관이 임명한 관리도 감독해야 할 것을 규정하고 있다.

석주법칙 제4장에 따르면, 아쇼까는 사직관(司直官)을 설치해, 그들이 자신감이 있어 두려워하지 않고, 해야 할 일을 실행하도록 하고,

기소(起訴) 또는 형벌을 그들의 책임에 맡겼다. 또 재판과 형벌의 공정을 요망하고 있다. 뿐만 아니라 확정적으로 사형을 선고받은 죄인들에게 3일간의 유예를 주고 친족이 그들의 생명을 구하기 위해 재심수속을 취할 수 있도록 했다.

5) 법에 의한 정복

마애법칙 제13장에 의하면, 이 법칙을 발포한 목적에 대해,

> 나의 모든 왕자들과 모든 증손(曾孫)들이 새로운 정복을 해야 한다고 생각하지 않도록 하기 위해서, 설사 정복이 저절로 이루어졌다 할지라도 피정복자들에 대해 관용과 가벼운 형벌로 만족하도록 하기 위해서, 또 법에 의한 이 정복(dhamma-vijaya)만이 참다운 정복이라고 생각하도록 하기 위해서이다.

라고 기술하고 있다. 그런데 『실리론』에는 3종류의 정복자를 들고 있다.

1. 정의로운 정복자(dharmavijayin)는 적이 귀순(歸順)하면 그것으로 만족한다.
2. 탐욕스런 정복자는 토지 및 재물을 탈취함으로써 만족한다. 그에게는 재물을 가지고 귀순해야 한다.
3. 흉포한 정복자는 토지, 재물, 처자 및 생명을 약탈함으로써 만족한다. 그에게 토지와 재물을 주어서 만족해 하면 좋겠지만, 만약 받지

않을 때는 다른 방법을 강구해야 한다.

여기에서 아쇼까의 '법에 의한 정복'의 개념은 『실리론』의 "정의로운 정복자"에 가깝다. 아쇼까는 마애법칙 제13장에서, 깔링가 전쟁의 비참한 결과를 뉘우치고 한탄하면서, 전쟁을 포기하고, 법에 의한 정복을 정책의 중심으로 삼았다. 즉

> 또 만약 해(害)를 끼치는 사람이 있다면, 참을 수 있는 한 참아야 한다고 천애는 생각한다. 천애는 그의 영토에 살고 있는 임주족(林住族)조차도 화해시키고, 회심(回心)시킨다. 천애는 그의 후회에도 불구하고, 그들의 범죄를 그치도록 하기 위해, 그리고 그들의 범죄 때문에 사형을 받지 않도록 하기에, 천애 자신이 그들을 처벌할 수 있는 충분한 권력을 가지고 있다는 것을 그들에게 알린다. 천애는 모든 살아 있는 존재들의 안전, 자제(自制), 공정, 유화(柔和)를 원하기 때문이다.

라고 강조하고 있다. 이것은 아쇼까가 그의 치세 초기에 전념하였던 "탐욕적인 정복"과 "흉포한 정복"을 포기하고, "법에 의한 정복"의 기초 위에 그의 정책을 시행했다는 것을 정복한 나라와 이웃나라에 알리게 하는 것이었다. 그런데 아쇼까 정책의 기본은 법의 유지였다. 마애법칙 제6장에는,

> 내가 하는 모든 노력은 무엇이든지 모든 유정(有情)에게 내가 지고 있는 빚을 갚기 위해서이고, 이 세상에서 그들을 행복하도록 하기 위해서이고, 다음 세상에서 그들이 천상에 도달할 수 있도록 돕기 위해서이다.

라고 기술하고, 별각마애법칙 제 1장에,

> 우리는 사람들의 신뢰를 얻어야 한다. 모든 사람은 나의 자식들이다. 내가 왕자들을 위해서, 그들이 현세와 내세의 모든 이익과 행복을 얻기 바라는 것처럼, 역시 나는 모든 사람을 위해서 같은 것을 바란다.

상까샤 석주의 코끼리상

라고 기록하고, 백성들의 보호와 복리(福利)를 왕의 의무로 한다는 것을 선언하고 있다.

아쇼까는 앞의 목적을 달성하기 위해 여러 가지 사업을 하고 있다. 그 가운데 중요한 것을 들면 다음과 같다.

1. 모든 인민에 대한 적절한 대우.
2. 길에 많은 반얀(Banyan) 나무를 심게 하여, 사람과 동물이 그 그늘을 이용할 수 있게 했다. 또 망고 나무를 심게 하고, 8꼬사(kosa)마다 우물을 파고, 휴게소를 설치하게 하고, 사람과 동물을 위해 물 마시는 곳(飮水場)을 만들게 했다.
3. 사람과 가축을 위해 두 종류의 병원을 세우고, 약초를 재배하게 하고, 나무뿌리나 열매가 없는 곳에는 이것을 수송하도록 했다.
4. 향연을 위한 집회를 금했다. 이것은 향연의 집회가 관습화됨으

로써 생기는 쓸데없는 비용의 낭비를 막고, 살생을 금지함으로써 노동력으로서의 가축을 보호한 것이라 생각된다.

5. 가난한 자와 노인에 대한 보시.

4. 불교와의 관계

1) 불교에 귀의

아쇼까의 법(法, Dharma)에 의한 통치는 특수한 면에서, 특히 불교 승가와 밀접한 관계에 있었다고 생각되는데, 그것은 또 그의 법(Dharma) 정책의 중요한 기반이었다고 생각된다.

이미 앞에서 서술한 것과 같이, 마애법칙 제13장에 의하면, 깔링가 전쟁(관정 8년)의 비참한 결과를 뉘우치고 한탄한 아쇼까가, 과거 200년에 걸친 마가다의 무력정복 정책을 전환하고, 법에 의한 정복이 최상의 정복이라고 생각하여, 법에 의한 통치를 시작하였다. 이 사실은 아쇼까의 전설을 통해서도 알 수 있다. 즉 아쇼까에 관한 전승(傳承)이 그의 생애를 포악아육(暴惡阿育: Caṇḍāśoka)과 법아육(法阿育: Dharmāśoka)으로 나누는 것도 그와 같은 배경에 유래하기 때문이다.

소마애법칙 제1장에 의하면,

> 약 2년 반 동안, 나는 우바새(優婆塞)였다. 그러나 나는 처음 1년 동안은 법을 위해 열심히 정근하지 않았다. 그러나 다음 약 1년 동안은, 나는 승가(僧伽)에 가서 열심히 정근했다.

라고 기술하고 있다. 이것으로, 그가 불교에 귀의한 맨 처음의 상황을 추정할 수 있다. 즉 관정 8년의 깔링가 전쟁 후 얼마 되지 않아 불교에 귀의했고, 우바새로서 약 2년을 지냈다고 한다면, 그것은 관정 10년이 될 것이다. 그 기간 동안에는 열심히 정근하지 않았는데, 아쇼까는 거듭 느끼는 바가 있어서, 다음 약 1년은 열심히 정근하였다. 그것은 관정 12년에 이르렀다고 생각된다. 그리고 이 2가지 사건을 뒷받침하는 다른 법칙의 기사(記事)를 지적할 수 있다.

마애법칙 제8장에 의하면, 관정 10년에 삼보리(三菩提), 즉 붓다의 성도지 붓다 · 가야를 방문하고, 이것을 계기로 법의 순례가 시작되었다고 한다. 이것은 좀더 열심히 정근한 시기에 들어갔다는 것을 의미한다. 또 열심히 정근한 결과에 대해 소마애법칙 제1장은,

> 염부제(閻浮提)에서, 신들과 교제하는 일이 없었던 사람들이 지금은 신들과 교제하게 되었다. 왜냐하면 이것은 정근을 한 결과이기 때문이다.

라고 기술하고 있다. 이것은 관정 12년에 발포된 마애법칙 제4장을 통해서도 엿볼 수 있다. 즉

> 그러나 지금은 천애희견왕이 법을 실행한 결과, 그리고 백성들에게 천궁(天宮), 코끼리, 불덩어리(火蘊), 그리고 천상의 다른 많은 초자연적인 형상들을 보여 주었기 때문에, 전쟁의 북소리는 법을 알리는 소리(法響)가 되었다.

라고 기술하고 있는 것과 같다.

그러면 아쇼까로 하여금 열심히 정근하게 한 사상적, 신앙적 근거는 무엇이었는가. 그것은 그의 법개념의 특수한 면, 특히 불교승가와의 밀접한 관계에서 유래한다고 생각된다.

2) 7종의 법문

캘컷타 · 바이라뜨(Calcutta-Bairāṭ) 법칙의 첫머리에는, "마가다의 희견왕은 승가에 경례하고, 병 없이 안온(安穩)하게 살고 계시는지 묻습니다."라고 기록함으로써, 아쇼까가 불교승가에 보낸 사적인 편지라는 것을 밝히고 있다. 여기에서 아쇼까는 공적인 법칙(14장 마애법칙; 7장 석주법칙)에서 사용하는 칭호인 "천애희견왕" 대신, 단지 "마가다 왕"이라 일컫는 것은 승가에 대한 왕의 경건한 태도를 나타내는 것으로 생각된다.

뒤이어 아쇼까는 불 · 법 · 승(三寶)에 대한 존경과 신앙을 표명하고, 세존 · 붓다가 설한 것은 선설(善說)되고 있어, "이와 같이 해서 정법(正法)은 영속할 것"이라 생각하고, 다음과 같은 7종의 법문을 제시했다.

비나야의 가장 우수한(最勝) 가르침

성스러운 계보(系譜, 또는 聖住)

미래의 포외(怖畏)

성자(聖者)의 게(偈)

적묵행(寂默行)의 경(經)

우빠띳사의 물음(問)

라훌라에게 한 훈계(訓戒)

아쇼까는 이들 7종의 경 이름을 새기게 한 목적으로, 비구와 비구니, 그리고 우바새(優婆塞)와 우바이(優婆夷)가 이들 법문을 듣고 생각해 주기를 원했기 때문에, 자신의 소원을 알리기 위해서라 하고 있다.

그런데 이 법칙에는 날짜가 없기 때문에, 그것이 발포된 연대는 추정에 의할 수밖에 없다. 스미스(V. A. Smith)는 바이라뜨의 소마애법칙 제1장은, 이 캘컷타 · 바이라뜨 법칙이 새겨진 승원(僧院)의 경내에서 작성되었을 것이라고 추정했다. 그래서 아쇼까가 그의 치세(治世) 초기에 그 승원에서 안거를 보냈을 때, 이 두 개의 바이라뜨 법칙을 발포했을 것이라고 간주하고, 그 연대를 관정 13년으로 추정했다. 또 훌취는 캘컷타 · 바이라뜨 법칙을 다른 모든 마애법칙이나 석주법칙 보다 이른 시기에 발포된 것으로 보았다. 즉 아쇼까가 깔링가 전쟁(관정 8년) 후에 우바새가 된 뒤 약 1년이 지나 승가에 갔고(관정 10년, 삼보리에 감), 그 후 법의 순례를 떠나기(관정 12년) 전에 불교성전의 연구를 한 것으로 추정하고, 이 법칙의 발포를 관정 12년으로 보았다. 이것에 대해, 타파르(Romila Thapar)는 이 법칙의 발포를 아쇼까의 치세 후기, 승가 분열을 경고하는 법칙의 발포와 같은 시기로 추정했다.

7종 법문의 경명(經名)에 대해서는 지금까지 많은 학자들이 연구한 결과, 현존하는 원시성전 가운데서 대강 추정할 수 있는 몇 가지의 문헌이 지적되고 있다. 앞의 문헌에 설해진 법(法)을 고찰하면, "비나야의 가장 우수한(最勝) 가르침" 에는 재가자(在家者)의 율(律)을 중심으로 한 가장 우수한 가르침을 보여 주고, "성스러운 계보 (또는 聖住)" 에서는 비구의 이상상(理想像)을 밝히고 있다. 다음으로 "미래의 포외" 에서는 미래에 포외를 보고 정근(精勤)해야 할 것을 설(說)하여, 불교로 이끌어 들일 계기를 부여하고 있다. 그리고 "성자의 게", "적묵행의 경", "우빠띳사의 물음" 에는 성자의 실천도를 규정하고, "라후라에게 한 훈계" 에서는, 특히 망어(妄語)에 관한 정근의 큰 결과를 보여 주고 있다. 더욱이 7종의 경 이름으로 추정되는 원시경전의 내용은 아쇼까가 제시한 기본적인 법의 정책과 밀접한 관계가 있다. 아쇼까 시대에, 이들 추정된 성전이 현존의 형태로 존재했다고 생각되지는 않지만, 각 성전이 의도한 법이 캘컷타 · 바이라뜨 법칙의 발포 후에, 아쇼까에 의한 법(Dharma) 정책의 지주(支柱)가 되었다는 것은 의심의 여지가 없다.

3) 법의 순례

과거의 모든 왕들이 실시하였던 오락을 위한 순유(巡遊: 여러 곳으로 돌아다니며 놂)를 그만둔 아쇼까는 법의 순례를 하면서, 사문이나 바라문을 방문해서 보시를 하고, 장로를 방문해서 금전을 나누어 주고, 지방의 백성들을 접견하고, 그들에게 법을 가르치고, 그들의 의견을 구했다. 그 결과에 대해 마애법칙 제4장에,

> 이와 같이 수백 년 동안 여태까지 일찍이 없었던 일로서, 이제는 천애희견왕이 법을 가르친 덕택으로, 동물 도살의 자제, 유정 학대의 자제, 친족에 대한 예의, 바라문 · 사문에 대한 예의, 부모에 대한 순종, 장로에 대한 순종이 증진되었다.

라고 기술하고 있다. 역시 소마애법칙 제2장에,

부모에게 순종해야 한다. 마찬가지로 스승에게도 순종해야 한다. 동물에 대해서는 견고한 연민의 마음을 가져야 한다. 진실을 말해야 한다. 이 법의 공덕을 실천해야 한다.

라고 기록하고 있다. 그리고 소마애법칙 제1장에,

이 칙령은 순례 여행 중에 내가 발포했다. 여행하는 데 256일이 지나갔다.

라고 기술하고 있는 것과 같이, 법 순례는 장기간에 걸쳐 행해졌다고 생각된다. 그 동안에 보드가야의 순례, 바이라뜨에서 불교성전의 연구도 하였을 것이다. 또 법의 순례는 열심히 정근한 약 1년이라는 기간만으로 한정된 것은 아니었다.

룸민데이 법칙에 따르면,

천애희견왕은 관정 20년에 몸

발굴 당시의 룸비니 석주

소 이곳에 와서 참배했다. 여기에서 샤까무니가 탄생하셨기 때문이다. 그래서 그 주위에 돌 울타리(石柵)를 만들게 하고, 석주를 세우게 했다. 세존이 여기에서 탄생하셨기 때문에, 룸비니 마을은 조세(租稅)가 면제되고, 또 생산의 8분의 1만을 지불하게 되었다.

라고 기술하고 있다. 이것은 아쇼까가 붓다의 탄생지 룸비니를 참배하고, 기념 석주와 돌 울타리를 세운 것을 기록하고 있다. 7세기에 인도를 여행한 중국의 순례승 현장은 『대당서역기(大唐西域記)』의 겁비라벌솔도국(劫比羅伐窣堵國: 까삘라바스뚜)조(條)에서(6. 3-12),

사천왕(四天王)이 태자를 받들어 올린 솔도파(窣堵波: 탑) 곁에서 멀지 않은 곳에 큰 석주가 있는데, 그 위에 말의 상(馬像)을 만들었다. 무우(無憂: 아쇼까)왕이 세운 것이다. 뒤에 악용(惡龍)이 친 벼락 때문에 그 기둥은 중간에서 부러져 땅에 쓰러졌다.

고 기록하고 있는데, 이전에 주두(柱頭)에 말의 상이 있었던 것, 벼락 때문에 윗부분이 부러져 밑에 쓰러져 있었다는 것을 전하고 있다. 현재 석주의 윗부분은 사라졌지만, 남아 있는 부분에는 분명하게 벼락 때문에 생긴 균열의 흔적을 볼 수 있다.

그런데 아쇼까는 룸비니 마을에 대해 조세(租稅)을 면제해 주었다. 조세는 토지에 대한 부과금으로서 1년에 1회 중앙의 국고에 납부하는 것이었다. 이것과는 다른 세법(稅法)에 6분세(分稅)가 있다. 이것은 생산의 6분의 1을 바치는 것으로서 왕조(王朝)의 일차적 재원(財源)이었다. 아쇼까는 룸비니 마을에 대해 6분세를 낮추어, 생산의 8분의

1을 바치는 8분세를 지시한 것으로 보인다. 마투라(Mathurā)의 설일체유부(說一切有部) 교단사를 기록한 『아육왕경』에 의하면, 아쇼까는 우빠굽따 장로와 함께 룸비니를 시작으로, 붓다의 탄생 · 성도 · 초전법륜 · 열반의 4대 성지와 10대 제자들의 탑을 방문하고, 금은(金銀)을 보시한 것을 전하고 있다.

다음에, 니갈리 · 사가르(Nigālī-Sāgar) 법칙에,

> 천애희견왕은 관정 14년에 꼬나까마나(Konākamana, 拘那含牟尼) 붓다의 탑을 2배(또는 두 번째)로 증축했다. 또 관정 ……년에 몸소 (이곳에) 와서 참배했다. 또 석주를 건립하게 했다.

라고 기록하고 있는데, 이것은 과거 7불(佛) 중에 제5불인 구나함모니

니갈리 · 사가르 못(池)과 석주

불의 탑을 고쳐 쌓고 공양한 것을 전하고 있다.

샤꺄무니 붓다 이전에 존재했다는 6불(佛)에 샤꺄무니 붓다를 보태서 과거 7불이라 하는데, 그 가운데서

제4불, 까라꿋찬다(Karakucchanda, *Pāli* Kakusandha; 俱留孫)

제5불, 까나까무니(Kanakamuni, *Pāli* Koṇāgamana; 拘那含牟尼)

제6불, 까샤빠(Kāśyapa, *Pāli* Kassapa; 迦葉)

제7불, 샤꺄무니(Śākyamuni, *Pāli* Sākyamuni; 釋迦牟尼)

의 4불에 대해서는, 현겁(賢劫: 현재의 1大劫)의 4불로서 일찍부터 그들에 대한 신앙이 있었던 것 같다. 『고승법현전(高僧法顯傳)』 구살라(拘薩羅: 꼬살라)국(國) 조(條)에는, 중국의 순례승 법현이 5세기에 이 지방을 방문했을 때 조달(調達), 즉 제바달다(提婆達多: 데바닷따)를 숭배하는 사람들이 있었는데, 그들은 과거 3불을 공양하고, 다만 석가모니불만을 공양하고 있지 않았다는 것을 전하고 있다. 제바달다는 석존(釋尊)시대에 불교승가가 승원화(僧院化)하는 경향에 반대해서, 원시적인 유행자(遊行者)의 생활양식을 유지할 것을 주장했지만 받아들여지지 않아, 승가로부터 분파했다고 전해지고 있다. 이것은 정통파의 불교승가와는 달랐다. 오래된 신앙과 생활양식을 유지했던 종단(宗團)의 존재를 시사하는 것이다.

『고승법현전』과 『대당서역기』에는, 샤꺄(Śākya)의 고향에 석가모니불을 제외한 현겁의 3불의 본생 · 성도 · 열반지와 각각의 불탑이 있었음을 전하고 있는데, 이 구나함모니(Kanakamuni)불의 탑에 대해 『대당서역기』 겁비라벌솔도국 조에(6. 2-5),

북쪽 가까이에 솔도파가 있다. 그 여래(拘那含牟尼佛)의 유신사리(遺

> 身舍利)가 들어 있다. 그 앞에 석주를 세웠는데, 높이가 20여 척(尺)이다. 위에 사자상(師子像)을 새겼고, 옆에는 적멸(寂滅)의 사적을 기록해 놓았다. 무우왕(無憂王)이 세운 것이다.

라고 전하고 있다.

현존하는 비석은 다른 곳에서 옮겨온 것인데, 최초에 건립되었던 지점은 불분명하다. 어찌되었든 아쇼까가 당시 사람들이 신앙했던 과거불 구나함모니의 탑을 관정 14년에 고쳐 쌓았는데, 틀림없이 룸비니를 참배한 것과 같은 해(관정 20년)에 이곳을 방문해서 공양했다는 것을 알 수 있다.

다음에 아흐라우라(Ahraurā)의 소마애법칙 제1장에는,

> 이 칙령은 256일을 여행으로 보낸 내가 발포했다. 나는 그 동안에 붓다의 사리를 얻었다.

라고 기록되어 있다. 인도에서 불탑의 건립과 공양이 유행한 것은 아쇼까왕의 사업에서 힘입은 바 컸다. 『아육왕전』 등의 전설에 의하면, 아쇼까는 붓다의 열반 때에 건립되었던 8탑 가운데서 7탑을 열어 불사리(佛舍利)를 다시 분배해, 전 인도에 8만 4천의 법탑(法塔)을 건립했다고 한다. 현존하는 불탑 가운데서 꾸시나가라, 바이샬리, 바르후뜨, 산찌, 아마라바띠, 소빠라 등의 여러 탑은 아쇼까 왕이 건립 또는 증축한 것이라고 추정되고 있다. 아마라바띠의 소석주법칙은 아쇼까의 탑 건립에 대한 기록일 것으로 생각된다.

4) 파승가(破僧伽)의 억제

알라하바드 · 꼬삼(꼬삼비), 산찌, 사르나트의 3석주에는 아쇼까왕이 파승가(= 승단의 화합을 깨뜨리는 것)를 경고해서 발포한 법칙이 새겨져 있다.

꼬삼비 법칙은 꼬삼비의 대관(大官)에게 왕이 명령한 것(勅命)을 기록하고 있다. 이것에 대해, 사르나트 법칙은 빠따(Pāṭa)의 뒷부분이 파손되어서 판독(判讀)할 수 없지만, 사람들은 빠따(Pāṭa[liputra])로 보충해서 읽고 있다. 역시 산찌 법칙도 첫머리 부분이 파손되어 판독할 수 없다. 따라서 꼬삼비 법칙의 예를 근거로 해서 생각해 보면, 사르나트 법칙은 빠딸리뿌뜨라의 대관에게, 꼬삼비와 산찌 법칙은 각 소재지 대관에게 왕이 명령한 것으로 추정된다. 이어서 사르나트 법칙은,

> 누구도 승가의 화합을 깨뜨려서는 안 된다. 비구 또는 비구니로서 승가의 화합을 깨뜨린 사람은 백의(白衣)를 입혀, 주처가 아닌 곳에 살게 해야 한다.

라고 명령하고 있다. 다른 법칙도 거의 같은 문장으로 되어 있지만, 산찌 법칙은 앞부분에,

> 나의 왕자 · 증손(曾孫)이 통치하는 한, 해와 달이 비치는 한, 비구 또는 비구니들의 화합을 나는 명령했다.

라고 기록하고, 뒷부분에,

산찌 제1탑

왜냐하면 내가 원하는 것은, 화합한 승가를 오래 계속하도록 하는 것이기 때문이다.

라는 문장을 덧붙이고 있다.

그런데 스리랑카 상좌부의 율장에 의하면, 화합승(僧伽의 和合)에 대해,

화합이란 승가가 동일 주처(住處)에 살면서, 동일 계(界)에 머무르(住)는 것이다.

라고 해석하고, 파승가(破僧伽)에 대해서,

(승가를) 파(破)하려고 기도(企圖)한다는 것은, 사람들을 분열시키고, 다르게 하고, 불화하게 해서 당(黨, 패거리)을 만들고 무리를 짓는 것이다.

라고 정의하고 있다. 동일한 계(界: sīima) 안에 동일한 주처(住處: 精舍)가 있어, 동일한 포살(布薩: 한 달에 2회씩의 반성 집회)이 행해지는 것이 승가 화합의 이상적인 형태였기 때문에, 파승가의 행위에 대해서는 엄하게 처단되었다. 스리랑카 상좌부에서는 파승가자에게는 승잔법(僧殘法)이 적용되어, 일정 기간 동안 승니(僧尼)로서의 자격이 박탈되고 금족(禁足: 외출금지) 명령이 내려졌다.

그러나 법칙은 흰옷을 입혀(환속시키는 것) 주처가 아닌 곳에 살게 할 것(精舍로부터 추방)을 규정하고 있다. 일반적으로 율장의 규정에 의하면, 정사로부터의 추방은 4바라이법(波羅夷法: 사음 · 투도 · 살생 · 망어는 가장 무거운 죄로, 환속시켜 정사에서 추방할 것을 규정하고 있다)에 한정하였지만, 쟁사(諍事: 다툼)에 관해서는 징벌갈마(懲罰羯磨) 중의 구출갈마(驅出羯磨: 재판을 해서 정사에서 추방하는 규정)가 적용된다. 『마하승기율(摩訶僧祇律)』에,

> 그대, 마땅히 승가의 지시에 따를 것인가 따르지 않을 것인가. 만약 따르지 않는다면, 나는 마땅히 그대에게 백의법(白衣法)을 적용해서, 그대를 쫓아내어 취락성읍(聚落城邑: 마을과 도시)으로 나가도록 할 것이다.

라고 규정하고 있는 것은, 법칙(法勅)의 내용과 같다는 것을 보여 주고 있다.

그리고 사르나트 법칙은 이 법칙을 비구 승가 및 비구니 승가에 전하기 위해 이것과 동일하게 2통을 베껴서 1통은 대관(大官)이 보관하고, 다른 1통은 우바새 가까이에 보관할 것을 규정한 다음, 이 교칙(敎勅)이 실행되고 있는지 확인하기 위해 법대관과 우바새가 매번 포살

에 참석하러 갈 것을 명령하고 있다. 이것은 빠딸리뿌뜨라의 대관에게 알린 것이지만, 왕은 다시 각 대관이 관할하는 지방과 성새(城塞)가 있는 지역에서, 이 법칙 문(文)에 따라 순찰하도록 관리의 파견을 명령하고 있다.

그런데 마애법칙 제5장(관정 13년에 발포)에 의하면, 법대관은 모든 종파에서, 법의 확립과 법의 증진(增進), 법에 전념하는 사람의 이익과 안락을 위해, 그리고 (사람의) 탐착(貪著)을 떠나도록 하기 위해 종사(從事)하고, 빠딸리뿌뜨라 및 외곽의 모든 도시에서, 모든 민족과 계급에 차별 없이 광범위하게 적용할 것을 규정하고 있다. 또 석주법칙 제7장(관정 27년)에 따르면, 아쇼까가 법의 증진을 위해 진력한 여러 가지 일들을 회고하고, 이것을 고려해서 많은 법주(法柱)를 건립하고, 여러 법대관을 설치해 법을 듣도록 했다고 한다. 뒤이어, 법대관은 출가자와 재가자, 그리고 모든 종파에 관해서 종사한다. 뿐만 아니라 불교승가 · 바라문 · 아지비까 · 니간타 및 다른 여러 종파에 관해서도 종사할 것을 규정하고 있다. 따라서 사르나트 등의 법칙에 관계를 가진 법대관은 불교승가를 관장하는 특수한 법대관이었다고 생각된다.

5) 아쇼까의 연대

이상 아쇼까 비문을 중심으로 해서 불교역사와 아쇼까의 관계를 기술했는데, 이제부터는 불교 전승에 아쇼까가 어떠한 문제를 제기하는지에 대해 언급할 필요가 있다.

먼저 아쇼까 연대인데, 이것은 남북 양전(兩傳)이 서로 다르다. 즉 북전(北傳: 마투라, 카슈미르 전승)이 아쇼까의 즉위를 불멸 100년이라고 하는데 대해, 남전(南傳: 스리랑카 전승)은 불멸 218년이라 한다. 이것은 그 배경이 되는 마가다 왕통사(王統史)에서, 샤이슈나가(Śaiśunāga) 왕조의 깔아쇼까(Kālāśoka)와 마우리야 왕조의 아쇼까를 동일시하는가 않는가에 따른 것이다. 그러나 깔아쇼까(黑아쇼까)는 『아육왕경』의 까까바르닌(Kākavarṇin: 까마귀 색을 가짐), 『뿌라나(Purāṇa)』의 까까바르나(Kākavarṇa: 까마귀 색) 및 타라나타(Tāranātha: 티베트의 역사가)의 난딘(Nandin: 歡喜가 있다)과 동의어로서, 그 존재도 확증되고 있다. 레이차우두리(Raychaudhuri)는 난디바르다나(Nandivardhana)와 마하난딘(Mahānandin)을 전기(前期) 난다(Nanda)로 해서, 『뿌라나』와 스리랑카, 그리고 자이나의 전승에 9난다로 알려진 신(新) 난다(後期 난다)로부터 구별한다.

또 아쇼까의 연대는 다른 관점에서 본다면, 불교교단의 근본분열 연대와 관계가 있다. 카슈미르 설일체유부의 전승 『사마야베도빠라짜나짜끄라(Samayabhedoparacanacakra: 異部宗輪論)』에 의하면, 불멸 116년(또는 160년) 마우리야의 아쇼까왕 치세(治世) 때 교단의 근본분열이 일어났다. 이것에 대해, 바뱌(Bhavya, 淸弁)의 『니까야베다비방가뱌카나(Nikāyabhedavibhaṅgavyākhāna: 異部分派解說)』의 상좌부 전승은 그것을 불멸 160년 다르마·아쇼까의 치세로 보는데, 이것은 『부집이론(部執異論)』의 원판(元版) 및 명판(明版)과 일치한다. 역시 마찬가지로 정량부(正量部) 전승은 불멸 137년 난다 왕조의 마하빠드마(Mahāpadma)왕의 치세로 본다. 짠드라굽따와 빈두사라의 치세를 합친 것이 대략 50년인 것에서, 위의 전승은 아쇼까의 즉위를 적어도 불멸 후 2세기 중엽 이후에 위치시킬 수 있는 논거를 준다. 또 마투라와 카슈미르의 설일체유부 전승이 마우리야의 아쇼까와 샤이슈나가의 아쇼까(깔아쇼까)를 혼동하고 있는 것은 『아육왕경』이 제2결집의 장로 야샤스(Yaśas)와 샤나바사(Śāṇavāsa)를 아쇼까의 왕사(王師) 우빠굽따와 관련시킨 것에 의해서도 이해할 수 있다.

6) 제3결집

빠딸리뿌뜨라의 결집(제3결집)에 대해, 스리랑카의 사전(史傳) 『도왕통사(島王統史)』는 2가지 전설을 말하고 있다. 이들의 전승은 묘사가 구체적이고 간결하지만, 『대왕통사(大王統史)』나 『선견율비바사(善見律毘婆沙)』는 서술이 상세하고, 문맥이 손질되어 있다.

먼저, 『도왕통사』의 전설(A)에 의하면, 아쇼까는 8만 4천의 정사를 건립하고, 승가에 많은 공양을 하고, 스스로 교법(教法)의 상속자라고 한다. 그러나 목갈리뿟따 띳사는, 물질적인 보시는 교외자(教外者)가 해야 할 일로서, 자신의 후계자를 출가시키는 사람이야말로 교법의 상속자라고 설한다. 그래서 아쇼까는 아들 마힌다(Mahinda)와 딸 상가밋따(Saṃghamittā)를 출가시키고, 두 사람은 구족계를 받는다. 아쇼까의 불교승가에 대한 공양 때문에 외도들이 7년간 정사(阿育園寺)에 살면서 포살을 했나. 그러나 장로들은 그 포살에 참석하지 않았다. 불멸 236년에, 적주비구(賊住比丘)들은 6만 명에 달했는데, 아육원(阿育園)에 살면서 교법을 손상시켰기 때문에 목갈리뿟따 장로는 1천 명의 비구를 불러모아 법을 결집하고, 이설(異說)을 깨뜨리고 『논사(論事)』를 편찬했다.

그 다음, 『도왕통사』의 전설(B)에 의하면, 불멸 236년을 지나 상좌

산찌 제2탑

부에 대분열이 일어나서, 빠딸리뿌뜨라의 결집이 행해졌다고 한다. 그 때, 포살을 하도록 하기 위해 아육원사에 파견된 대관(大官)이 실수로 장로들을 살해했는데, 그 때문에 아쇼까는 괴로워해서, 목갈리뿟따에게 자신의 죄를 물었다는 사실을 덧붙이고 있다.

『대왕통사』 및 『선견율(善見律)』에서는, 죽음에 대한 두려움의 비유, 담마락키따(Dhammarakkhita)의 신통, 부왕(副王) 띳사(Tissa)의 출가와 수계에 대한 삽화에 이어서, 다음의 설화를 덧붙이고 있다. 목갈리뿟따는 대비구 무리를 마힌다에게 맡기고, 자신은 갠지스 강 상류의 아호강가(Ahogaṅga) 산중에서 7년간 혼자서 살았다. 실수로 대관이 장로들을 살해한 일 때문에 고뇌하던 아쇼까는 자기의 죄를 묻기 위해 목갈리뿟따를 빠딸리뿌뜨라로 초청했다. 또 결집에서는 분별론자(分別論者)들을 정통이라 하고, 다른 설을 지지하는 자들을 이단이라 해서 환속시켰다고 전하고 있다.

그런데 안데르(Andher) 제2탑과 산찌 제2탑에서 목갈리뿟따의 사리(舍利)를 넣은 사리함이 발견되었는데, 이것은 제3결집에서 지도적인 지위에 있었던 목갈리뿟따 띳사의 것이라고 여겨진다. 명문(銘文)에 의하면, 그는 꼬띠뿌따(Kotīputa)의 제자였다고 하는데, 빌사(Bhīlsa) 지방의 탑에서 발굴된 사리함의 명문에 의해서, 4명의 꼬띠뿌따(꼬띠의 아들)가 있었음을 알 수 있다.

1. 꼬띠뿌따 · 두두비사라(Kotīputa-Dudubhisara)
2. 꼬띠뿌따 · 꼬디냐고따 · 까까나바 빠바사나(Koḍiñagota-Kākanava Pabhāsana)
3. 꼬띠뿌따 · 반두까(Bhaṃḍuka)
4. 꼬띠뿌따 · 스바히따(Subāhita)

이 가운데서 두두비사라는 까사빠고따(Kāsapagota)나 맛지마(Majjhima)와 함께 설산지방에서 전도했던 인물이었다. 까까나바(Kākanava: 산찌의 옛 이름) 빠바사나(Pabhāsana)는 "산찌의 빛(光)"을 의미하는데, 이 지방에서 널리 알려진 사람이었던 것 같다. 다른 2명은 알려지지 않은 인물이므로, 목갈리뿟따는 위의 2명 가운데 한 제자였다고 생각된다.

먼저, 목갈리뿟따를 까까나바 빠바사나의 제자라고 생각할 경우, 그는 산찌 지방 승가의 장로였다는 것이 된다. 스리랑카의 사전(史傳)에 의하면, 아쇼까는 왕자시대에 아반띠(Avanti)의 통지를 위임받았는데, 이 나라의 수도 웃제니(Ujjeni)로 가는 도중, 베디사(Vedisā)에서 그곳 처녀 데비(Devī)와의 사이에서 마힌다와 상가밋따를 얻었다. 뒷날 그 두 사람은 아쇼까의 스승 목갈리뿟따의 조언에 따라 출가했는데, 제3결집 후에 목갈리뿟따는 마힌다를 스리랑카에 전도사로 파견했다. 마힌다는 먼저 어머니가 살던 베디사로 가서, 그곳 승원(僧院)에서 1개월간 체재했다고 한다. 이것은 목갈리뿟따를 산찌와 관련짓는 하나의 증거로 말할 수 있다.

다음, 목갈리뿟따를 두두비사라(설산지방의 지명에서 유래한 명칭)의 제자로 볼 때, 그는 설산부(雪山部)와 관계가 깊었던 것이 된다. 스리랑카 사전(史傳)은 설산부를 인도에서 생긴 후세의 분파로서 안드라파(Andhraka, 安達派)의 그룹에 포함시킨다. 그러나 『사리불문경(舍利弗問經)』에는 그 명칭을 기록하지 않고 있다. 이것에 대해, 설일체유부와 바뱌(Bhavya)의 정량부(正量部) 전승은 설산부가 상좌부에서 갈라진 것으로 전하고 있다. 특히, 『이부종륜론(異部宗輪論)』이 분별설부(分別說部: 스리랑카 상좌부)를 완전히 무시해 버리고, 설산부를 본상좌부(本上座部)로 해서, 상좌부의 본파(本派)와 동일시하고 있는 것은, 설산부와 분별설부와의 관계를 시사하는 것이다. 또 바뱌의 대중부 전승이, 설산부를 대중부의 지파(支派)로 해서 안드라파의 그룹에 포함시키는 것은 스리랑카 전승과 유사하다. 여하튼 설산부의 명칭이 서력 기원전의 명문(銘文)에만 나타나고, 현장이나 의정의 기록에서 볼 수 없는 것은 이 파(派)가 일찍 소멸되었기 때문일 것이다.

『아육왕경』에 의하면, 불탑(佛塔) 건립을 결심한 아쇼까는 야샤스(Yasas) 장로를 방문해서 8만 4천 탑을 세우고 싶다는 소원을 전하고, 그것을 성취했다. 그리고 나서 야샤스는 아쇼까에게 다음과 같은 붓다의 예언을 전한다(大正藏, 50, 117中; 157上).

> 이 마투라(摩偸羅: Mathurā)국에는 여래의 열반 후 백년에, 틀림없이 향(香) 파는 상인이 있을 것인데, 그의 이름은 급다(笈多, Gupta)라고 할 것이다. 그 후에 아이를 낳아 우바급다(優波笈多, Upagupta)라 부를 것이

산찌 제3탑

다. (이 아이는 자라서) 교화에 아주 뛰어날 것이고, 무상불(無相佛)이 될 것이다. 내가 열반한 후에, (그는) 틀림없이 불사(佛事)를 할 것이다.

그리고 그는 우빠굽따가 지금 우루만타(優樓漫陀, Urumaṇḍa)산의 나치바치(那哆婆哆, Naṭabhatikā)사(寺)에 살고 있다는 것을 말한다. 이 말을 듣고 아쇼까는 우빠굽따 장로를 빠딸리뿌뜨라로 모셔와서 공양하고, 그의 지도에 따라 룸비니, 붓다 · 가야 등의 불적지를 순례하고 공양을 했다고 한다.

그런데 남전(南傳)의 빠딸리뿌뜨라 결집에서 주역을 맡은 것은 목갈리뿟따인데, 그는 갠지스 강 상류의 아호강가(현재 지명으로서는 불분명)에서 왕사(王師)로 추대되었다. 그러나 북전(北傳)이 그를 전하지 않고 우빠굽따만을 기록하고 있는 것은 분별설부와 설일체유부의 대립 관계를 추정하게 한다.

북전의 빠딸리뿌뜨라 결집 전설은 남전의 전설과 내용을 달리하고 있다. 즉 북전의 빠딸리뿌뜨라 결집은 『대비바사론(大毘婆沙論)』을 원천으로 해서, 대천(大天)의 5사(事)와 관계 있는 계원사(雞園寺)의 쟁사(諍事: 다툼)를 왕의 중재에 의해 진정시키고, 소수파의 상좌들을 까슈미르에 따로 살게 했기 때문에 빠딸리뿌뜨라의 대중부와 까슈미르의 상좌부로 파(派)가 나눠진 것으로 되어 있다.

『사리불문경』에는 목건라우바제사(目揵羅優婆提舍: Moggala-upatissa, Moggalā-yana-upatissa)가 법장부(法藏部)와 소바리사부(蘇婆利師部: 善歲部)를 일으켰다고 기술하고 있는데, 이것은 붓다의 제자 목건련과 사리불(일명 Upatissa)을 짜 맞추어 만들어졌다는 설(說)도 된다. 결국 이것은 목갈리뿟따 · 띳사에 음성(音聲)상 서로 비슷해서 일종의 존칭으로 작성된 것이지만, 후세에 우빠굽따에 대해 사용되었을 것이라고 생각된다. 삿다라(Satdhāra) 제2탑과 산찌의 제3탑에서 사리불과 목건련의 사리를 봉안하고 있는 것은 이 말의 기원에도 관련이 있는 것으로 생각된다.

역시 드 라 발레 뿌생(de la Vallée-Poussin)은 『식신족론(識身足論)』이 목건련(目揵連)의 설을 논파하고 있는 것에 주목해서, 그를 제3결집의 목갈리뿟따 · 띳사로 추정하고, 설일체유부의 삼세실유론(三世實有論)에 대해, 목건련은 과거를 부정하는 부파의 대표자라고 생각했다. 그렇게 해서 이 부파를 분별설을 내세우는 파로 보았다. 그러므로 이 주장을 따른다고 한다면, 설일체유부와 분별설부와의 대립관계를 추정할 수 있고, 동시에 설일체유부와 분별설부에 의하여 작성된 2개의 빠딸리뿌뜨라 결집 전설의 배경을 엿볼 수 있다. 게다가 『분별공덕론(分別功德論)』이 분별설부의 마신제(摩呻提: Mahinda)와 카슈미르 설일체유부의 마선제(摩禪提: Majjantika)를 모두 아난(阿難)의 제자라고 하는 전설, 스리랑카 사전(史傳)이 마힌다의 갈마사(羯磨師)를 맛잔띠까라 하고 있는 것도 분별설부와 설일체유부의 가까운 관계를 보여 주는 것 같다.

7) 전도사 파견

스리랑카 사전(史傳)에 따르면, 빠딸리뿌뜨라 결집 후에 정법(正法)의 영속을 위해 인도 내외의 변경지(邊境地)에 전도사를 파견한 것을 전하고 있다. 즉

1. 맛잔띠까(Majjhāntika)를 카스미라 · 간다라 지방에
2. 마하데바(Mahādeva)를 마히사랏따(Mahisaraṭṭha, Mahisamandala)에
3. 락키따(Rakkhita)를 바나바사(Vanavāsa)에
4. 그리스인 담마락키따(Dhammarakkhita)를 아빠란따까(Aparantaka)에
5. 마하담마락키따(Mahādhammarakkhita)를 마하랏타(Mahāraṭṭha)에
6. 마하락키따(Mahārakkhita)를 그리스인의 나라(Yonakaloka)에
7. 깟사빠곳따(Kassapagotta), 맛지마(Majjhima), 두라비사라(Durabhisara, Dundub-hissara), 사하데바(Sahadeva), 물라까데바(Mūlakadeva, Alakadeva)를 히마반따(Himavanta, 雪山)에
8. 소나(Soṇa), 웃따라(Uttara)를 수반나부미(Suvaṇṇabhūmi)에
9. 마힌다(Mahinda), 잇티야(Iṭṭhiya, Iddhiya), 웃띠야(Uttiya), 삼발라(Sambala), 밧다살라(Bhaddasāla)를 랑카섬(Laṅkādīpa, Taṃbapaṇṇi,

島)에 파견했다고 한다.

역시 『마하까르마비방가(Mahākarmavibhaṅga)』와 나가르주나꼰다(Nāgārjunakoṇda)의 전방후원형(前方後圓形)의 사원 명문(銘文)—익슈바꾸(Ikṣvāku) 왕조의 마다리뿌따 · 시리 · 비라뿌리사다따(Mādharī-puta Siri-Virapurisadata) 왕 치세 14년(기원후 250~275경)에 우바새 보디시리(Bodhisiri)가 건립했다—에 전도사 파견 기사가 보인다.

이 전승들은 세부적으로는 다르지만, 일단 추정관계가 성립되는 것은 이들 지방에 전도사가 파견된 전설이 당시 하나의 통설을 이루고 있었다는 사실의 증거가 된다.

한편 아쇼까는 자신의 법(Dharma) 정책을 수행하기 위해 법대관(法大官)을 설치하고, 법에 의한 정복을 목적으로 해서 이웃 여러 나라에 사신을 파견했다. 그런데 마애법칙 제13장에 기술된 사신의 파견지가 스리랑카 사전(史傳)의 전도사 파견지와 거의 일치하고 있는 점은 주목해도 좋다.

그런데 아쇼까의 사신 파견은 그의 법(Dharma) 보급과 감독을 위한 것이지, 붓다의 교법을 위한 것은 아니다. 따라서 그가 불교의 전도사를 조직적으로 파견하였다고 하는 것은 왕의 법칙으로서는 증명할 수 없다. 그러나 아쇼까의 법은 인도사회 공통의 생활 규범이고, 불교를 비롯한 모든 종교가 설하는 법(法)도 이 공통의 법에 입각하고 있다는 것을 고려한다면, 양자는 반드시 모순되는 것은 아니다. 따라서 이것을 의도적으로 구별하는 것은 도리어 그 역사적 진실을 잃어버릴 위험이 있다.

여하튼 마우리야 왕조 시대에 불교가 인도 각지에 전파된 것은 여러 가지 증거가 되는 흔적으로 보아 분명하다. 아쇼까가 모든 종파를 평등하게 보호한 것은 불교의 전도를 쉽게 하도록 하였을 것이다. 또 남인도를 비롯한 소마애법칙의 명각지(銘刻地)와 그 현황에서, 아쇼까가 파견한 법의 사신(法使臣)이 형식적인 외교사절이 아니라 그 지방이나 언어에 상관하지 않고 사람들에게 자비행을 실천한 고대의 평화적인 단체에 속했을 것이라고 하는 추정이 다른 기회에 다시 다루어져야 할 필요를 느낀다.

비문

I. 14장마애법칙(十四章磨崖法勅)

제1장(1)

이 *법칙(法勅)은(2) *천애희견왕(天愛喜見王)이 새기게 했다.

*여기(왕의 영토)에서는, 어떠한 *생물도 제물(祭物, 供犧)로 바치기

샤흐바즈가리히 마애법칙(조병활, 『다르마 로드』)

위해 도살되어서는 안 된다. 역시 〔향연(饗宴)을 위한〕 어떠한 *집회도 열어서는 안 된다. 왜냐하면 천애희견왕은 집회(集會)에서 많은 폐해를 보았기 때문이다. 그러나 천애희견왕은 어떤 종류의 집회는 좋다고 생각한다. 이전에는, 천애희견왕의 수라간(水剌間: 황실의 요리실)에서 매일 수백 천 마리의 *동물들이 *요리를 위해 도살되었다. 그러나 지금, 이 법칙이 새겨진 때에는, 단지 3마리의 동물만이 도살되고 있다. 〔즉〕 2마리의 공작과 1마리의 사슴이다. 그렇지만 이 사슴조차도 정기적으로 도살되지는 않는다. 이 3마리의 동물도 앞으로는 도살되지 않을 것이다.

---

(1) *Sh. M. K. G. Dh. J. E.*에 있다.

(2) *Dh.*는 "산(山)에서", *J.*는 "케삔갈라(Khepingala) 산에서"를 첨가하고 있다.

* **법칙(法勅)** *G. J.* dhaṃma-lipī, *K. E.* dhaṃma-lipi, *Sh. M.* dharma-dipi. 법(法; *Skt.* dharma)은 옛날부터 인도사회에서, 사람들이 이행(履行)해야 할 것으로 규정된 생활의 궤범(軌範)과 원리를 의미한다. 아쇼까왕이 말하는 법의 개념에 대해서는, 서설(序說, 3 法에 의한 統治)을 볼 것. lipi, dipi는 고대 페르시아어에서 유래하는데, 서자(書字)와 문자를 의미하지만, 여기에서는 법칙의 사본, 즉 새겨진 비문을 말한다.
* **천애희견왕(天愛喜見王)** *G.* devānaṃpriya priyadassi rāja, *K. Dh. J.* devānaṃpiya piyadassi 〔lāja〕, *Sh.* devanapria 〔priadraśi〕 raja, *M.* devanaṃpriya priyadraśi raja, *E.* devanaṃpiya piyadassi laja. 아쇼까왕의 칭호. 천애(天愛, *Skt.* devānaṃpriya)는 "제천(諸天)에게 사랑받는다"(諸天의 寵愛者)라는 의미로서, 빠니니(Pāṇini)에 대한 빠딴잘리(Pātañjali)의 소(疏) 『마하바슈야(Mahābhāṣya)』(2 · 4 · 56; 5 · 3 · 14)에 따르면, 이 말은 bhavān(당신), dīrghāyuḥ(具壽), āyuṣmān(尊者)과 같이 경어로 사용된다. 이와 반대로, 빠딴잘리의 주석자 까이야따(Kaiyata)는 이 말을 "우인(愚人)"의 의미로 해석했다. 희견(喜見; *Skt.* priyadarśin)이라는 말은, "친절한 용모를 가진 사람"이라는 의미인데, 『도왕통사(島王統史)』에서는 Aśoka(無憂)라는 이름과 동의어로 사용되고 있다. 이것에 근거해 타빠르(R. Thapar)가 Aśoka는 고유명사이고, piyadassi는 그의 즉위 후에 사용된 공적인 명칭이라는 것을 밝혀 내었다.

* **여기** *G.* idha, *K.* hidā, *J. Sh. M.* hida. 마애법칙 제2장에 의하면, 천애희견의 영토와 왕의 인방인(隣邦人 또는 邊境人)을 대비시키고, 마애법칙 제13장에 의하면, "여기" 및 600 요자나(yojana)에 이르기까지의 인방인을 대비시킨다. 따라서, "여기"란 왕의 영토를 의미한다. 법칙에 나오고 있는 왕의 영토와 인방인의 관계를 표시하면 다음과 같다.
  (1) 왕의 영토(hida, vijita, rāja-viṣaya) : ① Yona, Kaṃboja, Gandhāra(서북인도); ② Nābhaka, Nābhapaṃti(북인도); ③ Bhoja, Pāriṃda, Pitinika, Raṭṭhika, Aṃdhra(남인도)
  (2) 인방인(隣邦人, praccaṃta, aṃta): ① Aṃtiyoka와 4 Yona왕 (서방); ② Coḍa, Paṃdiya, Satiyaputta, Kelalaputta, Ta bapaṃnī(남쪽)
* **생물** *G. J.* jiva, *G. Sh. M.* jiva. 생존하는 것, 세상에 사는 모든 생물.
* **집회** *G. K. J. E.* samāja, *Sh. M.* samaja (*Skt.* samāja, *Pāli* samajja). 왕이 백성들에게 베풀어 주었던 향연(饗宴)의 집회. 인도사회에서는, 불살생은 일찍부터 관습화되고 있었지만, 아쇼까왕이 불살생을 강조한 것은, 바라문이 행했던 공희(供犧)를 금지한 것을 시사하는 것으로 보인다. 또 관습화된 향연의 집회에서 많은 비용의 낭비를 억제할 의도가 있었을 것이다. 더구나 목축경제에서 농업경제로 옮아감에 따라, 노동력을 위해 가축의 보호가 필요했던 것이라고도 추정할 수 있다.
* **동물** *G.* prāṇa, *K. J. E.* pāna, *Sh. M.* praṇa. 호흡하는 것, 생명 있는 것, 생물, 생류(生類)의 의미지만, 여기서는 구체성을 갖도록 하기 위해 동물이라고 번역했다.
* **요리** 塚本은 수-프(soup). 육즙(肉汁), 갱(羹: 국), *G. J. E.* sūpa, *K. Sh. M.* supa; Sircar와 Nikam은 카레요리(curry), 블로흐(Bloch)는 식사(repas)라고 번역했다(호진).

제2장[(1)]

천애희견왕의 *영토 도처(到處)에, 역시 *쪼다(Coḍa), *빤디야(Paṃḍiyā), *사띠야뿟따(Satiyaputta), *껠랄라뿟따(Keralaputta), *땀바빵니(Taṃbapaṃṇī)[(2)], *앙띠요가(Aṃtiyoga)라는 이름의 *요나(Yona)왕[(3)], 그리고 이 앙띠요가의 이웃인 다른 여러 왕들의 영토 도처에 천애희견왕은 두 종류의 *병원, 〔즉〕 사람을 위한 병원과 *동물을 위한 병원을 세웠다. 또 사람에게 효용(效用)이 있고, 동물에게 효용이 있는 약초는, 그것이 없었던 곳에는 도처에 수입해서 재배하게 했다. 〔약용의〕 나무뿌리와 열매도, 그것이 없었던 곳에는 도처에 수입해서 재배하게 했다. 도로에는 사람과 동물이 사용할 우물을 파고, 나무를 심게 했다[(4)]

---

(1) *Sh. M. K. G. Dh. J. E.*에 있다.

(2) *G.*는 "땀바빵니(Taṃbapaṃṇī)에 이르기까지"로 되어 있다.

(3) *G.*는 "요나왕 앙띠야까(Aṃtiyaka)"로 되어 있다.

(4) *K. M.*은 "나무를 심게 하고, 우물을 파게 했다"로 되어 있다.

* **영토** *G.* vijitamhi (loc. sg.), *K. J. M. E.* vijitassi (loc.sg.), *Sh.* vijite (loc.sg.). 마애법칙 제1장의「여기」를 볼 것.
* **쪼다** *G. K. J. E.* Coḍā, *Sh. M.* Coḍa(nom. pl.). 남인도에 있다.『대왕통사(大王統史)』(pp. 166~167)에 따르면, 랑까(Laṅkā, 스리랑카)에 침입한 다밀라(Damiḷa)인들은 남인도의 쫄라(Coḷa)에서 왔다고 한다. Coḷa 또는 Coḍa는 따밀(Tamil)어의 śoḷa로서, 프톨레마이오스(Ptolemaios; 7 · 1 · 67)의 Sora에 해당한다. 쪼다의 수도는 우라유르(Urayur, *Skt.* Uragapura)였다.
* **빤디야** *G.* Pāḍā, *K. J. E.* Paṃḍiyā, *Sh. M.* Paṃḍiya(nom.pl.). 마우리야 제국의 남쪽 경계의 바깥에 있었는데, 프톨레마이오스(7 · 1 · 89)의 Paudion에 해당된다. 빤디야(Paṃḍiya)는 2왕국으로 이루어져 있었다. 한 왕국은 남쪽의 띤네벨리(Tinnevelly)를 포함했고, 북쪽의 코임바또레(Coimbatore)계곡까지 확장되었다. 또 한 왕국은 마이소르

를 포함했다. 수도는 Madhurā(Madura)와 Kolkai에 있었던 것 같다.

* **사띠야뿟따** *G.* Satiyaputto, *K.* Sātiyaputto, *J.* Satiyaputte, *Sh.* Satiyaputro, *E.* Satīkaputte(*nom. sg.*). 반다르까르(D. R. Bhandarkar)는 사띠야뿟따를 현재 마라타(Marāṭha, Mahārāṣṭra)에서 유행하고 있는 종족의 성(族姓)인 삿뿌떼(Sātpute)라고 추정했다. 아이얀가르(Aiyangar)는 이 설(說)을 지지하면서, 말라바르(Malabar)의 뚤루(Tulu)족이나 나야르(Nāyar)족과 같은 여러 여가장제(女家長制) 공동체의 집합명(集合名)이라고 보았다. 또 코임바또레(Coimbatore)의 사따망갈람 딸룩(Satyamaṅgalam Tāluk)으로 추정한 설(說), 남 카나라(Canara)의 까세르고데 딸룩(Kasergode Tāluk)의 일부를 포함한 북 말라바르(Malabar)지역, 께랄롤빳띠(Keralolpatti)의 사따부미(Satyabhūmi)로 추정하는 설도 있다. 복합사(複合詞)의 끝에 위치하는 putta(*Skt.* putra)는, "…… 부족에 속하는"이라는 의미가 있다. 따라서 사따붓따는 사따족의 왕(王子) 또는 주민을 의미한다.
* **껠랄라뿟따** *G.* Ketalaputto, *K.* Kelalaputto, *Sh.* Keraḍaputro, Keralaputro(nom. sg.), *E.*는 기술하지 않음. 센트럴 뜨라반코레(Central Travancore: Karunagapalli Tāluk)의 깐네띠(Kanneti)로 넓어지는 꾸빠까(Kūpaka: Satya)의 남쪽 나라. 수도는 반지(Vañji: Cochin의 근처)인데, 페리플루스(Periplus)는 이것을 Cerobotros로, 프톨레마이오스(7, 1, 86)는 Cerobothros로 전하고 있다. 껠랄라뿟따는 껠랄라족의 왕(王子) 또는 주민을 의미한다.
* **땀바빵니** *G.* Taṃbapaṃṇī, *K.* Taṃbapaṃṇī, *Sh.* Taṃbapaṃni, *M.* Taṃbapaṃni, *E.* Tambapaṇṇī(nom. sg.). 고대 스리랑카는 빠라사무드라(Pārasamudra) 또는 땀라빠르니(Tāmraparṇī: *Skt.*와 *Pāli* Taṃbapaṇṇī)로 알려져 있다. 메가스테네스(Strabon XV.I.14~15)는 타프로바네(Taprobane)로 전하고 있다.
* **앙띠요가** *G. J. Sh.* Aṃtiyaka, *K. M. E.* Aṃtiyoga. 시리아왕 안티오코스 2세 테오스(Antiochos II Theos; 재위 기원전 261~246년). 안티오코스 1세와 스토라토니케(Storatonice)의 제2 자(子). 제2차 시리아 전쟁(260~253)을 통해, 마케도니아와 연합해서, 안티오코스 1세가 잃어버렸던 영토(소아시아 해안과 Coele Syria)를 회복했다. 에집트의 프톨레마이오스 2세의 왕녀 베레니케(Berenice)와의 결혼(기원전 252년)과, 자식이 있는 라오디케(Laodice)와의 절연(絶緣)은 왕위계승 문제를 일으켰다.
* **요나**(〈' Ιάωυ, *Skt.* yavana)는 그리스인을 가리킨다. 시리아의 안티오코스 2세의 왕국에 인접한 요나는 그리스인의 거주지로, 깜보자, 간다라와 함께 셀레우코스 1세가 짠드라굽따에게 양도한 영토의 일부에 해당한다. 요나의 수도는 파로파니사다이(=파로파미사다이)의 알렉산드레이아(Kāpiśa의 서쪽 Begrām)에 있었던 것으로 생각된다. 또 아

쇼까 법칙의 요나(Yona)라는 말은 2가지 의미로 사용되고 있다. (1)은 깜보자, 간다라와 함께 아쇼까왕 영토의 범주에 들어가고, (2)는 따밀의 여러 나라들과 함께 인방인(隣邦人)으로 기록되고 있는 앙띠요가 및 헬레니즘 4왕의 국가를 나타낸다. 마애법칙 제13장을 볼 것.

* **병원** 塚本은 요원(寮院), Bloch는 secours médical(醫療적인 救護〔所〕), Sircar와 Nikam은 medical treatment로 번역하면서, 병원이라는 표현을 직접 사용하지 않았다. 그 대신 D. D. Kasambi(*Culture et civilisation de l' Inde ancienne*, C. Malamoud. Paris, p. 198)는 hospital이라고 번역했다. 이 법칙의 내용으로 보아 병원이라고 번역하는 것이 좋을 것 같다(호진).
* **동물** 塚本은 家畜이라고 번역했다. 그러나 animal, bête(佛譯)는 글자 그대로 동물로 번역하는 것이 좋다고 생각된다. 제1장 법칙에서 아쇼까는 모든 동물에 대한 자비심을 나타내고 있음을 볼 수 있다(호진).

제3장[1]

천애희견왕은 이와 같이 알린다.

*관정 12년에, 나는 다음과 같이 명령했다. 나의 영토의 어디에나, *수세관(收稅官)과 *사직관(司直官)과 *지방장관은 5년마다, 바로 이 목적을 위해[2], 〔즉〕 다음과 같은 *법(Dharma)의 가르침을 위해, 그리고 역시 다른 일을 하기 위해[3], *순찰(巡察)을 떠나야 한다 : "부모에게 순종하는 것은 선(善)이다. 친구 · 지인 · 친족 및 *바라문 · 사문에게 보시하는 것은 선이다. 동물[4]을 도살(屠殺)하지 않는 것은 선이다. 적게 지출하고 적게 저축하는 것은 선이다." 〔대관〕 *회의(會議)는 나의 지시와 나의 의도에 따라 이 명령의 실행에 관여하고 있는 관리들을 감독해야 한다.

---

(1) *Sh. M. K. G. Dh. J. E.*에 있다.

(2) *Dh. J.*는 "바로 이 목적을 위해"라는 구절은 없다.

(3) *Dh. J.*는 "또 다른 사무를 위하는 것과 같이, 다음 법을 가르치기 위해"라고 되어 있다.

(4) *Dh. J.*는 "생물"로 되어 있다.

*** 관정 12년** *G.* dbādasa vāssābhisittena, *K. E.* duvāḍasa vassābhisittena, *Dh.* duvādassa vassābhisittena, *Sh.* badaya vaṣabhisitena, *M.* duvaḍaśa vaṣabhisetena (ins. sg.). 아쇼까왕은 법칙에서 그의 사적(事蹟)의 연대를 표기할 때는, 관정 즉위 후의(abhissitta, Skt. abhiśikta) 연(年) 수(vassa, Skt. varṣa)로써 나타낸다. 아쇼까 비문에서는 단수 · 구격(具格)의 표기법이 가장 많다. 우이 하쿠주(宇井伯壽)는 「阿育王刻文」(『印度哲學硏究』 4, pp. 268~269)에서, 비문 가운데 때〔時〕를 나타내는 말이 구격에 의해 부사처럼 사용되고 있는 것을 지적하고, "관정 ~년을 지난 해(年)"라고 번역해서, 업격(業格)에 의해 표현하는 "~의 사이(間)"와 구별한다. 또 나까무라 하지메(中村元)는 『印度古代史』(下, pp. 417~418)에서, 비문 중의 때(時)를 나타내는 구격의 용법에 의해, "제 ~년째"로 해석해야 할 것인지, "만(滿) ~년을 지난 후에"로 해석해야 할 것

인지에 대해 문제를 제기하고, 산스끄리뜨어 문법의 일반적인 용법으로서는 양쪽 모두 가능하지만, 석주법칙 제5장의 기술에서는 "제 ~년째"로 해석하는 것이 본래의 뜻을 보다 쉽게 이해할 수 있다고 말하고 있다.

그런데 마애법칙 제12-13장의 그리스어 번역본이 있는 깐다하르 법칙에 의하면, 쁘라끄리뜨어 문(文)의 aṭhavaṣaabhisitasa(*Sh.*)를 'ογδόωι ἔτει(dat. sg.)로 표기하고 있다. 즉 "관정 즉위 제8년"의 의미인데, 아쇼까 법칙에서 연대의 표기를 "서수(序數: 차례를 나타내는 수)"로 나타내고 있는 한 예이다.

* **수세관(收稅官)** *G. K. Dh. E.* yutta, *Sh.* yuta(*Skt.* yukta). F. W. 토마스와 V. 스미스는 "하급관리" "서기관" "비서관"의 의미로 해석한다. 홀취(E. Hultzsch)는 발라비(Vallabhī) 비문의 āyuktaka와 viniyuktaka에 관련시킨다. 레이차우두리(Raychaudhuri)는 『마누법전』(8 · 34)에서, "잃어버렸다가 후에 발견된 재물은 관리(官吏, yukta)가 보관할 것", 그리고 『실리론』(2 · 6)에서, "국세(國稅)와 관계를 가지는 것"을 지적하고 있다.
* **사직관(司直官)** *G.* rājūka, *K.* lajūka, *Dh.* lajuka, *Sh.* rajuka, *E.* lājūka. 울너(A. C. Woolner)는 "서기관, 고관(高官)"의 의미로 해석하고, 뷜러(Bühler)는 rajju(繩尺: 노끈자)에서 유래한 것으로 "세무관리, 재무관리"라고 말한다. 스미스(V. Smith)는 "감독관, 지사(知事)"의 의미로 해석하고, pulisā에 종속하지만 prādeśika보다 상위의 관리라고 말한다. 스트라본(Strabon: 15, 1, 50~52)이 전하는 행정관 ἀγορανόμοι(市場監督官)을 ἀγρονόμοι(地方官)으로 정정(訂正)할 수 있다면, 사직관의 토지측량의 직무는 『자따까』(p. 2, 127)의 rajjugāhaka amacca(土地査定官)로 추정할 수 있을 것이다. 석주법칙 제4장 및 에라구디(Erraguḍi) 소마애법칙을 볼 것.
* **지방장관** *G. K.* prādesika, *M.* pradeśika, *E.* pādesika. 세나르(É. Senart), 케른(H. Kern), 퓌러(A. Führer)는 "지방장관, 예속된 소국(小國)의 왕, 지방관리"의 의미라고 해석한다. 홀취는 『라자따랑기니(Rājataraṅginī)』(4, 126)의 prādeśikeśvarara(地方長官)로 추정한다. 이들 여러 가지 설에 대해, 토마스는 pradeśa = 보고(報告)라는 의미에서 유래하는 것으로서, "지방"이라는 의미와 관계가 있지 않다고 보고, 『실리론』의 pradeṣṭṛ(刑事官)로 추정하고, "세금 징수와 치안유지"의 행정적 의무를 진다고 보고 있다. 그러나 레이차우두리는 고대 그리스 왕국의 하급 통치자인 υομαρχης(υομαρχος, 지방장관), ὕπαρχος(태수보다 하급 장관), μεϊδάρχης(지방장관)에 해당하는 것이라고 주장한다.
* **법의 가르침** 塚本은 "法의 教誡"라고 번역했지만, 이 말은 우리에게 생소하기 때문에, 다른 번역본들을 따라 쉬운 말을 택했다. precept of Dharma(Nikam), preaching

샤흐바즈가리히의 마애법칙(카로슈티 문자, NHK, 간다라 예술)

Dharma(Sircar), predication de la loi(Bloch)(호진).

* **순찰** *G. K. Dh. E.* anusaṃyāna, *Sh. M.* anusaṃyana. 관리(官吏)에게는 임기가 있어서, 그 기간이 지나면 전임(轉任)을 명령받았다. 법칙에서는 이것을 "순찰을 떠나게 하다"라 말하고 있다. 또살리(Tosalī)와 사마빠(Samāpā)의 대관(大官)은 5년마다 전임되었고, 웃자이니(Ujjayinī)와 딱샤쉴라(Takṣaśilā)의 대관은 3년을 임기로 했다(별각마애법칙 제1장). 이것은 관리가 특정지역에 장기간 머무름으로써 생기기 쉬운 폐해를 방지하기 위한 의도였다(塚本). 그러나 또살리와 사마빠, 웃자이니와 딱샤쉴라의 대관들의 임기가 5년 또는 3년이라고는 되어 있지 않다. "순찰을 떠나게 하다"를 "전임"으로 보지 말고 글자 그대로 이해하는 것이 좋을 것이라 생각한다. "make a tour" (Nikam), "set out on a circuit for inspection" (Sircar), "partir en tournée" (Broch)(호진).

* **바라문 · 사문** *G.* bāmhaṇa-samaṇa, *K. Dh.* baṃmbha a-samana, *Sh. M.* bramaṇa-śramaṇa(*Skt.* brāhmaṇa-śramaṇa); *E.* samana-baṃbhana. 메가스테네스(Strabon, XV, 1, 59)는 인도 철인(哲人)의 계층을 바라문(Βραχμâναι = Brāhmaṇa)과 사문(Σαρμâνι = Śramaṇa)의 2종류로 구분한다. 또 아쇼까 법칙에서 Brāhmaṇa-śramaṇa 또는 Śramaṇa-Brāhmaṇa의 복합사(複合詞)를, 『니까야』에서 Samaṇa-Brāhmaṇa의 복합사를 볼 수 있다. 그러나 각 용어가 의미하는 실체에는, 얼마간의 차이가 있다. 어쨌든 아쇼까 시대의 종교가 2가지 범주로 분류되었던 것을 추정할 수 있다.

바라문은 고대 인도 아리야 사회에 형성되었던 사제(司祭)의 계급으로서, 혈통의 순수성을 주장하고, 계급제도에서 최고의 지위를 스스로 인정했다. 『베다』를 가르치고 학습하며, 자신과 타인을 위해 제사를 지내고, 보시를 하기도 하고, 그것을 받기도 하는 것을 의무로 했다. 말하자면 인도의 정통파 종교인이다.

이에 대해, 사문(沙門)은 기원전 6세기의 혁신적인 (비정통파의) 종교 지도자로서, 시주물로써 생계를 삼았는데, 이것은 생활기반으로서는 식량 채취(採取)에 대한 역행(逆行)이었고, 바라문 사회에 대한 저항을 의미했다. 그들은 숲속에서 혼자 살고, 살생을 하지 않고, 필요한 식량을 식물로부터 얻었다. 또 그들은 독신으로, 재산을 소유하지 않고, 고행을 했다. 사문 공동체는, 각 교단 법에 따라 자치적으로 운영되었는데, 계급이나 신분을 묻지 않고 입단(入團)을 인정했다. 붓다 시대의 대표적인 사문으로서는 6사외도가 있었는데, 사문의 범주에 포함된 종교로서는 사명(邪命)외도, 자이나교, 불교를 들 수 있다. 석주법칙 제7장 참조.

* **회의** *G.* parisā, *K. Dh.* palisā, *M.* pariṣa(*Skt.* pariṣad). 마우리야 제국의 중앙정부에서 최고의사의 결정은 왕 밑에 조직된 대관회의에서 이루어졌다는 것은 『실리론』(2, 15, 2)을 통해서도 알 수 있다. 그러나 대관회의의 관료기구에 그와 같은 위치를 부여한 것은 『실리론』의 저자 까우띨야(Kauṭīlya)의 독창적인 것이 아니다. 그것은 마우리야 이전의 정치이론가들의 견해에 근거를 두고 있었다. 회의에 의한 국가의 의사결정의 원초적 형태는 고대 부족의 공화제 국가(saṃgha 또는 gaṇa)의 집회(集會, samiti 또는 sabhā)에서 찾을 수 있지만, 기원전 6~5세기에 마가다나 꼬살라 같은 왕국의 출현으로 말미암아 군주에 의한 전제적인 행정형태가 나오게 되었다. 그러나 마우리야 왕조라는 통일국가의 출현에 의해, 통치형태의 변혁과 행정조직의 정비가 촉진되었다. 대관회의의 의사수속(議事手續)에 대해서는 마애법칙 제6장을 볼 것. 딕쉬따르(Dikshitar, V.R. Ramachandra)의 추정에 의하면, 대관회의는 집행권이 있었고, 왕은 그 의사에 거역할 수 없었다. 또 대관도, 왕도 그들 단독으로서는 활동할 수 없었다. 케른(H. Kern) 역시 대관회의는 입헌군주국의 내각(內閣)도, 최고회의도 아니라고 말하고 있다.

또 기르나르(*G.*) 법칙의 parisā pi yutte āñapayissati gaṇanāyaṃ hetuto ca vyaṃjanato ca라는 문장을 우이 하쿠주(宇井)는 "대관회의도 역시 수세관(收稅官)들에게 이증(理證: 이론적인 증거)과 문증(文證: 글로 나타낸 증거)에 의해 감찰할 것을 명령해야 한다"라고 번역하고, 'gaṇanā'를 백성들이 교칙(敎勅: 왕의 명령)을 받들도록 수세관이 "감찰한다"는 의미로 해석했다. 이것에 대해 훌취(E. Hultzsch)는 "대관회의는 역시 관리(yuktas)들에게 (이 法勅들을) 이론으로뿐 아니라 문자로 기록하도록 명령해야 한다"라 번역하고, 블로흐(J. Bloch)는 "회의는 역시 주제에 대해서뿐만 아니라 세부(細部)에 대해서도, 계산과 관련이 있는 관리들〔commis: 徵稅官〕에게 명령해야 한다"로 번역했다. 딕쉬따르(Dikshitar)는 스미스(V. Smith)의 번역문, "대관회의는 역시 회계원의 관리를, 원리와 (법칙의) 원문에 관해서 가르쳐야 한다"를 인용하면서, 회계원(會計院)에 관한 기사(記事)라고 해석하는 것이 가장 적절하다고 말한다. 그리고 이 법칙(法勅)으로부터 다음과 같이 요점을 뽑아 적고 있다.

① 대관회의는 국가의 여러 부문(部門)에 왕의 명령을 포고하는 행정상의 직원이 있었다.

② 수세관은 5년마다 전임되었다.

③ 아쇼까는 적게 지출하고, 적더라도 저축을 하도록 했다.

* **회의는 나의 지시와 (……) 관리들을 감독해야 한다** 塚本은 "회의도 역시 수세관들에게 原理와 法勅 원문에 따라 고량(考量)할 것에 대해 지시해야 한다"라고 번역. Nikam (p. 55)의 번역을 따랐음(호진).

제4장(1)

과거 수백 년 동안, 동물의 도살(屠殺)과 *유정(有情)의 학대(虐待), 친족(親族)에 대한 무례(無禮)와 사문 · 바라문에 대한 무례가 증가하기만 했다. 그러나 지금은 천애희견왕이 법을 실행한 결과, 〔그리고〕 백성들에게, *천궁(天宮), *코끼리, *불덩어리(火蘊), 그리고 다른 *천상의 많은 형상(形相)들을 보여 주었기 때문에, *〔전쟁의〕 북소리는 법을 알리는 소리가 되었다.

이와 같이, 수백 년 동안 여태까지 일찍이 없었던 일로서, 이제는 천애희견왕이 법을 가르친 덕택으로, 동물 *도살의 자제(自制), 유정 학대의 자제, 친족에 대한 예의, 바라문 · 사문에 대한 예의, 부모에 대한 순종, *장로에 대한 순종이 증진되었다. *법의 실행은 *여러 가지 형태로 〔이미〕 증진되었다. 〔이후에도〕 역시 천애희견왕은 이 법의 실행을 증진시킬 것이다. 더욱이 천애희견왕의 모든 왕자 · 모든 왕손 · 모든 증손들도 *겁(劫)이 다할 때까지(2), 이 법의 실행을 증진시킬 것이다. *그들은 법과 계(戒)에 따라 살면

Tax.

…… 제정(制定)된 법에 대해서, [동물에게] 해(害)를 가하지 않는 것, *성인(成人)이 된 것(有情?)에게 해를 가하지 않는 것, …… 그리고, 그의 아버지에 대한, 장로[에 대한] 좋은 순종[을 증진했다]. 이것과 다른 여러 가지 좋은 명령의 진행(法의 實行)을 노력(증진)했다. 우리의 군주(君主) 희견(喜見)은, 이 좋은 명령의 진행(법의 실행)〔을 증진시킬 것이다〕. 그리고 또, 그의 모든 왕자 …… 우리의 군주 희견에게 …….

서, 사람들에게 법을 *가르칠 것이다.

왜냐하면, 이것, 즉 법을 가르치는 것은 *가장 좋은 행위이기 때문이다. 역시, 계(戒) 없는 사람에게는 법의 실행은 있을 수 없다. 따라서 이것(法의 실행)을 증진하게 하고 감퇴하지 않게 하는 것은 선(善)이다.

Lam.(3)

……

[계(戒) 없는] 사람에게는 [법의 실행은] 있을 [수 없다]. …… 이것을 (즉) 그[것을] …… [감퇴시켜서는 안] 된다. (즉) [증진시키고], 감퇴시켜서는 안 [된다].

이것 때문에, 새기게(銘刻) 해야 한다. (즉) ……

이 법칙(法勅)은 다음과 같은 목적을 위해, 즉 이것(法)의 증진을 배려하고, 그것의 감퇴(減退)를 인정하지 않기 위해, 새기게 했다.

관정 12년에, 이 법칙은(4) 천애희견왕이 여기에(5) 새기게 했다(6).

천애의 관정 …… (즉) …… 에서 …… (즉) …… 석주(石柱)에 써서 기록하도록 명령했다. …… 우리들 뒤에 오는 사람을 위해 알려지게 했다.

---

(1) *Sh. M. K. G. Dh. J. E.* 및 *Tax. Lam.* (아람어)에 있다.

(2) *G.*는 "괴겁(壞劫)에 이를 때까지"로 되어 있다.

(3) *Lam.*은 인도어와 아람어 역(譯)을 한 구절 한 구절 충실하게 축어적(逐語的)으로 섞어

서 새겼다. 밑선을 친 부분은 아람어 역에 해당한다.
(4) *Sh.*는 "이 창안(創案)은" 으로 되어 있다.
(5) *Dh. Sh.*만이 "여기에"를 기록하고 있다.
(6) *Sh.*는 "쓰게 했다" 로 되어 있다.

* **유정** *G. Dh. E.* bhūta, *K. Sh. M.* bhuta. 존재하는 것. 중생(衆生)이라고도 한다(塚本). 塚本은 유정의 "살해"라고 번역했지만, 다른 번역본들은 "학대", 또는 "폭력" 으로 번역(호진).
* **백성들에게, *천궁(天宮) (……) 천상의 많은 형상(形相)을** 塚本은 "인민들에게 天宮의 示現, 코끼리의 시현, 火蘊, 다른 초자연의 諸相을" 이라고 번역. Nikam과 Sircar의 번역을 따랐음(호진).
* **천궁** *G. Dh. E.* vimāna, *K. Sh. M.* vimana(*Skt.* vimāna). 하늘을 나는 수레(天翔車), 범천(梵天)의 궁전.
* **코끼리** *G.* hasti; *K. E.* hatthini, *Dh.* hatthīni, *M.* astine (acc. pl.). 세계의 수호자(Lokapāla)인 4대 천왕들이 평상시에 타고 다니는 짐승. 불교에서는 보살이 도솔천으로부터 내려와서 모태에 들어갈 때, 코끼리의 모습을 하였다고 한다. 깔시(Kālsī)의 아쇼까 법칙 비석에는 코끼리의 윤곽이, 그리고 다울리(Dhauli)의 비석 윗부분에는 코끼리의 전반신(前半身)이 조각되어 있다.
* **불덩어리** 塚本은 火蘊. *G. K. Dh.* aggikhaṃdhāni, *Sh.* jotikaṃdhani, *M.* agikaṃdhani. Childers: *Pāli Dictionary*, p. 18.에 의하면, "훌륭하고 뛰어난 사람에 대해 비유적으로 사용된다" 고 설명하고 있다. 『律藏大品』(1 · 16-18)에 의하면, Indra나 Brahmā와 함께, 4천왕은 큰 불덩어리(大火蘊, mahantā aggikkhandhā)를 닮았다고 한다. 따라서 훌취에 의하면, 이 법칙(法勅)에서 말하는 불덩어리는 "다른 세계의 빛나는 존재" 이다(塚本). Sircar는 masses of hell-fire, Nikam은 fireworks로 번역(호진).
* **천상의 많은 형상** 塚本은 "다른 초자연의 諸相" (호진). *G. E.* divyāni rūpāni, *K.* divyāni lupāni, *Dh.* diviyāni lūpāni, *Sh. M.* divani rupani. 제신(諸神)의 상(像), 천상의 제형상(諸形相), 기적의 광경이라는 의미(塚本).
* **전쟁의 북소리는 법을 알리는 소리** Nikam(p.29)과 Bloch(p.98) 참조(호진).
* **도살의 자제** 塚本은 不屠殺. Sircar, Nikam, Bloch는 모두 "abstention from(自制)" 으로 번역했다(호진).
* **장로** *G. E.* thaira, *Dh.* vuḍḍha, *Sh.* vuḍha, *M.* vudhra.
* **법의 실행은 …… 증진되었다** Bloch 번역이 가장 명확하기 때문에 그것을 따랐음(호

진).

* **여러 가지 형태로** Bloch의 번역을 따랐다. 塚本은 "이것들과 다른 여러 가지의", Nikam은, "in this and other ways", Sircar는 "the above kind as also of various other kind"(호진).
* **겁이 다할 때까지** *K.* āva kappaṃ, *Dh.* ā kappaṃ, *Sh.* ava kapa, *M.* ava kapaṃ(*Skt.* yāvat kalpaṃ); *G. E.* āva sa(ṃ) vaṭṭakappā(*Skt.* yāvat saṃvarta-kalpaṃ) 괴겁(壞劫)에 이를 때까지. 세계가 성립되어서 파괴되고, 다시 다음 세계가 성립할 때까지의 경과를 4시기로 분류해서 4겁(劫)이라 한다. (1) 성겁(成劫: 세계가 성립하는 시기), (2) 주겁(住劫: 세계가 성립해 안정된 시기), (3) 괴겁(壞劫: 세계가 파괴되는 시기), (4) 공겁(空劫: 파괴되어서 완전한 無로 되는 시기). 1순환(循環)을 우주적 시간의 단위로 해서, 무한에 가까운 시간을 나타낸다.
* **그들은 법과 계에 따라 살면서……** Bloch, Sircar, Nikam 번역을 따랐음(호진).
* **(법을) 가르칠 것이다** 塚本은 "가르쳐야 한다"로 번역. 다른 3번역을 따랐음(호진).
* **가장 좋은 행위** 塚本은 "最勝의 業"으로 번역. Nikam은 "the best of actions", Bloch는 "la meilleure activité", Sircar는 "my suprem duty"라고 번역(호진).
* **성인(成人)이 된 것(有情?)** 의미가 분명하지 않음(호진).

제5장 (1)

천애희견왕은 이와 같이 알린다.

*좋은 일(善事)은 하기 어렵다. 좋은 일을 하기 시작하는 사람은 하기 어려운 일을 하는 것이다. 그렇기 때문에, 나는 좋은 일을 많이 했다. 따라서 나의 왕자들과 왕손(王孫)들, 그리고 *겁(劫)이 다할 때까지 그 이후의(2) 나의 자손들로서, 나의 예를 따르는 사람은 좋은 일을 할 것이다. 그러나 이 *명령의 일부라도 게을리 하는 사람은 *나쁜 일(惡事)을 할 것이다. 왜냐하면 *죄는 짓기 쉽기 때문이다(3).

그런데 과거 오랫동안 *법대관(法大官, Dharma-Mahāmātra)이라 일컫는 〔관리〕는 아직 없었다. 그래서 관정 13년에, 나는 법대관을 〔처음으로〕 임명했다. 이들은 요나(Yona)인, *깜보자(Kamboja)인, *간다라(Gaṃdhāra)인, *랏티까(Raṭṭhika)인, *삐띠니까(Pitinika)인들 사이에서, 또는 *〔나의 영토〕의 서쪽 인방인(隣邦人)들이 살고 있는 곳에서, 법의 확립과 법의 증진을 위해, 그리고 법에 전념(專念)하는 사람들의 이익과 행복을 위해, *모든 종파에 관해 종사하고 있다. 그들은 법에 전념하는 사람들의 이익과 행복을 위해, *탐착(貪着)을 떠나도록 하기 위해, 종복(從僕)과 주인, 바라문과 *비사(毘舍: Vaiśya), 의지할 곳 없는 사람, 노인들에 관해 종사하고 있다. 그들은 *죄수(囚人)들을 보호하기 위해, *구속되지 않도록 하기 위해, 또 아이들을 데리고 있다든가, 불행으로 괴로워하고 있다든가, 노쇠(老衰)하다든가 하면, 〔이들〕 각자를 석방하기 위해 종사하고 있다. 그들은 여기 *빠딸리뿌뜨라(4) 및 외곽의 모든 도시의 도처에서, 나의 형제·자매들의 후궁(後宮, 閨房)(5), 또는 다른 친족들〔의 후궁〕에 관해 종사하고 있다. 이들 법대관들은, 나의 영토 도처에서, 사람이 법에 의지하고 있는가 어떤가, 법을 확립하고 있는가 어떤가, 보시에 전념하고 있는가 어떤가를 확인하기 위해, 법에 전념하는 사람들에 관해 종사하고 있다.

이 법칙은 다음과 같은 목적을 위해, 〔즉 이 법칙을〕 영구히 존속하도록 하기 위해, 그리고 나의 자손들이 마찬가지로 따라 행하도록 새겨졌다.

---

(1) *Sh. M. K. G. Dh. J. E.*에 있다.

(2) *Sh.*는 "뒤에 오는"으로 되어 있다

(3) *K. Dh. M. E.*는 "죄업이라는 것은 잘 소멸되어야만 하기 때문에"로 되어 있다.

(4) *G.*만이 "빠딸리뿌뜨라"로, 다른 것은 "여기"로 되어 있다.

(5) *Dh.*는 "모든 후궁"으로 되어 있다.

* **좋은 일** *G.* kallāna, *K. Dh.* kayyāna, *Sh. M.* kalaṇa (*Skt. Pāli* kalyāṇa); 塚本은 善事, 다른 3번 역본에는 선행(good deeds)으로 되어 있다(호진).
* **겁이 다할 때까지** 이 구절은 塚本의 번역을 제외한 다른 3번역에 나온다. 제4장의 註에서 자세하게 설명되었다(호진).
* **명령의** Nikam 번역에만 있다. 의미가 좀더 분명하게 된다(호진).
* **나쁜 일** dukaṭa. 塚本은 惡事, Nikam은 惡(evil), Sircar와 Bloch는 罪(sin, péché)로 번역(호진).
* **죄** pāpa.
* **법대관** *G. K. Dh.* dhaṃmamahāmātta, *Sh. M.* dhramamahamatra(*Skt.* dharma-mahāmātra). 대관은 제국(帝國)의 수도 및 지방의 대도시에 주둔했다고 생각된다. 법칙에서는 빠딸리뿌뜨리, 꼬삼비, 또살리, 사마빠(Samāpā), 수바르나기리(Suvarṇagiri), 이실라(Isila)의 대관에 관해 설명하고 있다. 대관 중에는 도시의 사법권을 가진 도시집의관(都市執義官), 변경인(邊境人)에 대해, 법에 의한 보호, 법에 의한 처리, 법에 의한 여락(與樂) 등을 관장 사항으로 규정된 변경인을 위한 대관, 일체 종파의 본질증진(本質增進)을 관장 사항의 일부로 하고 있는 감부대관(監婦大官)이 있다. 법대관은 이 법칙에서 규정하고 있는 임무 외에, 마애법칙 제8장에서는 법의 순례, 사문·바라문을 방문해서 보시하기, 장로를 방문해서 금전 나누어 주기, 지방 주민을 만나 보기, 법의 가르침, 법에 대한 질문이 규정되어 있다. 또 석주법칙 제7장에는 불교승가, 바라문, 아지

비까(邪命外道), 니간타(자이나)의 교단을 위한 특수한 대법관을 임명해서 관장하게 하고 있다.

* **깜보자** *G. K. E. Sh.* Kaṃboja, *Dh.* Kaṃboca, *Sh.* Kaṃboya. 깜보자는 기원전 6~5세기에는 16대국 가운데 하나였다. 『자따까』(5 · 446)에 의하면, 아리야인의 옛 관습을 잃어버리고, 야만 상태로 된 서북지방의 종족이었다고 한다. 깜보자는 까슈미르의 뿐치(Punch)에 가까운 라자뿌라(Rājapura), 즉 지금의 라자우르(Rajaur)와 까피리스딴(Kāfiristān)을 포함한 지역으로 추정된다. 만세흐라의 법칙은 이 지방 주민을 위해 발포(發布)되었다.
* **간다라** *G.* Gaṃdhāra, *K. Dh. E.* Gaṃdhāla, *Sh.* Gaṃdhara, *M.* Gadhara. 간다라는 일찍이 16대국의 한 나라였지만, 이 시대에는 인더스강의 서쪽에 있었고, 그 수도는 뿌슈까라바띠(Puṣkarāvatī)였다. 스와뜨(Swāt)강과 카불(Kābul)강의 합류 지점에 있는 미르 · 지야라뜨(Mir-Ziyārat) 또는 발라 · 히사르(Balā-Hisār)로 추정된다. 샤흐바즈가리히(Shāhbāzgaṛhī) 법칙은 이 지방 주민을 위해 발포되었다.
* **랏티까** *G.* Ristịka, *K.* Raṭṭika(Hultzsch는 기술하지 않음), *Dh. E.* Laṭṭika, *Sh. M.* Raṭhika. 랏티까를 라슈뜨리야(Rāṣṭriya)의 칭호를 얻은 까티아와르(Kāṭhiawār)의 주민으로 보는 설도 있지만, 샤따바하나(Śātavāhana)시대의 마하라티(Mahāraṭhi)의 선조였으므로, 마하라슈뜨라(Mahārāṣṭra, *Pāli* Mahāraṭṭha)와 관련시키는 것이 타당할 것이다. 소빠라 법칙은 이 지방 주민과 관계가 있다.
* **뻬띠니까** *G.* Peteṇika, *Dh.* Pitenika, *Sh. M.* Pitinika. 아쇼까 비문에서는 보자(Boja) 또는 랏티까와 함께 기술되어 있다. 뻬띠니까는 빠이타나까(Paiṭhānaka), 즉 빠이탄(Paiṭhan)의 주민이고, 그 지배자는 샤따바하나 왕조의 선조였다고 추정되고 있다.
* **나의 영토** Sircar와 Nikam 번역에만 나온다(호진).
* **모든 종파** *G. K. Dh. E.* savva-pāsaṃḍa, *Sh.* savrapraṣaṃḍa, *M.* savrapaṣaḍa. 석주법칙 제7장에서는 여러 종파 가운데서 불교승가(saṃgha), 바라문(bābhana), 사명외도(邪命外道, ājivīka), 니건타(尼犍陀, nigaṃṭha: 자이나)를 들고 있다.
* **탐착을 떠나도록 하기 위해** 이 구절은 다른 3번역본에는 없다. 전후의 문맥상으로 보아도 이 구절이 잘못 삽입된 것처럼 보인다(호진).
* **비사** *K.* ibbha, *Dh. E.* ibhiya, *Sh.* ibha, *M.* ibhya. Vedic ibhya는 코끼리(象: ibha)를 소유하고 있는 "부자(富者)"의 의미로서, Vaiśya(毘舍, 庶民) 계급을 가리킨다.
* **죄수** *G. K. Dh. E.* baṃdhana-baddha, *Sh. M.* badhana-badha. baṃdhana(*Skt.* bandhana)는 금고(禁錮), 감금, 감옥, 승(繩: 줄)의 의미. baddha는 산스끄리뜨어 baddha로는 박(縛: 구속하다), 수인(囚人: 옥에 갇힌 사람)의 의미를 갖지만, 산스끄리

뜨어 vadha로 추정하면 사형(死刑)의 의미가 된다. 무께르지(R. Mookerji)는, "감금, 사형" 으로 해석하고, 다음 주(注)의 "구속(拷問)" 과 함께 3종류의 형벌을 나타내고 있다고 본다. 그러나 이 해석으로는 보호, 무구속, 석방의 대상으로 되는 말이 불분명하기 때문에 "감옥에 구속된 자", 즉 "수인(囚人)" 의 의미로 번역했다.

* **구속되지 않도록 하기 위해** apalibodha. "장애가 없게 하다" 라고 하는 일반적인 의미도 있지만, 여기에서는 형법상 신병(身柄: 몸) "구속" 의 의미로 해석했다.
* **빠딸리뿌뜨라** Pāṭaliputta (*Skt.* Pāṭaliputra). 마우리야 왕조의 수도이고 역시 마가다 왕 우다인(Udāyin) 이래 굽따 왕조에 이르는 인도의 중심 도시. 셀레우코스(Seleucos) 왕조의 인도 주재대사 메가스테네스(Megasthenes)는 팔리보트라(Palibothra)에 대해 기술하고 있다. 현재의 빠뜨나(Patna).

제6장[1]

천애희견왕은 이와 같이 알린다.

과거에는, *국무(國務)를 언제든지 처리하고, 사건들을 보고하는 일은 없었다. 그래서 나는 다음과 같은 〔조치를〕 취했다. 〔즉〕 내가 식사를 하고 있어도, 후궁에 있어도, 침실에 있어도, *농장에 있어도, 수레 속에 있어도, 정원에 있어도, 어떠한 때에도, 어디에서도, *상주관(上奏官)은 *백성들에 관한 일을 나에게 알려야 한다. 그렇게 하면 나는 어디에서도 백성들에 관한 일을 처리할 수 있을 것이다. 또 내가 구두로 하는 어떤 명령, 즉 증여(贈與)나 포고(布告)에 관해서, 또는 내가 대관들에게 위임한 *긴급 사건에 관해서, 그 일 때문에 대관회의에서 *쟁론(諍論)이 일어났거나 *재심(再審)을 해야 할 〔필요〕가 생겼을 때에는, 어디에서도, 언제라도, 즉시 나에게 〔이 일을〕 알려야 한다. 나는 이렇게 명령했다. *나는 나의 노력이나 백성들의 일에 대한 나의 처리에 대해서 결코 만족하지 않는다. *나는 모든 사람의 이익을

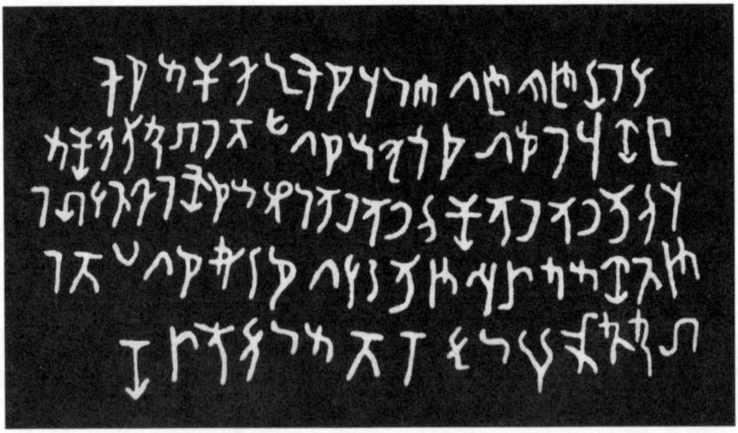

카로슈티 문자(샤흐바즈가리히, Sircar, 『아쇼까 비문』)

증진시키는 것을 오직 나의 의무라고 생각한다. 그리고 그 근본은 *노력과 신속한 일의 처리이다. 참으로, 나에게는 모든 사람의 이익 〔을 증진시키는 것〕보다 더 중요한 일은 없다. 그리고 내가 하는 노력은 무엇이든지 모든 유정(有情)에게 *내가 〔지고 있는〕 빚을 갚기 위해서이고, 이 세상에서 그들을 행복하도록 하기 위해서이고, 다음 세상에서 그들이 *천상에 도달할 수 있도록 돕기 위해서이다.

나는 다음과 같은 목적을 위해 이 법칙을 새기게 했다. 〔즉 이 법칙을〕 영구히 존속하게 하기 위해서, 그리고 역시 나의 아들들 · 손자들 · 증손자들(2)이 모든 사람들의 이익을 위해 노력하게 하기 위해서이다. 그러나 이것은 최상의 노력 없이는 이루기 어렵다.

---

(1) *Sh. M. K. G. Dh. J. E.*에 있다.

(2) *K.*는 "왕자와 왕후", *Dh.*는 "제왕자(諸王子)와 제증손(諸曾孫)", *E. Sh. M.*은 "제왕자 · 제왕손"으로 되어 있다.

* **국무를 …… 보고하는 일은 없었다** 塚本은 "어떠한 때에도, 아직 결코 政務를 裁可하고, 上奏를 聽取한 일은 없었다"라고 번역. Sircar(p. 36)와 Nikam(p. 35)의 번역을 취함(호진).
* **농장** 塚本은 畜舍라고 번역. *G. K. Dh.* vacca, *Sh. M.* vraca. 최근에 푸스만(G. Fussman)은 *Skt.* vraja(여행)라는 의미로 해석하고 있다.
* **상주관** paṭivedaka(*Skt.* prativedaka).
* **백성** 塚本은 인민(人民). jana. 고대인도 아리야 사회의 최대 조직체는 부족(Jana)이었는데, 그들의 거주지 또는 영토를 jana-pada라 했다. 그러나 전제국가(왕국)가 출현하게 되자 jana-pada는 국가의 일부를 이루었다. 따라서 jana-pada는 지방의 의미를 갖게 되었다. 여기에서 jana는 지방의 주민, 즉 일반 사람들이다.
* **긴급 사건** *G.* ācāyika, *K. Dh. E.* atiyāyika, *Sh. M.* acayika. 까우띨야(Kautilya)는, "긴급한 사건의 경우에는(ātyāike kārye), 고문관 및 고문관회의(mantripariṣad)를 소집해서 그들에게 알려야 한다"(『실리론』 1, 15, 58)라고 규정하고 있지만, 왕의 의무에 대해

서도, "모든 긴급한 사건을 들어야 한다. 지체해서는 안 된다"(1 · 19 · 29-30)라고 규정하고 있다. 이것에 대해, 아쇼까는 이 법칙에서, 대관회의와 국가사업의 신속한 처리를 명령하고 있다. 양자 사이에서는 밀접한 관계가 있음을 지적할 수 있다. 여기에서 주목해야 할 차이점은 법칙(法勅)이 긴급 사건에 대해, 상주관(上奏官)이 주문(奏聞: 왕에게 아룀)해야 할 장소를 구체적으로 열거하고, 친재(親裁: 왕의 재결)해야 할 것을 기술하고 있는 것에 대해, 『실리론』은 고문관회의를 긴급하게 소집해서 친열(親閱: 왕이 친히 閱兵하는 것)해야 한다는 것을 규정하고 있다.

* **쟁론** *G. K. Dh.* vivāda, *Sh. M.* vivada. 의견의 차이 때문에 논쟁하는 것.
* **재심** *G. Dh.* nijjhattī, *K. E.* nijjhatti, *Sh. M.* nijhati. 회의에서 결말이 나지 않아, 다시 심의할 필요가 있는 것으로서, 보류되는 것.
* **나는 나의 노력이나 (……) 만족하지 않는다** 塚本은 "왜냐하면 노력과 政務의 裁斷에 있어서, 나에게 만족은 없기 때문이다"라고 번역. Sircar(p. 36)와 Nikam(p. 36) 번역을 따랐음(호진).
* **나는 모든 사람의 이익을 (……) 나의 의무라고 생각한다** 塚本은 "왜냐하면, 나에게는, 모든 사람들의 이익이 되지 않으면 안 된다고 생각되기 때문이다"라고 번역. Sircar(p. 36)와 Nikam(p. 36) 번역을 따랐음(호진).
* **노력과 신속한 일의 처리** 塚本은 "즉 노력과 정무의 재단이다"라고 번역. Sircar(p. 36) 번역을 따랐음(호진).
* **내가 지고 있는 빚을** 塚本은 "지고 있는 의무의 債務"라고 번역. Sircar 번역을 따랐음(호진).
* **천상에 도달하다** *G.* svaggaṃ ārādhayaṃtu, *K.* svaggaṃ ālādhayitu, *Dh.* svaggaṃ ālādhayaṃtū, *Sh.* spagraṃ aradhatu, *M.* spagra aradhetu. 이것은 힌두교적인 가치관 또는 신앙에 근거하는 것으로서, 다르마 정책의 결과를 생천사상(生天思想)에 결부시키고 있다.

제7장 (1)

천애희견왕은 *모든 종파의 수행자들이 *그의 영토의 어디에서나 살기를 바란다. 왜냐하면 그들은 모두, *감각의 자제(自制)와 *마음의 청정을 원하기 때문이다. 그렇지만 사람들은 여러 가지 *욕망과 여러 가지 *탐욕을 가지고 있다. 그들은 〔그〕 전부를(2), 또는 단지 〔그〕 일부를 *이룰 것이다. 그렇지만, 사람이 비록 많은 보시를 한다 해도, 감각의 자제, 마음의 청정, *감사하는 마음, *견고한 신앙을 가지고 있지 않으면, 〔이 사람은〕 참으로 하천(下賤)하다.

---

(1) *Sh. M. K. G. Dh. J. E.*에 있다.

(2) *G.*만이 "이룰 것이다"라는 말을 덧붙이고 있다.

* **모든 종파의 수행자들** Nikam의 번역을 따랐음. 다른 3번역본은 "모든 종파"라 했음(호진).
* **그의 영토의** 塚本의 번역에는 없음. Nikam은 "그의 왕국". Sircar의 번역을 취했음(호진).
* **감각의 자제** 塚本은 自制. sayama(*Skt.* saṃyama). 감각의 제어, 정신의 집중.
* **마음의 청정** *G. K. Dh. E.* bhāvasuddhi, *Sh. M.* bhavaśudhi(*Skt.* bhāvaśuddhi).
* **욕망** 塚本은 낙욕(樂欲), Sircar와 Nikam은 경향(傾向, inclination). Bloch 번역을 따랐음(호진). *G. K. Dh. E. Sh.* chaṃda, *M.* chada (*Skt.* chanda). 의향, 의지.
* **탐욕** *G.* rāga, *K. Dh.* lāga, *Sh. M.* raga(*Skt.* rāga). 격렬한 욕망. *E.*는 maṃgala(儀式)라고 되어 있다.
* **이룰 것이다** 의미가 분명하지 않다. 문장상으로는 사람들의 "욕망과 탐욕"을 이루는 것으로 이해할 수 있다. 그러나 Sircar와 Nikam은 "그들의 의무를 이행한다"라고 번역(호진).
* **감사하는 마음** 塚本은 知恩. *G.* kataṃñatā, *K.* kiṭanātā, *Sh.* kiṭrañata, *M. E.* kiṭanata(*Skt.* kṛtajñatā, *Pāli* 감사, kataññutā). 은혜를 아는 것.
* **견고한 신앙** *G.* daḍhabhattitā, *K. E.* diḍhabhattitā, *Sh. M.* driḍhabhatita(*Skt.* dṛḍhabhaktitā). 견고한 헌신(獻身), 성신(誠信).

제8장(1)

과거 오랫동안, *왕들은(2) *오락을 위한 여행(巡遊, vihāryātrās)을 떠났다. 이 여행 동안, 그들은 *사냥을 했고, 다른 유사한 오락을 즐겼다. 그러나 천애희견왕은 관정 10년에 *삼보리(三菩提, Saṃbodhi)를 방문했다. *그때부터 *법의 순례(Dharmayātrā)가 〔시작되었다〕. *이 순례 동안, 다음과 같은 일들이 이루어진다. 〔즉〕 사문 · 바라문들(3)을 방문하고 그들에게 보시를 한다. 〔역시〕 장로들을 방문하고 그들에게 금전을 보시한다. 그는 지방의 백성들을 접견하고 그들에게 법을 가르치고 법에 대해 질문을 한다. *이것은 천애희견왕에게 최상의 기쁨이다. 그의 다른 모든 기쁨은 이것보다 못하다.

---

(1) *Sh. M. K. G. Sop. Dh. J. E.*에 있다.

(2) *K. E. Sh. M.*에서는 "모든 천애(諸天愛)"로 되어 있다.

(3) *G.*만은 "바라문 · 사문"으로 되어 있다.

* **왕들** *G.* rājāno, *Dh.* lājāne(nom. pl). 이 2본(本)은 보통명사로 표시하고 있는데, 다른 여러 본은 devānaṃpiyā(nom. pl.)라는 명칭을 사용하고 있다. 이것에 의해, 아소까왕 또는 그 이전에, 이 명칭이 왕의 칭호로 사용된 관습이 있었다는 것을 알 수 있다.
* **오락을 위한 여행** *G.* vihārayāttā, *K. Dh. E.* vihālāyātta, *Sh. M.* viharayatra(*Skt.* vihārayātrā). 塚本은 "이른바 오락"이라고 번역했지만, 다른 3번역에는 "이른바"라는 말은 없음(호진).
* **사냥** *G.* magavyā, *K. Dh. E.* migaviyā, *Sh.* mrugaya, *M.* mrigaviya(*Skt.* mṛgayā, mṛgavya).
* **삼보리** *G. K. Dh.* saṃbodhi, *Sh. M.* sabodhi. 붓다의 깨달음인 anuttarā samyaksaṃbodhiḥ(阿耨多羅三藐三菩提, 無上等正覺)의 생략으로서, 정각(正覺)을 의미한다. 세나르(É. Senart)나 블로흐(J. Bloch)는 "정각을 위해 출발했다"라는 의미로 해석했지만, 반다르까르(A. C. Bhandarkar)는 "붓다가 정각에 도달한 곳, 즉 보드가야의 보리수를 방문했다"라고 해석했다. *Divyāvadāna*, ed. Cowell & Neil, p. 393에 의하면, 아소까왕

아소까왕의 보리수 공양(산찌 제1탑 동문)

이 장로 우빠굽따(Upagupta)와 함께 보리수를 방문한 것을 기술하고 있다.

* **그때부터** 塚本은 "그것에 의해서", 다른 3번역은 "그때부터"라고 번역(호진).
* **법의 순례** *G. K. Dh. E.* dhaṃmayātā, *Sh.* dhraṃmayatra, *M.* dhramayada. 법(法)을 위한 여행.
* **이 순례 동안** 塚本은 "여기(법의 순례)에서는"으로 번역(호진).
* **이것은 천애희견왕에게 최상의 기쁨이다. …… 이것보다 못하다.** 塚本은 "이것에서 생기는 보다 큰 기쁨은, 천애희견왕에게는 별도의 배당(配當)이다"라고 번역. *G.* tadopayā esā bhuya rati (*Dh.* abhilāme) bhavati devānaṃpiyassa priyadassino raño bhāge aṃñe. 훌취, 우이 하쿠주(宇井)는 tadopayā를 그것에 선행(先行)하는 dhaṃma-paripucchā 에 연결시켜, "그것에 적합한 법의 시문(試問)"으로 번역한다. 그러나 세나르, 블로흐는 다음에 오는 문장에 연결시켜, 이것을 *Pāli* tadūpiya(appropriate, resulting from)에 연관시킨다. bhuya(*Skt.* bhūyas)를 우이 하쿠주는 Mahāvyutpatti(245, 342)에 따라, "爾來"라고 번역하고 있는데, 'more, greater' 의 의미에서 유래한 것으로 본다면, 블로흐와 같이 Le plaisir accru qui en découle(거기에서 생기는 증가된 쾌락)로 된다. bhāge aṃñe를 *Pāli* apara-bhāge(afterward)에서 유래한다고 본다면, 훌취, 우이 하쿠주와 같이 "치세(治世)의 후기에"로 번역할 수 있는데, 이것은 locative(處格)가 아니라 nominative(主格)로 보아야 하고, bhāga는 "세입(歲入)의 원천(源泉)에서 나온 왕의 배분(配分)"이기 때문에 블로흐의 번역어 'un second revenu' 에 따랐다(塚本). un second revenu는 "또 하나의 소득"으로 번역하는 것이 좋을 것이다. Sircar의 번역을 따랐음. Nikam도 비슷하게 번역했다(호진).

제9장 (1)

천애희견왕은 이와 같이 알린다.

사람들은 병이 들었을 때, 아들과 딸의 결혼 때, 자식들이 태어날 때, 여행을 떠날 때, 여러 가지 *의식(儀式)을 행한다. 이와 같은 경우나 또는 유사한 다른 경우에, 사람들은 많은(2) 의식을 행한다. 그런데 이 경우에, 여자들(3)은 하찮고(4) 무의미한 여러 가지 많은 의식을 행한다. 이 의식은 행해야겠지만, 이와 같은 의식은 그 결과가 적다. 그러나 다음과 같은 의식은 그 결과가 크다. 그것은 *법의식(法儀式, Dharmaṅgala)이다. 그 가운데는 다음과 같은 것, 즉 노예와 하인에 대한 올바른 대우, 스승에 대한 존경(5), 동물에 대한 *금계(禁戒)(6), 사문 · 바라문에 대한 보시(7)가 〔포함된다〕. 이것들 및 다른 유사한 것을 법의식이라고 부른다. 그러므로 아버지도, 자식도, 형제도, 스승도, 친구 · 지인(知人)과 이웃사람도 〔다음과 같이〕 말해야 한다(8).

G. Dh.

"이것은 선(善)이다. 이 목적을 달성할 때까지 이 의식(儀式)을 행하지 않으면 안 된다"라고. 또 다음과 같이 말해야 한다. "보시는 선이다"라고. 그러나 *법시(法施)나 *법은(法恩)만큼 가치 있는 보시 또는 은혜는 없다. 그러므로 역시 친구, 친족, 동료들은 기회가 있을 때마다 〔다음과 같이〕 훈

K. E. Sh. M.

"이것은 선이다. 이 목적을 달성할 때까지 이 의식을 행하지 않으면 안 된다. 또 〔그 목적이〕 달성된 뒤에도(9), 역시 나는 그것을 행할 것이다"라고. 왜냐하면, 다른 의식은 〔과보가〕 의심스럽기 때문이다. 그 목적은 달성될지 모르지만, 역시 그렇지 않을지도 모른다. 그것들은 이 세상에서만

계해야 한다: "이것을 해야 한다. 이것은 선(善)이다. 이것에 의해서 하늘(天)에 도달할 수 있다"라고. *무엇이 하늘에 도달하는 것보다 더 큰 성취이겠는가?

〔과보를 생기게 한다〕. 그러나 이 법의식은 시간에 관계가 없다. 설사 그 목적이 이 세상에서 달성되지 않는다 해도, 다음 세상에서 무한한 *공덕을 생기게 한다. 또 그 목적이 이 세상에서 달성된다고 하면, 그것으로 인해 2가지 소득이 있게 된다. 〔즉〕 이 법의식에 의해, 그 목적은 이 세상에서 〔달성되고〕, 또 무한한 공덕이 다음 세상에서 생기게 되는 것이다.

---

(1) *Sh. M. K. G. Sop. Dh. J. E.*에 있다.
(2) *G.*는 "여러 가지의"로 되어 있다.
(3) *K. E. M.*은 "유모와 어머니"로 되어 있다.
(4) *Sh.*에서만 "비천한"으로 되어 있다.
(5) *G.*는 "선한 존경"으로 되어 있다.
(6) *G.*는 "선한 금계(禁戒)"라고 되어 있다.
(7) *G.*는 "선한 보시"라고 되어 있다.
(8) 아래 문장은 *G. Dh.* 및 *K. E. Sh. M.*의 2종으로 분류될 수 있다.
(9) *K.*는 "또 〔그 목적이〕 달성된 뒤에도"라는 말은 없다.

* **의식(儀式)** *G. K. Dh. E. Sh.* maṃgala, *M.* magala. 길상(吉祥)을 기원하는 의식.
* **법의식** *G. Dh. E.* dhaṃmamaṃgala, *K.* dhaṃmamagala, *Sh.* dhramamaṃgala, *M.* dhramamagala. 법을 실제로 닦는(實修) 의식. 이 법칙은 아래에 구체적인 예를 보여주고 있다.
* **금계** *G. J. E. M.* sayama, *K. Sh.* saṃyama(*Skt.* saṃyama). 自制의 의미이지만, 여기

서는 동물의 살해를 억제하는 것이다.

* **법시(法施)** *G. Dh.* dhaṃṃadāna (*Skt.* dharma-dāna). 법을 보시하는 것, 법을 설하는 것. 불교에서는 보시 가운데서 법시가 최고의 공덕을 초래한다고 말한다..

* **법은(法恩)** *G.* dhammanuggaha, *Dh.* dhaṃmānuggaha(*Skt.* dharmānugraha). 법이 가져오는 은혜.

* **무엇이 …… 더 큰 성취이겠는가** 塚本은 "이것, 즉 하늘에 도달하는 것 외에, 많이 해야 할 것이 있을까" 라고 번역. Sircar와 Bloch 번역을 따랐음(호진).

* **공덕(功德)** *K. E.* punna, *Sh.* puña, *M.* puṇa(*Skt.* puṇya, *Pāli* puñña). 선행의 결과로서 얻어지는 복덕.

*제10장 (1)

천애희견왕은, *백성들이 어떠한 *영광 또는 명성을 원한다 해도(2), 〔그들이〕 현재와 미래에(3) *그의 법의 실천을 듣고, *법에 따라 살지 않는다면, 영광 또는 명예는 *큰 가치가 있다고 생각하지 않는다. 이 목적을 위해서, 천애희견왕(4)은 영광과 명예를 원한다.

천애희견왕(5)이 하는 모든 노력은 *내세의 삶을 위해서이고, *사람들이 노예상태에서 벗어나도록 하기 위해서이다. 왜냐하면 *죄는 노예상태이기 때문이다.

＊부자나 *빈자(貧者)나(6) 다 같이 최대한의 노력을 하고, 모든 다른 목적을 포기하지 않으면, 그들은 이것을 달성하기 어려울 것이다. 부자는 가난한 사람보다 이것을 〔달성〕하기가 더욱 어렵다.

---

(1) *Sh. M. K. G. Dh. J. E.* 에 있다.

(2) *G.* 에서만 "어떠한 영광 또는 명성을 원한다 해도"가 없다.

(3) *G.* 에는 "미래 영원히"로 되어 있다.

(4) *Dh.* 에는 "천애희견왕"이라는 말은 없다.

(5) *Dh.* 에는 "천애"로 되어 있다.

(6) *G.* 에는 "하급의 인민"으로 되어 있다.

＊이 장(章)은 4번역 간에 차이가 있다. 가장 분명한 Nikam의 번역을 따랐음(호진).

＊**백성들** 塚本은 "나의 인민"이라고 번역(호진).

＊**영광 또는 명성** 塚本은 "명성과 칭찬", Sircar는 "이 생에서의 영광과 죽은 후의 명성"이라 번역(호진).

＊**그의 법의 실천을 듣고** 塚本은 "나에 의해서 법(法)의 종순(從順)에 종순하게 하다"로 번역. *G.* dhaṃmasusruṃsā susrusatāṃ, *K.* dhaṃmasussuṣā sussuṣātu, *Dh.* dhaṃma-sussūsaṃ sussūsatu 등.

＊**법에 따라 살다** 塚本은 "법의 준수에 따르게 하다"로 번역. *G.* dhaṃmavuttaṃ anuvidhiyatāṃ, *K.* dhaṃmavattaṃ anuvidhiyaṃtu 등.

* **큰 가치가 있다** 塚本은 "큰 이익을 가져온다"라고 번역(호진).
* **내세의 삶을 위해서이고** 塚本은 "내세에 관한 것(福德)을 위해서이고"라고 번역(호진).
* **사람들이 노예상태에서 벗어나도록 하기 위해서이다** 塚本은 "모든 사람들에게 위험하지 않게 하기 위해서이다", Sircar는 "위험" 대신 "타락(corruption)"이라고 번역(호진).
* **죄는 노예상태이기 때문이다** 塚本은 "비덕(非德)은 위험이다"라고 번역하고, 주(註)를 달았다: "*G.* apuṃña, *K. E.* apunna, *Sh.* apuña, *M.* apuṇa (*Skt.* apuṇya). 복덕(福德)에 반대되는 것, 죄(罪)". Sircar(p. 39)와 Nikam은 비덕 대신 죄(호진).
* **부자** 塚本은 "상급의 집단". *G.* ussaṭena, *K. E.* usṣuṭena, *Sh. M.* usateṇa(ins. sg.).
* **빈자** 塚本은 "하급의 집단". *K. E.* khuddakena vaggenā, *Sh.* khudrakena vagrena, *M.* khudakena vagrena (ins. sg.). *G.*는 집단(또는 계층, *Skt.* varga, *Pāli* vagga)이라는 말 대신에 인민(人民, jana)이라는 말을 사용해서, chuddakena janena로 하고 있다.

제11장 (1)

천애희견왕은 이와 같이 알린다.

법시(法施), *법에 의한 친교(親交), *법의 분배, *법에 의한 결연(結緣)과 같은 〔좋은〕 보시는 없다. 이 가운데에, 노예와 하인에 대한 올바른 대우, 부모에 대한 순종(2), 친구 · 지인(知人) · 친족 및 사문 · 바라문에 대한 보시(3), 동물의 불도살(不屠殺)(4)이 포함된다. 이것에 관해서, 아버지도, 자식도, 형제도, 스승도, 친구 · 지인 · 친족, 그리고 이웃사람도, 〔다음과 같이〕 말해야 한다: "이것은 선이다. 이것을 해야 한다"라고. 이와 같이 하면, 이 법시에 의해서, 이 세상에서 소득이 있고, 다음 세상에서 헤아릴 수 없이 많은(無量) 공덕이 생긴다.

---

(1) *Sh. M. K. G. E.*에 있다.

(2) *G.*에는 "선한 순종"으로 되어 있다.

(3) *G.*에는 "선한 보시"라고 되어 있다.

(4) *G.*에는 "선한 불도살"이라고 되어 있다.

*법에 의한 친교 *G.* dhaṃmasaṃstava, *E.* dhaṃmasa〔ṃ〕thava, *Sh.* dhramasaṃstava,

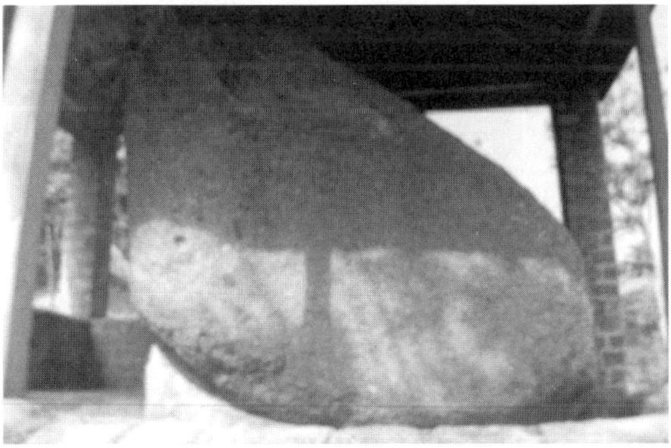

만세흐라 마애법칙
(조병활, 『다르마로드』)

M. dhramasaṃthava(*Skt.* dharma-saṃstava). 법을 통한 친교.

* **법의 분배** *G.* dhaṃma-saṃvibhāga, *K.* dhaṃmaṣavivibhaga, *E.* dhaṃmasavibhāga, *Sh. M.* dharmasaṃvibhaga(*Skt.* dharma-saṃvibhāga). 법을 나누어 주는 것.

* **법에 의한 결연** *G.* dhaṃmasaṃbaṃdha, *K.* dhaṃmaṣambadha, *E.* dhaṃmasaṃbadha, *Sh. M.* dhramasaṃbaṃdha(*Skt.* dharma-saṃbandha). 법을 통한 관계, 결합, 결연(結緣).

제12장 (1)

Sh. M. K. G. E.

천애희견왕은 출가와 재가의 모든 종파를(2) 보시와 여러 가지 *공양으로써(3) 존경한다. 그러나 천애는 *모든 종파의 본질을 증진시키는 것만큼 〔좋은〕 보시나 공양은 없다고 생각한다. 본질을 증진시키는 것은 다양한 〔방법으로 가능하〕지만, 그 근본은 *말의 억제로서, 그것은 *부적당한 기회에 자신의 종파를 *칭찬하고, 다른 종파들을 비방하는 일이 없도록 하고, *설사 적당한 기회라 해도 모든 경우에 〔말을〕 삼가야 한다는 것을 의미한다. 그렇지만, 다른 종파들은 〔모든 경우에〕 모든 *표현(4)을 통해 존경되어야 한다. 만약 이렇게 하면, 〔그 사람은〕(5) 자신의 종파를 증진시킬 뿐 아니라, 다른 종파들에게도 *이익을 주게 된다. 만약 이렇게 하지 않으면, 〔그 사람은〕 자기 종파를 손상시킬 뿐 아니라, 다른 종파들에게도 해를 끼치

Kan.

[……] 모든 종파에 대한 *존경과 자제(自制)[……]

그러나 특히 자제가 있는데, 그것은 말의 억제이다. 또 그들은 무엇인가에 대해, 자기의 〔종파를〕 칭찬하고, 다른 〔종파들〕을 비방하는 일도 없다. 왜냐하면 그것은 헛된 것이기 때문이다. 그래서 어떤 식으로든, 다른 〔종파들〕을 칭찬하고, 〔그들을〕 비방하지 않도록 노력하는 것이 보다 바람직하다. 그러나 그것을 할 때, 그들은 자기 종파를 증진시키고, *다른 〔종파들〕의 호의를 얻는다. 그러나 이것을 어길 때는, 그들은 보다 많은 명성을 떨어뜨리고, 또 다른 종파들로부터도 미움을 받는다.

게 된다.

왜냐하면, 자기 종파에 대한 *신앙심 때문에, 〔그리고〕 자기 종파를 빛내기 위해서, 자기 종파를 칭찬하고, 다른 종파들을 비방하는 사람은, 역시 그렇게 함으로써, 자기 종파를 더욱 해치게 되기 때문이다. 그러므로 *서로 법을 듣고, 〔그것을〕 *존중하도록 하기 위해서는 *화합(6)만이 선(善)이다.

* 왜냐하면, 이와 같은 것은, 모든 종파들을 *다문(多聞)하게 하고, *참된 교의(教義)를 가지게 하는 것이 천애의 소원이기 때문이다. 그래서 각 〔종파의〕 신봉자들에게 다음과 같이 말해야 한다: "천애(天愛)는 모든 종파의 본질을 증진시키는 것만큼 〔좋은〕 보시나 공양은 없다고 생각한다" 라고.

그래서 이 목적을 위해, 많은 법대관 · *감부대관(監婦大官) · *사축원관(飼畜苑官) 및 다른 〔관리들의〕 *단체가 직무에 종사하고 있다. 그리고 자신의 종파의 증진과

그래서 자기 〔종파〕를 칭찬하고, 〔다른 종파들〕을 비방하는 사람들은 *지나친 자만심을 일으킨다. 〔즉〕 다른 종파들에 대해 〔자기의 종파를〕 빛나게 하려고 함으로써, 그들은 오히려 자기 종파를 해친다. 그래서 서로 존경하고, 서로의 가르침을 승인하는 것은 좋다.

* 이렇게 함으로써 그들은 그들 가운데 모든 사람이 알고 있는 것을 서로 전해서, 그들의 지식을 증진시킬 수 있을 것이다. 이것을 실행할 사람들에게 주저하지 말고 말해야 한다. 그렇게 함으로써 그들은 항상 신앙심을 가지고 살아갈 수 있을 것이다.

법의 *개시(開示)가 있게 된 것은

그 결과이다.

---

(1) *Sh. M. K. G. E.* 및 *Kan.*(그리스어)에 있다. *Kan.*의 첫부분은 파손되었다.

(2) *G.*에는 "존경하고"가 첨가되어 있다.

(3) *G.*에는 "그들을"이 첨가되어 있다.

(4) *G.*에는 "취급 (또는 기회)"이라고 되어 있다.

(5) *K. E. M.*에는 "틀림없이"가 첨가되어 있다.

(6) *Sh.*에만 "자제(自制)"라고 되어 있다.

* **공양** *G. K. E.* pūjā, *Sh. M.* puja. 경의를 표하는 것. 음식, 옷 등 생활필수품을 보시하는 것.
* **모든 종파의 본질을 증진시키는 것** *G.* sāravaḍḍhī, *K. E.* śālavaḍḍhi, *Sh. M.* salavaḍhi(*Skt.* sāravṛddhi). 종파의 실체와 가치의 증진(塚本). Sircar는 "모든 종파 사람들에게 법의 본질을 증진시키는 것"이라고 번역(호진).
* **말의 억제** *G.* vaciguttī, *K. E.* vacagutti, *Sh. M.* vacaguti(*Skt.* °gupti, *Pāli* °gutti). 말의 보호와 방호(防護), 즉 말의 자제(自制)를 말한다. *Kan.*은 γλώσης έγkρατής(말의 자제)라고 번역했다.
* **부적당한 기회** *G.* aprakaraṇa, *K. E.* apakalana, *Sh.* aprakarana, *M.* apakaraṇa (*Skt.* aprakaraṇa). 우발적인 부적당한 사건. 이것은 바로 뒤에 나오는 "각각의 경우에"(*G.* taṃhi taṃhi prakaraṇe)와 대비(對比)하고 있지만, *Kan.*에서는 양자를 구별하지 않고 "무엇인가에 대해"(περί μηδευός)라고 기술하고 있다.
* **칭찬하고** pūjā, έπαιυώοιυ(〈έπάιυεω).
* **설시 적당한 ( ) 삼기야 한디는 것** 塚本은 "모든 기회에, 온화(溫和)하게 하기 위해서"라고 번역하고, 註에서 "lahuka. *Skt.* laghu에는 '온화한', '작은, 하찮은, 공허한' 이라는 의미가 있지만, 쁘리끄리뜨어 文은 처음의 의미가 된다. *Kan.*은 후자의 의미로 이해해서 '공허한(κευός)'으로 번역했다"라고 설명했다. 그러나 문맥상 Sircar 번역이 옳다고 생각됨으로 그것을 따랐음(호진).
* **표현** *K. E.* ākāla, *Sh. M.* akara(Skt. ākāra). 표현의 형태 · 형상. *Kan.*은 τρόπο(方法)이라고 번역. *G.*만은 parakaraṇa(취급, 기회)(塚本). Sircar는 "모든 경우에 모든 점에서"라고 번역(호진).

* **이익**　塚本은 은혜. Sircar의 번역을 따랐음(호진).
* **존경**　εὐσέβεια. 원어(原語)는 "信心"의 의미이지만, 소마애법칙 제4장(깐다하르 법칙)은 dharma의 번역어로 이 말을 사용하고 있다. 그러나 여기서는 쁘라끄리뜨어 문(文)의 pūjā(공양)와 같은 말이다.
* **다른 종파들의 호의를 얻는다**　塚本은 "다른 종파들을 높인다"라고 번역. Sircar(p.41)의 번역을 따랐음(호진).
* **신앙심**　塚本은 歸依. Bloch와 Nikam의 번역을 따랐음(foi, devotion)(호진).
* **서로 법을 듣고 (……) 화합만이 선(善)이다**　Nikam(p. 50): "화합만이 권할 만하다. 왜냐하면 화합을 통해서 사람들은 다른 종파가 받아들인 법의 개념을 배우고 존중할 수 있을 것이기 때문이다." Sircar(p. 41): "말에 대한 억제는 권할 만하다. 왜냐하면 사람들은 서로의 다르마의 원칙을 배우고 존중할 것이기 때문이다."(호진).
* **존중**　塚本은 遵守. 다른 종파의 법을 준수보다는 존중해야 한다고 하는 것이 온당할 것 같음. Sircar와 Nikam 번역을 따랐음(호진).
* **화합만이 선(善)이다**　화합(*G. E.* samavāya, *K.* ṣamavāya, *M.* samavaya; *Skt. Pāli* samavāya)은 "결합하는 것, 동일하게 되는 것"이라는 의미. 소석주법칙 제1장(사르나트, 꼬삼비, 산찌 법칙)을 볼 것. *Kan.*에서는 이 번역어는 발견되지 않고, "선(善)이다"(sādhu)를 πρέπει(〈πρεπω) "적당하다"라고 번역하고 있다.
* **왜냐하면 (……) 천애의 소원**　Nikam(p. 50): "천애는 모든 종파의 사람들이 서로의 교리를 알고, 참된 교리를 습득(習得)하기를 원한다." Sircar(p. 41): "실로 천애의 소원은, 모든 종파의 사람들이 다른 종교의 교리에 대해 잘 알고 〔그것에 대한〕 순수한 지식을 습득하는 것이다."(호진).
* **다문**　*G.* bahusruta, *K.* bahuṣṣta, *E.* bahussta, *Sh. M.* bahuśruta. 학식이 매우 많은 것. *Kan.* πολυμαθέστερος(πολυμαθής의 비교급).
* **참된 교의**　*G.* kallāṇāgama, *E.* kayyānāgama, *Sh.* kalanagama, *M.* kayaṇāgama(*Skt.* kalyāṇagama). 좋은 聖典·敎義.
* **감부대관**　*G.* ittījhakkhamahāmātta, *K. E.* itthiyakkhamahāmātta, *Sh.* istridhiyach'-amahamatra, *M.* istrijach'amahamatra(*Skt.* stryadhyakṣa-mahāmātra). 『실리론』(2, 27)에는, 애욕의 시련에 의해 결백하다는 것이 증명된 사람을 왕궁 내외의 오락보호관(娛樂保護官, vihārarakṣa)으로 임명해야 한다고 규정하고 있다. 이 관명(官名)은 시녀장관(侍女長官, gaṇikādhyakṣa)과 같은 것이라 추정된다.
* **사축원관**　*G.* vaccabhūmika, *K.* vaccabhumikya, *Sh. M.* vracabhumika. 뷜러(Bühler)는 vacca, vraca를 산스끄리뜨어 vraja(飼畜苑)의 쁘라끄리뜨어 형(形)으로 본다. 스미

스(V. Smith)는 "목장 관리자"로, 훌취는 "사축원(飼畜苑: 가축을 기르는 곳)의 감독관"으로 해석하고 있다. 『실리론』(2, 6, 7)에 의하면, 수세관(收稅官)의 아래에 있으면서, 암소, 물소, 산양, 양, 당나귀, 낙타, 노새, 즉 목축(vraja)에 관한 사무를 취급하는 관리이다. 최근에 푸스만(G. Fussman)은 "여행자(vrajaka)를 위임받은 관리"라는 의미로 해석하고 있다.

* **단체** *G. K. E.* nikāya, *Sh. M.* nikaya. 마우리야 제국의 지방행정 중심지는 태수왕자가 감독했지만, 왕 및 태수왕자는 행정관의 단체, 예를 들면 대관, 사직관(司直官), 지방장관, 수세관, 유사(有司), 상주관(上奏官), 사축원관(飼畜苑官), 서기관, 사신(使臣) 등의 보좌(補佐)를 받았다.
* **지나친 자만심** 塚本은 "보다 많은 信愛의 생각"이라고 번역. 전후의 문맥으로 보아 Sircar(p.42)의 번역이 옳은 것 같음(호진).
* **이렇게 함으로써 (……)** 전체 문단은 Sircar(p.42)의 번역을 따랐음(호진).
* **개시** *G. E.* dīpanā, *K.* dipanā, *Sh. M.* dipana(*Skt.* dīpanā). 산스끄리뜨어 dīpana(n.)는 "불에 타게 하는 것, 빛을 비추는 것"이지만, 불교 혼합 산스끄리뜨어(BHS) dīpanā, 빨리어 dīpanī에는 "개시 · 설명"의 의미가 있다.

제13장 [1]

Sh. M. K. G. E.

*관정 8년에, 천애희견왕은 *깔링가(Kaliṅga)를 정복했다. 15만 명의 사람들이 *〔포로가 되어〕 거기에서 이주(移住)되었고, 10만 명〔의 사람들〕이 거기에서 살해되었고, 또 그 몇 〔배의 사람들〕이 사망했다. 그 후, 깔링가가 정복된 지금, 천애는 *법을 열심히 실행하고[2], *법을 사랑하고, *법을 가르치는 데 열성적이 되었다. *이것은 깔링가 정복에 대한 천애의 후회[3] 때문이다. 정복된 일이 없는 〔나라가〕 정복되면, 거기에 사람들의 살해, 사망, 이주가 있는데, 천애는 이것을 몹시 괴로워하고 비통하게 생각한다.

Kan.

*희견〔왕〕은 즉위 제8년에, 깔링가를 정복했다. 15만 명의 사람들이 포로가 되었고, 거기에서 이주되었고, 다른 10만 명의 사람들이 살해되었고, 대략 같은 수의 다른 〔사람들이〕 사망했다. 그때 이후, 그(희견왕)는 애민(哀愍)과 연민〔의 정〕을 마음에 품고, 몹시 고뇌했다. 그가 생물〔의 도살〕을 삼가할 것을 명령한 방법으로, 그는 법에 열의를 보이고, 〔법〕을 편제(編制)했다.

Sh. M. K. G. E.

또 천애가 이것보다 더욱 비통하게 생각하는 것은 다음과 같은 사실이다. 〔즉〕 거기에 살고 있는 바라문들, 사문들, 다른 종파의 신봉자들, 재가자(在家者)들*—그들은 모두 존자(尊者)들에게 순종

Kan.

또 〔희견〕왕이 이것보다 더욱 비통하게 생각한 것은 다음과 같은 일이다. 즉 〔거기에〕 사는 바라문, 또는 사문, 또는 법을 신봉하는 다른 사람들— *거기에 사는 사람들은, 왕의 은혜를 마음에

샤흐바즈가리히의 마애법칙이 새겨진 표석(中村元, 『불타의 세계』)

하고, 부모에게 순종하고, 스승들에게 순종하고, 붕우 · 지인 · 동료 · 친족 및 노예 · 하인들을 올바르게 대우하고, 견고한 신앙을 실천했다—에게 재해(災害)(4)와 살해 또는 사랑하는 사람들과의 이별이 생긴다. 〔그리고〕 *그 자신들은 부족한 것 없이 잘 살고 있다 해도, 그들이 *많은 애정을 가지고 있는 붕우 · 지인 · 동료 · 친척들이 불행을 당하면, 그것이 그들의 재해(5)가 된다. 이것은 모든 사람들이 당하는 불행이

품고, 스승과 부모에게 겸손하고, 〔그들을〕 존경하고, 지인과 동료를 사랑해서 속이지 않고, 노예와 하인을 *관대하게 대해야 한다. 그리고 이와 같이 실천한 사람들 가운데서, 만약 어떤 사람이 사망하거나 또는 이주를 당한다면,

다른 사람들은 동반자를 불행하다고 생각한다. 그러므로 희견

다. 천애는 이 〔모든〕 일을 비통하게 생각한다. 그런데 요나(Yona, 그리스)인들이 사는 *나라를 제외하고는, 이들 바라문 · 사문의 *집단이 없는 지방은 없고, 또 사람들이 어떠한 종파든 간에 〔한 종파를〕 신봉하지 않는 지방은 없다. 그러므로 깔링가가 정복되었을 때(6) 살해되고, 사망하고, 이주된 사람들의 숫자가 100분의 1 또는 1,000분의 1이었다 해도, 지금 천애는 〔그것을〕 비통하게 생각한다.

왕은 그것에 대해, 몹시 비통하게 생각한다. 그렇기 때문에 다른 지방에서도, 그들은 [……]이다.(6)

또 만약 해(害)를 끼치는 사람이 있다면, 참을 수 있는 한 참아야 한다고 천애는 생각한다. 천애는 그의 영토에 살고 있는 *임주족(林住族)조차도 화해시키고, 회심(回心)시킨다. 천애는, *그의 후회에도 불구하고, *그들의 범죄를 그치도록 하기 위해, 그리고 *그들의 범죄 때문에 사형을 당하지 않도록 하기 위해, *〔천애〕 자신이 그들을 처벌할 수 있는 충분한 권력이 있다는 것을 그들에게 알린다. 천애는 모든 살아 있는 존재들의 안전, 자제(自制), 공정, 유화(柔和)를 원하기 때문이다.

천애는 *법에 의한 정복(Dharma-vijaya)을 최상〔의 정복〕이라고 생각한다. 그리고 *천애는 자신의 영토인 여기에서뿐만 아니라 앙띠요까(Aṃtiyoka)라고 부르는 요나(Yona)왕이 통치하고 있는, 600*요자나

(yojana) 거리의 먼 변경지역에서도 이 법의 정복을 성취했고, 앙띠요까 왕국을 넘어서, *뚜라마야(Turamaya), *앙띠끼니(Aṃtikini), *마까(Maka), *알리까수다라(Alikasudara)라고 부르는 4왕(王)들이 역시 통치하고 있는 곳들과, 남쪽으로 *땀바빵니(Taṃbapaṃṇī, Tamraparni)처럼 먼 쪼다(Coḍa, Cholas)인들과 빤디야(Paṃḍiya, Pandyas)인들이 살고 있는 곳에서도 〔법의 정복을 성취했다〕. 마찬가지로, 여기 〔아쇼까〕 왕의 영토에서 요나인들(Yonaka), 깜보자인들(Kaṃboja), *나바까인들(Nābhaka), *나바빵띠인들(Nābhapaṃti), *보자인들(Bhoja), 삐띠니까인들(Pitinika), *안드라인들(Aṃdhra), 빠린다인들(Pāriṃda)이 살고 있는 나라들의 도처에, 사람들은 *천애가 전한 법(Dharma)의 가르침을 따르고 있다. 또 천애의 *사신(使臣)들이 가지 않은 나라에서조차도, *사람들은 법의 실행과 발포된 법령과 천애가 전한 법의 가르침을 듣고, 법에 따르고 있는데, 앞으로도 계속해서 그렇게 할 것이다. 그것에 의해 도처에서 획득된 정복은 역시 어디에서도 *만족을 생기게 하는 정복이다. 이 만족은 법에 의해 획득된 정복이다. 그러나 이 만족은 실로 *그 〔결과가〕 적다. 천애는 내세(來世)에 관한 것만을 큰 결과라고 생각한다.

이 법칙은, 다음과 같은 목적을 위해서 새겨졌다. 〔즉〕 나의 모든 왕사들과 증손(曾孫)들이 새로운 정복을 해야 한다고 생각하지 않도록 하기 위해서, 설사 정복이 저절로 이루어졌다 할지라도, *〔피정복자들에 대해〕 관용과 가벼운 형벌로 만족하도록 하기 위해서, 또 법에 의한 이 정복만이 〔참다운〕 정복이라고 생각하도록 하기 위해서이다. 이것 (법에 의한 이 정복)은 현세와 내세에 관계가 있는 〔결과를 생기게 한다〕. *그들의 모든 기쁨을 *법[(8)]에 대한 기쁨이 되도록 하라.

왜냐하면, 이것은 현세와 내세에 관련이 있는 〔결과를 생기게 하기〕 때문이다.

---

(1) *Sh. M. K. G. E.* 및 *Kan.*(그리스 語)에 있다.
(2) *Sh.*는 "수학(修學)"으로 되어 있다.
(3) *G. K. E.*는 "자책 (또는 苛責)"으로 되어 있다.
(4) *K. E.*는 "손해"로 되어 있다.
(5) *G. K. E.*는 "손해"로 되어 있다.
(6) 이하의 문(文)은 파손되었다.
(7) *E. Sh. M.*은 "그 때, 깔링가에서"로 되어 있다.
(8) *K.*만이 "노력"으로 되어 있다.

* **관정 8년** *Kan.* 'ογδόωι ἔτει βασιλεύοντος(즉위 제8년에).
* **깔링가** *G.* Kaliṃga, *E. Sh. M.* Kaliga, *K.* Kaligya (*Skt.* Kaliṅga). 현재 동인도의 오릿사(Orissa) 주. 아쇼까왕은 이 깔링가 정복의 비참한 결과를 뉘우치고, 무력에 의한 정복에서 법(法)에 의한 정복으로, 그의 정책을 바꾸었다. 이것은 붓다시대의 마가다의 왕 빔비사라에 의한 앙가(Aṅga)국의 합병 이래, 대략 200년에 걸쳐 수행된 마가다국의

아람어 비문 발견지(딱실라), 쌍두취(雙頭鷲)탑 유적(KBS, 『신왕오천축국전 하권』).

주권 확장의 종결을 의미했다. 아쇼까는 정복한 깔링가를 또살리(Tosalī)와 사마빠(Samāpā) 소재의 태수왕자와 도시집의관에게 통치하게 했는데, 그 통치 방침에 대해서는 다울리(Dhauli)와 자우가다(Jaugaḍa)의 별각법칙 2장을 통해 알 수 있다.

깔링가의 왕 카라베라(Khāravera, 기원전 2~1세기)의 하티굼파(Hāthigumphā) 비문에 의하면, 아쇼까 이전에 깔링가는 난다 왕조에 의해 정복된 일이 있다. 메가스테네스의 『인도지(印度誌)』를 원천으로 한 플리니우스(Plinius, 6, 21, 22)에 의하면 짠드라굽따(Candragupta) 시대에 깔링가는 독립 왕국으로서, 페르탈리스(Pertalis)를 수도로 해서 강대한 상비군이 있었다고 한다.

* **포로가 되어** Sircar와 Nikam 번역(호진).
* **법을 실행함** 塚本은 법의 實修. *Sh.* dhrama〔si〕lana (*Skt.* dharma-śīlana). 법의 실수와 연구의 의미. *G. K.* dhaṃmavāya, *E.* dhaṃmāvāya, *M.* dhramavaya(〈✓vī 법을 깨닫기 위해 노력하는 것). *Kan.*은 δἰ οὐ τρόπου ἐκέλευεν ἀπέχεσΘαι τῶν ἐμφὐ χων(그가 생물의 도살을 삼가하도록 명령한 방법으로).
* **법을 사랑함** 塚本은 법의 愛慕. *K. E.* dhaṃmakāmatā, *Sh.* dhramakamata; *Kan.* σπουδήν …… πεποίηται περι εὐσεβεἰας(그는 法에 熱意를 보이고). 愛慕라는 말은 모두 "사랑" 으로 바꾸었음(호진).
* **법을 가르침** 塚本은 법의 敎誡. *Kan.* σύντασιυ περοίηται περὶ εὐσεβεῖας(그는 법을 編制했다). 역시 敎誡는 "가르침" 으로 바꾸었음(호진).
* **이것은 깔링가 정복에 대한 천애의 후회 때문이다** 塚本은 "이것은 깔링가를 정복했을 때의, 천애의 회한이다" 라고 번역. Sircar(p. 42)의 번역을 취했음(호진).
* **—그들은 모든 존자들에게 …… 신앙을 실천했다—** Nikam(p. 26) 번역에 따라 문장을 좀더 분명하게 했음(호진).
* **희견** Πιοδάσσης.
* **거기에 사는 사람** 쁘라끄리뜨어 문(文)으로 *Sh.* ye tatra vasati ……grahatha va(그곳에 사는 …… 또는 재가(在家))로 되어 있는 것을, 그리스어문(文)에서는 ὅσοι ἔχεῖ ὤἰκουν …… τοῦς ἔχεῖ οἶκοῦντας(〔그곳에〕 사는 한의 …… 그곳에 사는 자)로 번역하고 있는데, grahatha를 오역(誤譯)한 것으로 생각된다.
* **그 자신들은 부족한 것 없이 (……) 재해가 된다** 4번역 간에 차이가 많다. Sircar의 번역(p. 43)을 볼 것(호진).
* **많은 애정을 가지고 있는 붕우** 塚本은 "애정이 減하는 일이 없는 붕우" 라고 번역. Sircar 번역을 따랐음(호진).
* **관대하게 대해야 한다** 전체 문장 내용이 분명하지 않다. 여러 本의 제13장(*Sh. M.* 등)

의 내용으로 미루어 보아, "관대하게 다루어야"와 "한다" 사이에 긴 내용이 빠진 것 같다. "희견왕이 더욱 비통하게 생각한" 이유를 말하는 문장이 "이다"로 끝나는 대신 "해야 한다"로 끝나는 것 역시 내용에 문제가 있음을 나타내고 있다(호진).

* **나라** 塚本은 "(요나인들)의 사이"라고 번역. 다른 번역자들은 나라(country, pays)로 번역(호진). *Kan.* ἔθνος(사람들의 단체, 계급, 부족, 지방의 인민)은 쁘라끄리뜨어 문(文)의 janapade(地方)로 추정된다(塚本).
* **집단** 塚本은 "部衆"이라 번역하고, *G. K. E.* nikāya, *M.* nikaya(部派)라고 주를 달았다. Bloch(p.129)의 번역(ces groupes)을 따랐음(호진).
* **임주족** *G.* aṭaviya, *E. Sh. M.* aṭavi(*Skt.* aṭavī). 『실리론』(13, 5, 1)은 삼림(森林) 등과 식민(植民)된 영토 등 2종류의 정복을 기술하고, 삼림 등을 aṭavīpāla라는 관리의 행정 아래 두고 있다.
* **그의 후회에도 불구하고** 塚本은 (임주족들이) "스스로 悔悟하게 하고"라고 번역했다. 그러나 Sircar와 Nikam은 (천애가 지난날 자신의 권력 사용에 대해) "후회를 하고 있음에도 불구하고"라는 뜻으로 이해했다. 문맥상으로 이들의 해석이 옳은 것으로 생각된다(호진).
* **그들의 범죄를 그치도록 하기 위해** 塚本의 번역에는 없음. Sircar와 Nikam의 번역을 따랐음(호진).
* **그들의 범죄 때문에** 塚本의 번역에는 없음. Sircar의 번역을 따랐음(호진).
* **천애 자신이 그들을 처벌할 수 있는 ……** 塚本은 "천애의 후회할 만한 권력에 대해서"라고 번역하고, 다음과 같이 註를 달았다: *E.* anutāpe pabhāve, *Sh. M.* anutape prabhave. anutape(nom. sg. m.)는 빨리어 anutāpa에 해당되는데, "후회 가책(苛責), 고뇌"를 의미한다. 산스끄리뜨어 prabhāva(權力)로 보는 학자도 있다(塚本). 내용을 이해할 수 없다. Sircar와 Nikam의 번역을 따랐음(호진).
* **법에 의한 정복** *K. E.* dhaṃmavijaya, *Sh. M.* dhramavijaya(*Skt.* dharma-vijaya). 『실리론』(12, 1, 10, 16)에 의하면, 다음과 같이 3종류의 정복자가 있다.

① 정의로운 정복자(dharmavijayin) 그는 적이 귀순(歸順)하는 것으로 만족한다.
② 탐욕스러운 정복자(lobhavijayin) 그는 토지와 재물을 탈취함으로써 만족한다.
③ 흉포한 정복자(asuravijayin) 그는 토지, 재물, 처자(妻子) 및 생명을 약탈함으로써 만족한다.

모나한(F. J. Monahan)은 다음과 같이 추론하고 있다: 이 '정복'의 본질과 결과에 관해서 정확하게 알 수는 없다. 그리스 문헌도 이것에 관해 침묵하고 있다. 그러나 이 '정복'은 사신(使臣, dūta)을 통해 되었다고 추측할 수 있다. 그들은 불교뿐만 아니고, 법

(dharma)을 가르치기 위해 파견되었다.

또 딕쉬따르(Dikshitar)에 의하면, 아쇼까가 뜻을 두었던 것은, 대사(大使) 또는 특수한 사절(使節)을 통해 왕이 그의 치세 초기에 몰두했던 lobhavijaya(탐욕스러운 정복)와 asuravijaya(흉포한 정복)를 버리고, dharmavijaya(정의로운 정복)의 바탕 위에 그의 정책을 시행한 것을, 한 나라와 이웃나라〔隣邦〕가 알도록 하는 것이었다. 바꾸어 말하면 왕은 그들의 단순한 정복에 만족하는 것이 아니고, 반란 또는 전쟁에 의지하지 않고, 동시에 『실리론』의 훈령(訓令)에 따를 것을 그들에게 기대했다. 그리고 그것을 그의 예속민(隷屬民)뿐 아니라 다른 나라의 왕에게도 알리는 데 있었다.

* **천애는 자신의 영토인 여기에서뿐만 아니라 (……) 법의 가르침을 따르고 있다.** 이 긴 문장의 내용은 매우 복잡해서 Nikam과 Sircar 번역을 참고해서 내용을 조정했음(호진).
* **요자나** yojana. 거리의 단위. 1yojana는 4krośa = 약 6.5km.
* **뚜라마야** *Sh.* Turamaya, *G.* Turamāya, *K. E.* Tulamaya. 에집트왕 프톨레마이오스 2세 필라델포스(Ptolemaios ll Philadelphos; 재위 기원전 285~〔283/2〕~246). 프톨레마이오스 1세와 베레니케(Berenice) 1세의 아들이고, 아르시노에(Arsinoe)와 결혼했다(289년경). 285년에 그의 아버지와 공동통치자가 되었다가, 283-282년에 왕위를 계승했다.
* **앙띠끼니** *Sh.* Aṃtikini, *G. K.* Aṃtekina, *E.* Aṃtikeni. 마케도니아 왕 안티고노스 2세 고나타스(Antigonos II Gonatas; 치세 기원전 276~239). 데메트리오스 1세와 휘라(Phira?)의 아들로서, 287년 이후에 데메트리오스의 그리스 영토를 맡았다.
* **마까** *G.* Magā, *Sh. M.* Maka, *K. E.* Makā. 키레네(Cyrene) 왕 마가스(Magas; 치세, 기원전 274~253). 키레네는 알렉산드로스 대왕에게 복종하였지만, 그의 사후(기원전 323) 혼란과 시민전쟁이 계속되었기 때문에, 프톨레마이오스 1세는 그의 의붓아들 마가스를 통치자로 임명했다. 마가스는 얼마 동안 프톨레마이오스를 위해 활약했지만, 시리아 왕 안티오코스 1세의 딸 아파마(Apama?)와 결혼하자 독립을 선언했다. 그러나 253년 그가 죽기 전에, 프톨레마이오스 2세와 화해했다.
* **알리까수다라** *Sh. M.* Alikasudara, *K.* Alikyaṣudala, *E.* Alikasudala. 에페이로스(Epeiros) 왕 알렉산드로스 2세(Alexandros; 치세 기원전 272~240) 또는 코린토스(Corinthos) 왕 알렉산드로스(치세 기원전 290~245)로 추정된다.
* **땀바빵니** Sri Laṅka. 塚本은 "쪼다, 빤디야" 역시 땀바빵니처럼 장소라고 이해했지만, 다른 3번역본에서는 장소가 아니라 그곳에 살고 있는 주민들(또는 종족)로 되어 있다(호진).
* **나바까** *G. K. E.* Nābhaka, *Sh.* Nabhaka.

* **나바빵띠** *K. E.* Nābhapaṃti, *Sh.* Nabhitina.

나바까와 나바빵띠는 마우리야제국의 네팔 국경에 위치했다고 생각된다. 『법현전(法顯傳)』에는 까삘라바스뚜 근처의 나비가(那毘伽: Nābhika)를, 『브라흐마 뿌라나(Brahma Purāṇa)』는 북 꾸루(Kuru)국에 나비까 뿌라(Nābhika-pura)가 있었음을 전한다.

* **보자** 베라르(Berar), 즉 고대 비다르바(Vidarbha)로 추정된다. 바르후뜨 각문(刻文)은 Bhojakaṭa에 관해 기술하고 있는데, 이것이 뿌라나 문헌의 Bhoja 또는 Bhojya와 같다고 한다면, 빈댜(Vindhya) 지역에 있었다고 추정할 수 있을 것이다.

* **안드라** *G. Sh.* Aṃdhra, *K. M.* Adha, *E.* Aṃdha(*Skt.* Andhra). 동해안의 뗄루구(Telugu)의 옛 이름인데, 고다바리(Godāvarī) 강과 끄리슈나(Kṛṣṇa) 강 사이에 위치하고, 끄리슈나 지방을 포함한다. 안드라의 수도는, 현장(玄奘)에 의하면, 태나갈책가국(馱那羯磔迦國: Dhanakaṭaka, Dhānyakaṭaka)이었다고 하는데, 초기의 안드라뿌라(Andhrapura)는 뗄라바하(Telavāha) 강변에 위치했다. 플리니우스(Plinius, Hist. Nat. VI. 22.67)는 안다라에(Andarae)라고 전하고, 강력한 종족으로, 많은 촌락과 도시가 있었고, 강대한 군사력을 거느렸다고 한다. 에라구디(Erraguḍi) 14장마애법칙, 같은 장소 및 라줄라 · 만다기리(Rājula-Maṇḍagiri)의 소마애법칙은 이 지방과 관계를 가지고 있다.

* **사신** *G. E.* dūta, *K. M.* duta. 마애법칙 제5장의 "법대관" 및 석주법칙 제1장의 "변경인에 대한 대관"의 항을 참조할 것.

* **사람들은 …… 계속해서 그렇게 할 것이다** Nikam과 Sircar 번역을 따랐음(호진).

* **만족** 塚本은 喜悅. *G.* pītirasa, *K.* pitilasa, *E.* pītilasa, *Sh.* pritirasa(*Skt.* prītirasa). prīti는 희열, 만족의 의미. 다른 3번역을 따랐다(호진).

* **그 결과가** Sircar 번역에만 있음(호진).

* **피정복자들에 대해** Sircar 번역에만 있음(호진).

* **그들의 모든 기쁨을** 塚本은 "이 모든 기쁨을"이라고 번역. Sircar(p. 44)와 Nikam(p. 28) 번역을 따랐음(호진).

* **법에 대한 기쁨** *E.* dhaṃmalati, *Sh.* dhraṃmarati, *M.* dhramarati. 그러나 *K.*는 uyyāmalati(*Skt.* vyāyāmarati, 노력에 대한 환희)로 되어 있다.

제14장 (1)

이 법칙은 천애희견왕의 명령으로 새겨졌다. 〔법칙들은〕 *매우 요약된 형으로, 중간 〔크기의〕 형으로, 상세한 형으로 되어 있다. 게다가, 모든 법칙들이 모든 장소에 *적합한 것은 아니다. 왜냐하면, *나의 영토는 광대하기 때문이다. 그래서 이미 많은 〔법칙들이〕 새겨졌지만, 나는 아직도 더 많이 새기게 할 것이다.

이 가운데 〔어떤 법칙들〕(2)은 그 주제(主題)의 매력 때문에, 그리고 백성들에게 〔법(法)을〕 실행하도록 하기 위해 *되풀이해서 새겨졌다.

그러나 이 가운데 어떤 〔법칙들은〕, 그 장소를 고려해서 또는 *〔축소해야 할 특별한〕 이유를 생각해서 또는 *명각자(銘刻者)의 잘못 때문에 불완전한 형태로 새겨졌다.

---

(1) *Sh. M. K. G. Dh. J. E.*에 있다.

(2) *G.*는 "이 〔법칙의〕 어떤 것"으로 되어 있다.

* **매우** 塚本과 Sircar는 "확실히"라고 번역하면서, 3가지 형식을 모두 수식하고 있다. Nikam 번역을 따랐음(호진).
* **적합한 것은 아니다** Bloch(p. 133)와 Sircar(p. 45)는 "모여 있지 않다"라고 번역(호진).
* **나의 영토** Bloch(p. 133)는 제국(帝國)이라고 번역(호진).
* **되풀이해서 새겨졌다** 塚本은 "述헤졌다"로 번역. Nikam 번역을 따랐음(호진).
* **축소해야 할 특별한** Sircar 번역을 따랐음(호진).
* **명각자의 잘못** *G.* lipikara, *K.* lipikala, *Sh.* dipikara. 법칙의 서기관, 즉 명각자를 말한다. 소마애법칙 제2장을 볼 것(塚本). 塚本은 "書記官의 不注意"라고 번역. 다른 3번역을 따랐음(호진).

II. 별각마애법칙(別刻磨崖法勅)

제1장 (1)

Dh.	*J.*
천애의 조칙(詔勅)으로, *또살리(Tosalī)의 *도시집의관(都市執義官)인 대관(大官, Mahamatra)들은 명령을 받아야 한다.	천애는 이와 같이 알린다. *사마빠(Samāpā)의 도시집의관인 대관들은 이와 같이 명령을 받아야 한다.

내가 〔옳다고〕 생각하는 일은 무엇이든지, 〔그것을〕 나는 행동으로 실행하고, 수단을 통해 성취하기를 바란다. 그런데 내가 이 일을 위해 가장 좋은 수단이라고 생각하는 것은 *경(卿)들에게 전하는 〔나의〕 훈령(訓令)이다. 왜냐하면 경들은 수천의 사람들을 〔나에게서〕 위임받

기르나르의 마애법칙
(브라흐미 문자,
Basham, 『인도고대문명』)

고 있기 때문이다.

우리는 사람들의 신뢰를 얻어야 한다. 모든 사람은 나의 자식들이다. 내가 왕자들을 위해서, 〔그들이〕 현세와 내세의 모든 이익과 행복을 얻기 바라는 것처럼, 역시, 나는 모든 사람을 위해서 같은 것을 바란다. *경들은 나의 이 소망을 완전히는 이해하지 못한다. 경들 가운데 몇 사람이 그것을 이해한다 해도, 그들조차 그것을 단지 부분적으로 이해할 뿐 완전히는 이해하지 못한다. 경들의 지위가 아무리 높다 해도 경들은 그것에 주의해야 한다.

〔사법(司法) 집행 과정에서,〕 투옥 또는 고문을 당하는 사람이 있다. *그리고 나서, 이유 없이 석방된다. 그러나 다른 많은 사람들은 계속해서 더욱 고통을 당한다.

〔사법 집행 과정에서,〕 한 사람이 투옥되어 고문을 당하는 일이 종종 있다. *그리고 나서, 그는 이유 없이 석방된다. 그러나 다른 많은 〔사람들의〕 집단은 고통을 당한다.

그와 같은 경우에는, 경(卿)들은 *그들 모두를 *공정하게 다루어야 한다. 그러나 사람은 질투 · 분노 · 잔혹 · 성급 · 고집 · *게으름 · 피로 때문에 공정하게 실행하지 못한다. 그러므로 경들은 *자신에게 이와 같은 성질이 생기지 않도록 원해야 한다. 그런데 *이 모든 것의 근본은, 분노를 없애고 성급함을 피하는 것이다.

*사법 집행 과정에서, *관리(官吏)가 피로하면, 일을 하기 위해

*사법 집행 과정에서, 피로한 사람은 *움직이거나 일어나지 않

일어나지 않는다. 그러나 그는 *〔직무를 수행하기 위해〕 움직이고, 걷고, 앞으로 나가야 한다. *경들 가운데 이것에 주의를 기울이는 사람은 누구나 다른 관리들에게 다음과 같이 말해야 한다: "*경들은 〔왕에게〕 진 빚(負債)의 상환을 생각하라. 천애의 *훈령(訓令)은 이와 같은 것이다"라고.

는다. 그러나 그는 사법 집행 과정에서, 움직이고, 행동하고, 앞으로 나가야 한다. 이것에 주의를 기울이는 사람은 경들에게 다음과 같이 말해야 한다: "경들은 〔왕에게〕 진 빚의 상환(償還)을 생각하라. 천애의 *훈령은 이와 같은 것이다"라고.

이것을 틀림없이 행하면 *〔경들에게〕 큰 결과가 생길 것이고, 틀림없이 행하지 않으면 큰 손해가 생길 것이다. 왜냐하면 이것을 충분히 행하지 않으면 하늘에 도달하지도 못할 것이고, *왕의 총애(恩愛)도 얻지 못할 것이기 때문이다. *이와 같이 극단적으로 생각하는 이유는 이 의무를 이행함으로써 두 가지 이익이 생기게 된다는 것이다. 왜냐하면 그것을 틀림없이 행함으로써 경들은 천상에 도달할 것이고, 나에 대한 *의무도 이행할 것이기 때문이다.[2]

*〔경들은 모두〕 *띠슈야(Tiṣya) 별자리(星座)[3]〔의 날마다〕 이 법칙(法勅)의 〔낭송(朗誦)을〕 들어야 한다. 또 티슈야 날 사이에도, 기회 있을 때마다 개인적으로라도 낭송을 들어야 한다. 만약 이와 같이 하면, 경들은 확실히 *〔경들의 의무를〕 이행할 수 있을 것이다.

이 법칙은 다음과 같은 목적을 위해 여기에 새겨졌다. 〔즉〕 도시집의관(都市執義官)인 대관(大官)[4]이 언제라도 *그들의 직무를 수행하는데 전념하도록 하기 위해, 또 사람들이 이유 없이 구금을 당하거나 이유 없이 고문을 당하는 일이 없도록 하기 위해서이다.

그래서 나는 이 목적을 위해, 성질이 난폭하지도, 포학하지도 않고, 소행(所行)이 온화한 대관(5)으로 하여금 5년마다 순찰을 떠나게 할 것이다. 이것은 *관리들이 나의 이 목적을 달성했는지, 그리고 그들이 나의 지시에 따라 행동하고 있는지 확인하도록 하기 위해서이다.

또 *웃자이니(Ujjayinī)에서, *태수왕자가 같은 목적을 위해, *동급(同級)의 관리들을 〔순찰을 위해〕 파견할 것이다. *그리고, 그는 3년 〔이상〕 경과하지 않게 할 것이다. 이와 마찬가지로, *딱샤쉴라(Takṣaśilā)에서도 역시 관리들이 파견될 것이다. 이 대관들이(6) …… 순찰을 떠날 때, 그들은 자신들의 임무를 소홀히 하지 않을 뿐 아니라, 역시 지방 관리들이 왕의 훈령을 실행하고 있는지 어떤지 확인할 것이다.

---

(1) *Dh. J.*에 있다.

(2) *J.*는 "나에 대한 빚을 갚고, 또 하늘에 도달할 것이다"로 되어 있다.

(3) *J.*는 "띠슈야의 날마다"로 되어 있다.

(4) *J.*는 "~인 대관"은 없다.

(5) *J.*는 "포학하지도 않고, 난폭하지도 않은 대관"으로 되어 있다. *Dh.*에는 "대관"이란 말은 없다.

(6) "이들 대관" 대신, *J.*는 "〔왕의〕 조칙(詔勅)의 전달자"로 되어 있다.

* **또살리** Tosalī. 아쇼까 제국의 동부주(東部州: 깔링가)의 주도(州都). 다울리(Dhauli)의 북동 5km, 부바네스와르(Bhuvaneswar)의 남동 2.5km 지점에 있는 쉬슈빠가르(Śiśupāgarh)의 유적으로 추정된다.
* **도시집의관** nagalaviyohālaka(*Skt.* nagaravyāvahāraka) 또는 nagalak〔a〕.(*Skt.* nāgaraka). 세나르(É. Senart)는 '도시의 행정관'의 의미로 해석하지만, 뷜러(Bühler)와 뤼더스(Lüders)는 '사법권을 가진 도시장관'으로 보았다. 이것은 『실리론』(1 · 12)의

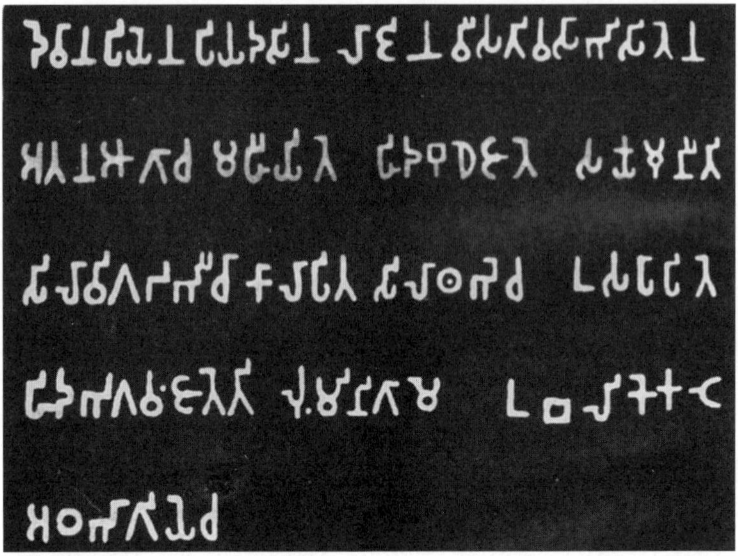

브라흐미 문자(룸비니, Sircar, 『아쇼까 비문』)

pauravyāvahārika와 같은데, 사법관의 권한을 장악하고 있다. Sircar는 "the judicial officers of the city." (호진).

* **사마빠** Samāpā. 아쇼까 제국 동부주의 한 지방 도시였다고 생각된다.
* **경들에게 전하는 나의 훈령** 塚本은 "경들에 대한 教誡"라고 번역. Sircar와 다른 두 번역(instructions)을 참조했음(호진).
* **경들은 나의 이 소망을 (……)** 계속되는 3문장은 塚本의 번역으로는 내용을 이해하기 어렵다: "그런데, 경(卿)들은 이 일을 가능한 한, 達成하지 않는다(この事が可能な限り, 達成していない). 어떤 1인의 有司가 그것을 달성한다 해도, 이것은 역시 일부분으로서 전부는 아니다. 경들은, 역시 충분히 供給된다 해도, 司法에서 감독하지 않으면 안 된다." 다른 3번역 가운데서 Nikam의 번역(p.58)이 가장 분명하기 때문에 그것을 따랐음(호진).
* **그리고 나서** 塚本은 "그 때"라고 번역. Bloch(p. 137)는 "ensuite(그리고 나서)" (호진).
* **그들 모두를** Sircar 번역에만 있음(호진).
* **공정하게** majjhaṃ. 여기에서는 판사(判事)의 공정한 판단과 처리를 규정한 것인데, 이것은 『실리론』에 근거하고 있다고 생각된다. 『실리론』(4 · 9 · 1)에 의하면 징세관(徵稅官) 및 형사관(刑事官)은 국가의 모든 기관의 장관이기도 하고, 동시에 하급장관을

임명하는 관리(官吏)도 감독해야 할 것을 규정하고 있다. 석주법칙 제4장에는, 사직관(司直官)을 설치하고, 그들에게 사법(司法)과 처벌에 공평을 잃지 않도록 강하게 요망하고 있다.

* **게으름** 塚本은 懈怠·怠惰. Sircar와 Bloch 번역을 따랐음(호진).
* **자신에게** 塚本은 "나에게"라고 번역(호진).
* **이 모든 것의 근본은** Nikam은 "이와 같은 노력에서 성공할 수 있는 관건(關鍵)은"이라고 번역하고 있다(호진).
* **사법 집행 과정에서** 사법(niti; *Skt.* nīti)이란 행위의 규범으로서, daṇḍa-nīti(刑의 適用, 司法)를 의미한다. 塚本은 "사법에서"라고 번역. Sircar 번역(p. 48)을 따랐음(호진).
* **관리가 피로하면…… 일어나지 않는다** 塚本은 "피로한 사람은 일어나서는 안 된다"라고 번역. Sircar 번역(p.48)을 따랐음(호진).
* **움직이거나 일어나지 않는다** 塚本은 "움직이거나 일어나서는 안 된다(動いたり起きたりしてはならない)"라고 번역. 이본(異本)인 Dhauli 비문의 내용을 따랐음(호진).
* **직무를 수행하기 위해** 塚本 번역에는 없음. Bloch(p. 138) 참조(호진).
* **경들 가운데 (……) 다른 관리들에게** 塚本은 "이것에 주의를 기울이는 사람은 경들에게……"라고 번역. Sircar(p. 48) 번역을 따랐음(호진).
* **경들은 왕에게 진 빚** Sircar와 Nikam은 "왕이 경들에게 부여한 임무"라고 번역(호진).
* **훈령** 塚本은 教誡라고 번역(호진).
* **경들에게** Sircar 번역에만 있음(호진).
* **왕의 총애도 얻지 못할 것이기 때문이다** 塚本은 "왕의 만족도 없기 때문이다"라고 번역. Sircar와 Nikam의 번역을 따랐음(호진).
* **이와 같이 극단적으로 생각하는 이유는 이 의무를 이행함으로써 두 가지 이익이 생기게 된다는 것이다** 塚本은 "실로 이 所作에는 두 가지가 있다. 어디에 내 마음의 만족이 있을까"라고 번역. 전후의 내용과 연결이 되지 않는다. Nikam의 번역(p. 59)을 따랐음(호진).
* **의무도 이행할 것이기 때문이다** 塚本은 "負債의 返還을 할 수 있을 것이다"라고 번역. 역시 Nikam의 번역(p. 59)을 따랐음(호진).
* **경들은 모두** Sircar 번역에만 있음(호진).
* **띠슈야** 별자리(星座) 이름. 천랑성(天狼星, Sirius). 28별자리 가운데서 제6 또는 제8자리. *Dh.* tissanakkhatta(*Skt.* kiṣya-nakṣatra, *J.* anutissa).
* **경들의 의무** 塚本은 "할 것(行なうこと)"이라 번역. Nikam과 Sircar 번역을 취했음(호진).

* **그들의 직무를 수행하는데** 塚本은 "그것에"라고 번역. Nikam 번역을 취했음(호진).
* **관리들이 나의 이 목적을 달성했는지(……)** 塚本은 "관리에게 이 목적을 알게 하고, 나의 교계에 따라 관리가 그와 같이 하고 있는지 어떤지를 확인하도록 하기 위해"라 번역. Sircar 번역을 따랐음(호진).
* **웃자이니** Ujjenī(*Skt.* Ujjayinī). 아쇼까 제국의 西部州(Mālava, Gujarāt, Kāṭhawār)의 주도(州都). 현재 우자니(Ujani). 이하 전체 문단은 Sircar와 Nikam의 번역을 취했음(호진).
* **태수왕자** kumāla(*Skt.* kumāra). 마우리야 왕조의 광대한 제국은, 막연히 주(州)라 부르는 국가의 연합이었는데, 주(州)의 통치자에 태수왕자(kumāra 또는 āryaputra)가 임명되었다. 훌취의 추정에 의하면, kumāra는 왕(王) 자신의 아들이고, āryaputra는 왕실의 다른 구성원이었다.
* **동급의 관리** 塚本은 "類似한 集團", Sircar와 Nikam은 각각 "officers of the same class", "the same kind of officials"이라고 번역(호진).
* **그리고, 그는 3년 이상 경과하지 않도록 한다** 塚本은 "또살리와 사마빠의 대관은 5년마다 전임(轉任)시켰지만, 웃자이니와 딱샤쉴라의 대관은 3년을 임기로 했다. 이것은 관리가 특정 지역에 장기간 머무르는 데서 생기기 쉬운 폐해를 방지하기 위해서이다"라고 註를 달았다. 그러나 이것은 "sans dépasser les troi ans(3년을 초과하지 않는다)"이라는 불어본(Bloch, p. 140)을 잘못 이해한 데서 온 오류인 것 같다. Sircar(p. 49)는 "(순찰을) 매년 보내겠다는 것, 순찰을 보내지 않고 3년이 경과하게 하지 않겠다"라고 이해했고, Nikam(p. 59)은 이것보다 더 명확하게," (대관들을) 최소한 3년마다 (한 번씩은) 순찰을 보내겠다(will send out the same kind of officials at least every 3 years)"라고 번역했다(호진).
* **딱샤쉴라** Takkasilā(*Skt.* Takṣaśilā). 아쇼까 제국의 북부주(Pañjāb, Sind, Indus, Kaśmir)의 주도 (州都). 현재의 Taxila에 해당한다.

제2장 (1)

Dh.	*J.*
천애의 조칙(詔勅)으로, 또살리의 태수왕자와 대관들은 명령을 받아야 한다.	천애는 이와 같이 알린다. 사마빠에 주재하는 왕의 조칙 전달자인 대관들은 명령을 받아야 한다.

나는 내가 〔좋다고〕 판단하는 것은 무엇이든지, 그것을 행동으로 실행하고, 수단을 통해 성취하기를 바란다. 그런데 이 일을 하기 위한 가장 좋은 수단이라고 내가 생각하는 것은 경(卿)들에게 전하는 나의 훈령이다.

모든 사람은 나의 자식이다. 나는 내 자신의 자식들을 위해서, 그들이 현세와 내세에 모든 이익과 행복을 갖기를 원하는 것처럼, 역시 모든 사람들을 위해서도 같은 것을 원한다. *미귀순(未歸順)의 변경인(邊境人)들에게는 "왕은 우리에게 무엇을 원할까"라는 의문이 생길 것이다. 변경인들에 대한 나의 유일한 소망은 다음과 같은 것이다. 〔즉〕 "천애는(2) 이와 같이 원하고 있다(3)." "그들(邊境人)이 나를 두려워하지 말고, 나를 신뢰하고, 나에게서 행복만을 얻고, 어떠한 괴로움도 당하지 않도록" 원하고 있다는 것을 그들에게 알리고, 역시 "*천애(4)는 자신이 *용서해 줄 수 있는 죄에 대해 그들을 용서해 줄 것"이라는 것, "그들이 법을 실천하도록", "그들이 현세와 내세의 〔이익과 행복을〕 얻도록" 바라고 있다는 것을 그들에게 알리는 것이다.

*나는 다음과 같은 목적을 위해 경들에게 훈령을 내린다. 〔즉〕 경들을 교시(敎示)하고, 나의 의지와 나의 확고한 결의와 서언(誓言)을 경들에게 알게 해서, 그것에 의해 *〔그들에게 지고 있는〕 나의 빚을

갚기 위해서이다. 그렇기 때문에, *경들은 〔자신들의〕 의무를 다해야 하고, 〔왕에 대한 그들의〕 신뢰를 확립해야 하고, 그것에 의해 그들에게, "천애[5]는 우리에게 아버지와 같다. 천애[6]는 자신을 사랑하는 것처럼 우리를 사랑한다. 우리는 천애의 자식과 같다"라고 알게 해야 한다.

따라서, 경들을 교시(教示)하고, *나의 의지와 확고한 결의와 서언을[7] 경들에게 알리면서, 이 목적을 달성하기 위해[8] 모든 [9] *지방에 관리들을 임명할 것이다. 왜냐하면 경들은 *변경인들이 나를 신뢰하게 하고, 현세와 내세에서 〔그들의〕 이익과 행복을 획득하도록 할 수 있을 것이기 때문이다. 이렇게 함으로써, *경들은 역시 천상에 도달할 수 있을 것이고, 또 *경들이 〔나에게〕 지고 있는 빚을 갚을 것이다.

이 법칙은 다음과 같은 목적을 위해 여기에 새겨졌다: 즉 이들 변경인으로 하여금 나를 신뢰하게 하고, 법을 실행하게 하는데, 대관들이 언제나 전념하도록 하기 위해서이다. 또 각 *4개월 계절(Chaturmasi)의 띠슈야 별자리 날에 이 법칙의 낭송(朗誦)을 들어야 한다. 역시 띠슈야 〔날들〕 사이에도 기회 있을 때마다, 개인적으로라도 들어야 한다. 이와 같이 하면 경들은 틀림없이 *〔임무를〕 달성할 수 있을 것이다.

---

(1) *Dh. J.*에 있다.

(2) *J.*에는 "왕"으로 되어 있다.

(3) *Dh.*에는 "이와 같이 원하고 있다"라는 말은 없다.

(4) *J.*에는 "왕"으로 되어 있다.

(5) *J.*에는 "왕"으로 되어 있다.

(6) *J.*에는 "왕"으로 되어 있다.

(7) *Dh.*에는 "나의 不動의 결의와 誓言"이라는 말은 없다.

(8) *J.*에는 "이 일에"로 되어 있다.

(9) *Dh.*에는 "모든"이라는 말은 없다.

* **미귀순의 변경인** Nikam과 Sircar는 " 나의 영토 국경 건너편에 있는 未征服 지역의 사람들"이라고 번역(호진).
* **천애는 자신이** 塚本의 번역에는 "천애는 나에 의해서(天愛は私によって)"라고 되어 있음(호진).
* **용서해 줄 수 있는 죄에 대해 그들을 용서해 줄 것** 塚本은 "容認할 수 있는 것을 그들에게 용인할 것이다"라고 번역. Nikam과 Sircar의 번역을 따랐음(호진).
* **나는 다음과 같은 목적을 위해…… 빚을 갚기 위해서이다** 塚本은 "나는 다음의 목적을 위해, 즉 내가 경들을 教誡하고, 나의 不動의 결의와 誓願인 意思를 경들에게 알게 해서, 그것에 의해서 그들에 대한 負債의 返還을 달성할 것을 경들에게 교계할 것이다"라고 번역. Nikam(pp. 51-52)의 번역을 따랐음. Sircar(pp. 46-47)의 번역도 동일한 내용이다(호진).
* **그들에게 지고 있는 나의 빚** Sircar(p. 46)는 "나의 영토 변경에 살고 있는 백성들에게 내가 지고 있는 빚"이라고 번역(호진).
* **경들은 자신들의 의무를 다해야 하고, 왕에 대한 그들의 신뢰를 확립해야 하고** 塚本은 "경들은 이렇게 해서, 해야 할 일(義務)을 다하고 신뢰하도록 해서"라고 번역. Nikam 번역을 따랐음(호진).
* **나의 의지** 塚本 번역에는 없음. Nikam과 Sircar의 p. 52와 p. 46(호진).
* **지방에 관리들을 임명하다** *Dh.* desāvuttika, *J.* desāyuttika(*Skt.* deśa +āyuktaka).
* **변경인들이 나를** 塚本은 "그들이 나를"이라고 번역. Nikam과 Sircar의 번역을 따랐음(호진).
* **경들은 역시 천상에 도달할 수 있을 것이고** Bloch는 "경들은 그들(변경인)을 하늘에 도달하게 할 것이고"라고 번역(호진).
* **경들이 나에게 지고 있는 빚을 갚을 것이다** Nikam은 "경들은 나를 도와 백성들에게 진 나의 빚을 갚게 해 줄 것이다"라고 번역(호진).
* **4개월 계절** cātuṃmāsa(*Skt.* cātumāsya). 1년을 4개월씩의 3계절, 즉 더운 계절(熱暑季), 비오는 계절(雨季), 추운 계절(冷季)로 구분한다.
* **임무를** Sircar 번역을 따랐음. Nikam은 "명령"이라고 번역(호진).

III. 소마애법칙(小磨崖法勅)

제1장 (1)

Br. Sid. Jat.

*수바르나기리(Suvarṇagiri)에서, *태수왕자와 모든 대관들의 이름으로 *이실라(Isila)에 있는 모든 대관들에게 건강하기를 기원하고, 그들에게 이와 같이 말해야 한다.

Guj. Mas.

천애는 이와 같이(2) 알린다(3).

천애희견(4) 아쇼까의 〔법칙〕.

약 2년 반 동안, 나는 *우바새(優婆塞, upāsaka)였다(5). 그러나 나는 〔*처음〕 1년 동안(6)은 〔법을 위해〕 열심히(7) 정근(精勤)하지 않았다(8). 그러나 〔다음〕 약 1년 동안은, 나는 *승가(僧伽)에 가서 열심히 정근했다. *이전에는,

Rup. Mas.

*염부제(閻浮提)에서 *신들(諸天)과 교제하는 일이 없었던 사람들이(9), 지금은 신들과 교제하게 되었다. 왜냐하면, 이것은 정근을 한 결과이기 때문이다. 실로, 이

염부제에서 사람들과 교제하는 일이 없었던 신들이 지금은 사람들과 교제하게 되었다.

것은 *상급계층 사람만이 달성할 수 있는 것은 아니다.

그러나 하급 〔계층〕 사람들이라도[10], 정근[11]하면, *광대한 하늘의 〔결과에〕 도달할 수 있다.

이 칙령(勅令)은 다음과 같은 목적을 위해, 즉 하급 계층의 사람들도, 상급 계층의 사람들도 정근하도록 하기 위해서, 또 *인방인(隣邦人)들에게도 이것을 알리기 위해서, 그리고 이 정근을 영속(永續)시키기 위해서 발포되었다.[12] 왜냐하면 이 일은 증진하고, 더욱 많

Guj.

하급 〔계층〕 사람들도, 역시 법을 실행하고, 동물에 대해서 〔살해를〕 억제하면, 광대한 천상의 〔결과〕에 도달할 수 있다.

이 칙령은 다음과 같은 목적을 위해서, 즉 하급 〔계층의〕 사람들도, 상급 〔계층의 사람들〕도 법을 실행하도록 하기 위해서, 신들과 *관계를 맺도록 하기 위해서, 또 인방인들에게도 〔이것을〕 알리기 위해서, 또 법을 영속하도록 하기 위해서 〔발포했다.〕 …… 법을 널리 실행

Mas.

이 일은 하급 〔계층〕 사람들도, 법에 전념하면 도달할 수 있다. 〔그러므로〕 이와 같이 생각해서는 안 된다. "상급 계층 사람들만이, 이것에 도달할 수 있다"라고.

하급 〔계층〕 사람들도 상급 〔계층〕 사람들도 〔다음과 같이〕 말해야 한다.

"만약 이와 같이 하면, 이것은 번영하고 영속할 것이다. 이렇

이 증진해서, 적어도 한 배 반까지 증진할 것이기 때문이다.

하면 ……〔증진할〕 것이다.

게 해서, 그것은 한 배 반으로 증진할 것이다"라고.

Rūp. Sah.

이 일은, 되풀이해서(13), 바위에 새기게 해야 한다. 또 여기에서, 또 석주가 있는 곳은 어디에서나, 그 석주에 새기도록 해야 한다(14).

그리고 이 〔칙령〕 문(文)에 따라, 경(卿)들이 〔관할하는〕 *지방의 어디에서도, 가능한 한 멀리 〔관리들을〕 파견해야 한다.

Rūp. Sah.

이 칙령은 *순례 여행 중에 〔내가〕 발포했다. 여행하는 데 *256일이 지나갔다.

Br. Sid. Erra. Guj.

이 칙령은 256일을 여행으로 보낸 〔내가〕 발포했다.

Ahu.

이 칙령은 256일을 여행으로 보낸 〔내가 발포했다〕. *나는 그 동안에 붓다의 사리(舍利)를 얻었다.

---

(1) *Rup. Guj. Sah. Bai Del. Ahr. Mas. Gav. Pāl. Br. Sid. Jat. Erra. Rāj.*에 있다. 세부에 있어서는 차이가 많다. 내용이 공통된 비문과 특별히 다른 것을 함께 기록했다.

(2) *Gav. Br.*은 "이와 같이"라는 말은 없다.

깔시의 마애표석 코끼리(Sircar, 『야쇼까 비문』)

(3) *Br.*은 "명령하다"로 되어 있다.

(4) *Mas.*는 "희견"이라는 말이 없다.

(5) *Rūp.*는 "붓다 샤꺄의 신도"로, *Mas.*는 "샤꺄의 신도"로 되어 있다.

(6) *Br. Sid.*만이 "1년 동안"이라는 말이 없다.

(7) *Erra.*는 "열심히"라는 말이 없다.

(8) *Guj.*는 "1년 동안 …… 일은 없었다"라는 말이 없다.

(9) *Guj.*는 "천애의 인민"으로 되어 있다.

(10) *Br. Sid.*는 "실제로"라는 말을 덧붙였다.

(11) *Mas.*는 "법의 전념"으로 되어 있다.

(12) *Br. Sid. Erra. Raj.*는 "설시(說示)되었다"로 되어 있다.

(13) *Rūp.*만 "되풀이해서"로 되어 있다.

(14) *Sah.*는 "이 일은 ……새기게 해야 한다"를 끝부분에 덧붙였다.

* **수바르나기리(Suvarṇagiri)** Suvamṇagiri(*Skt.* Suvarṇagiri). 아쇼까 제국의 남부주(Narmadā강 이남)의 수도. 마스끼(Maski)의 남쪽, 비자야나가라(Vijayanagara) 북쪽의 까나까기리(Kanakagiri)로 추정된다.
* **태수왕자** ayyaputta(*Skt.* āryaputra).
* **이실라(Isila)** 싯다뿌라(Siddāpura)의 고대 이름으로 추정된다.
* **우바새** *Mas.* budhaśaka, *Rūp.* śaka(*Skt.* buddhaśākya). 샤꺄무니(śākyamuni, 샤꺄족

출신의 성자), 즉 붓다의 가르침을 신봉하는 사람들.

* **처음 1년 동안은 법을 위해** 塚本 번역에는 "처음"과 "법을 위해"라는 말은 없다. Sircar 번역(p. 25)을 따랐음(호진).

* **승가에 가서** *Gav.* saṃghe upeti, *Rūp.* saṃghe upete, *Bai.* saṃghe upayāte, *Br.* saṃghe upayīte, *Mas.* saṃgha upagate. 승가라는 말은 고대 인도에서 공화제 국가를 의미했지만, 붓다 시대 이후 특히 불교교단을 가리킬 때 사용되었다. 아쇼까왕 비문은 하나의 예이다. upeti, upete, upayāte〈upa- ✓i (가까이 가다, 향하여 가다, 〔어떤 상태에〕 들어가다); upagate〈upa-✓ gam (접근하다, 가다, 방문하다). 아쇼까왕이 "승가에 갔다"는 것은, 그가 우바새 상태로 있었다는 것인지 또는 비구가 되었다는 것을 의미하는 것인지 불분명하다. 『대품(大品)』(3, 7, 8)에서 규정하고 있는 bhikkhu-gatika와 같이, 우바새 상태로 비구와 동일한 정사(精舍)에 살았던 것이라고 보는 설도 있다(宇井伯壽 『印度哲學硏究』 4, 314頁). 또 빨리어 불전(佛典)에 따르면, saṅgha-gata(*MN.* i. 469)는 "승가에 들어가다, 승가에 가담하다"라는 의미로 사용된다.

* **이전에는** 塚本은 "그 기간에"라고 번역. Nikam 번역을 따랐음(호진).

* **염부제** *Gav. Rūp. Sah.* Jaṃbudīpa, *Bai.* Jaṃbudipa(*Skt.* Jambudvīpa). jambu 나무(樹)의 섬(島). 일반적으로 인도를 가리키는 명칭으로 사용되었다.

* **신들(諸天)과 교제하다** *Br. Sid.* missā devehi, *Erra.* devehi missibhūtā. 14장마애법칙 제4장을 가리킨다고 생각된다.

* **상급 계층** *Gav. Rūp. Sah. Bai.* mahatta, *Erra.* mahatpa(*Skt.* manātman). "고귀한"을 의미한다.

* **광대한 하늘의 결과에 도달하다** 의미가 분명하지 않다. Sircar와 Bloch는 "큰 하늘(또는 하늘)에 도달하다"라고 번역(호진).

* **인방인** Sircar는 "내 영토의 국경 바깥에 있는 지역에 살고 있는 사람"이라고 번역(호진).

* **관계를 맺게 하다** *Guj.* 〔yo〕gaṃ yuṃjaṃtū.

* **지방** *Rūp.* ahāla(*Skt.* āhāra). 아쇼까 제국의 주(州)는, 다시 지방 및 마을(村)로 구분되어 통치되었다. 이 법칙에 의하면, 이실라(Isila) 지방의 지방관리는 수바르나기리(Suvarṇagiri)의 부왕(副王)의 감독 아래 있었던 것 같다. 왕의 명령은 이실라의 지방관리에게 직접 전해졌던 것은 아니고, 수바르나기리의 관리를 거쳐서 전달되었다.

* **순례 여행 중에** *Sah.* vivuttha, *Sid.* vyūtha, *Erra.* vyuttha(*Skt.* vyuṣita〈vi-✓vas). "부재중의, 시간을 보내다", 즉 자기의 거주지를 떠나 사는 것.

* **256일** *Sah.* duve sapaṃnā lāttisa(256 밤). 256의 숫자가 무엇을 의미하는지에 대해서

는 여러 가지 학설이 제시되었다. 예를 들면 불멸 후부터 이 법칙이 발포될 때까지의 연수를 의미하는 것이라는 설도 있었지만, 이 설은 오래 가지 못했다. 14장마애법칙의 제8장에는 아쇼까왕이 법의 순례를 떠난 것을 기록하고 있는데, *Sah.*가 lātti(*Skt.* rātrī 밤)로 기록하고 있으므로, 256번의 밤, 즉 256일이 법의 순례를 위해 소비되었다고 추정하는 것이 적당할 것이다.

* **나는 그 동안에 붓다의 사리를 얻었다.** *Ahu.* aṃ maṃ ca budhasa salīle āloḍhe. 카스가이신야(春日井眞也)는 「Ahraurā 詔勅刻文について」(『印學度佛教學研究』 23, 1)에서, "이 법칙은 붓다의 사리를 입수(入手)한 해(年)인 256년에 짐(朕)이 발포(發布)한 것이다"라고 번역해서, 256을 불멸 후의 연수(年數)로 간주하는 학설을 부활시켰다. 그러나 관계대명사 aṃ = yaṃ은 선행하는 시간을 나타내는 숫자의 '기간'을 가리킨다고 생각한다. 예를 들면 이 법칙에서, *Gav.* sātirekāṇi aḍḍhatiyāṇī vassāṇi yaṃ sumi upāsake ("약 2년 반 동안 나는 우바새였다" 또는 "내가 우바새가 된 이래, 약 2년 반이 지났다"), *Gav.* saṃvacchare sātireke yaṃ me saṃghe upeti ("약 1년 동안 나는 승가에 가서 ……" 또는 "내가 승가에 가서 …… 이래, 약 1년이 지났다")라고 되어 있으므로, 아쇼까왕의 256일에 이르는 법의 순례 중에 붓다의 사리가 입수되었다고 생각할 수 있다. 『아쇼까 아바다나』(*Divyādāna*, ed. by Vaidya, pp. 240-260) 에 의하면, 왕은 붓다가 입멸한 후에 건립된 8탑 중의 7탑을 열어, 붓다의 사리(佛舍利)를 다시 분배해서, 전 인도에 8만 4천 탑을 건립했다.

붓다의 사리용기(삐쁘라흐와 출토, NHK, 붓다, ① 불교 탄생)

제2장 (1)

Br. Sid. Jat.

거듭, 천애는 다음과 같이 알린다.

부모에게 순종해야 한다. 마찬가지로 스승에게도 〔순종해야〕 한다. 동물에 대해서는 견고한 〔연민의 마음을〕 가져야 한다. 진실을 말해야 한다. 이 법(Dharma)의 공덕을 실천해야 한다.

Erra. Rāj.

천애는 이와 같이 알린다.

〔경들은〕 천애가 도처에서 말했던 것과 같이 해야 한다. 〔경들은〕 사직관(司直官, Rajjuka)들에게 지시해야 한다. 그리고 이번에는 사직관들이 *랏티까(Raṭṭhīka)라고 하는 지방장관들뿐 아니라 그 지방 백성들에게도 다음과 같이 지시해야 한다. "부모에게 순종해야 한다. 마찬가지로 스승에게 순종해야 한다. 동물들을 불쌍히 여겨야 한다. 진실을 말해야 한다. 이 법의 공덕은 보급되어야 한다"라고.

천애의 이름으로, 경들은 이와 같이 지시해야 한다. 경들은 코끼리 타는 사람(象乘者) · *지방장관 · 수레 부리는 사람(車御者) · 바라문들에게 이와 같이 *지시해야 한다. 경들은 제자들로 하여금 *오래된 법칙(法則)과 마찬가지로, 실천하게 해야 한다. 이것을 이와 같이, 제자는 *스승을 존경해야 한다. 또 친족들에게 *합당한 예의를 갖추어 행동해야 한다. 이것은 오래된 법칙(法則)이고, *이 원칙은 오래 계속되고 있다. 마찬가지로, …… 제자에 대해서, *스승은 …… 합당한 예의를 갖추어 행동해야 한다. 천애의 법은 이와 같다(2). *사람들은 그것에 따라 행동해야 한다.

*서기관 짜빠다(Capaḍa)가 새겼다.

*따라야 한다. 스승에 대한 나의 모든 존경은, 틀림없이 행한 스승에게 속한다. 친족은 친족에게 적당히 보급해야 한다. 또 그것은 제자들에게, 옛날부터 내려오는 법칙과 같이, 적당히 – 병(病)이 생기지 않을 정도로 – 보급하게 해야 한다. 경들은 (경들의) 제자들에게 이와 같이 지시해서, 실천하게 해야 한다. 천애는 이와 같이 지시한다.

---

(1) *Br. Sid. Jat.* 및 *Erra. Rāj.*에 있다. 내용은 2가지로 구분할 수 있기 때문에 대비(對比)했다.

(2) *Sid. Jat.*에서만 "마찬가지로 …… 이와 같다"를 덧붙이고 있다.

* **랏티까라고 하는 지방장관들뿐 아니라 (……) 지시해야 한다.** 塚本은 "랏티까(Raṭṭhīka; *Skt.* Rāṣṭrika)"를 Sircar와는 달리 "지방장관"이 아니고 "남인도의 "랏티까인"으로 보았다. 마애법칙 제5장을 참조하라고 했다. 그는 이 문장을 "그는 북(鼓)으로써, 지방의 인민과 랏티까인에게 지시할 것이다"라고 번역(Bloch는 '북소리'). 이것은 문맥상으로 보아 뜻밖이다. Sircar의 번역을 따랐음(호진).
* **지방장관** kāraṇaka. 사법관 · 교사 · 서기관의 관장 사항에 관계를 가졌던 것 같다(塚本). Sircar의 번역에는 "scribe(필기사, 서기관)"라고 되어 있다(호진).
* **지시해야 한다** Bloch는 이 비문을 dāni hi yathā라고 읽고, 나카무라 하지메(中村元)는 dāni hiyathā(지금은 …… 있게 하라)로 읽었지만, Sircar의 해석에 따라 ānapayātha(지시해야 한다)를 취했다.

* **오래된 법칙** porānā pakiti. 예로부터 인도사회에서, 사람들이 이행해야 할 것으로 규정된 생활의 "軌範 · 原理"를 의미한다. Sircar(p. 29)는 이 구절을, "경들은 제자들을 옛 관례대로 가르쳐야 한다"라고 번역(호진).
* **스승** 塚本은 軌範師. apacāyana y. vā ācariyassa savvā me …… yasa yuthācarin. ācariyassa. 이 비문을 서카(Sircar)는 apacāyana ya〔sa〕 sa hevameva. yathā vā puna ācariyasa로 읽고, 나카무라 하지메는 apacāyanā ya vā ācariṃ sa va meyasa yathācarina ācariyasa(실로 내가 행하는 尊敬은, 바르게 행하는 나의 스승에게 속하는 것이다)로 읽지만, 여기서는 블로흐의 번역을 따랐다. 궤범사(*Skt.* ācārya)는 "아사리(阿闍梨)"라고도 번역되는데, 오래된 법칙(法則)에 정통한 사람이다.
* **합당한 예의를 갖추어 행동해야 한다** Nikam(p. 41)의 번역을 따랐음. 塚本은 "역시, 친족들에게 이것을 적당히 보급하게 해야 한다"라고 번역(호진).
* **이 원칙은 오래 계속되고 있다** Sircar(p. 28)의 번역을 따랐음(the principle is longstanding). 塚本은 "이것은 역시 長壽로 引導하는 것이다"라고 번역. 아마도 Bloch(p. 151)의 "un principe qui fait vivre longtemps(오랫동안 존속하게 하는 원칙)"를 잘못 이해한 것 같다(호진).
* **스승은 …… 합당한 예의를 갖추어 행동해야 한다** Nikam(p. 41)과 Sircar 번역본에는 이 구절은 없음. 塚本의 번역에는 "스승은 …… 적당이 보급시켜야 한다"라고 되어 있다(호진).
* **사람들은 그것에 따라 행동해야 한다** Nikam(p. 40)과 Sircar(p. 28)의 번역을 따랐음. 塚本은 "그것은 이와 같이 되어야 한다"라고 번역(호진).
* **서기관** lipikara. 법칙의 명각자(銘刻者) 짜빠다(Capaḍa)의 이름이 기록되어 있다. 이 명각의 기록만 카로슈티 문자로 되어 있다. 이것은 서기관이 서북인도 출신이었다는 것을 추정할 수 있게 한다.
* **따라야 한다** sussusitaviya. "들어야 한다(聽聞, 注意)"라고도 번역할 수 있다.

제3장 (1)

마가다의 희견왕은 승가에 인사를 드리면서, *병 없이 안온(安穩)하게 살고 계시기를 빕니다.

대덕(大德)들이여, 모든 스승들께서는 *불 · 법 · 승에 대한 나의 존경과 신앙이 얼마나 〔큰지〕 알고 계십니다. 대덕들이여, 세존 · 붓다가 설하신 것은 모두 잘 설해(善說)지고 있습니다. 그러나 대덕들이여, "이렇게 해서 *정법(正法)은 영속할 것이다"라 생각하고, 다음 것을 감히 말씀드립니다. 대덕들이여, 이들 *법문(法門)은,

*비나야(Vinaya)의 가장 우수한(最勝) 가르침

*성스러운 계보(系譜 또는 聖住)

*미래의 포외(怖畏)

*성자(聖者)의 게(偈)

델리 · 또쁘라 석주의 법칙

*적묵행(寂默行)의 경(經)

*우빠띳사(Uapatissa)의 물음

망어(妄語)에 관해, 세존 · 붓다가 *라훌라(Rāhula)에게 설한 훈계(訓戒)

입니다.

대덕들이여, 나는 많은 비구와 비구니들이 이 법문들을 듣고 그것을 생각하시기를 바랍니다. 우바새나 우바이도 역시 이와 같이 〔하기를〕 바랍니다.

대덕들이여, 나는 이 때문에, 〔즉〕 나의 소원을 알리기 위해서, 이 것을 새기게 합니다.

---

(1) 캘커타-바이라뜨법칙, 바이라뜨 제2법칙 또는 바브라(Bhabrā)법칙이라 한다.

* **병 없이 안온하게 살고 계시기를 빕니다** āha appābādhattaṃ ca phāsuvihālattaṃ ca.
  이것은 초기경전에서 붓다께 인사를 드릴 때 사용하는 정형구(定形句)이다. 예를 들면, Mahāparinibbāna Suttanta(*DN.* xvi, 1. 2.): appābādhaṃ appātaṅkaṃ lahuṭṭ-hānaṃ balaṃ phāsuvihāraṃ puccha(병 없이, 고통에서 벗어나, 경쾌(輕快)하고 편안하게, 힘차고 안온(安穩)하게 살아가시는지 묻습니다).
* **불 · 법 · 승** budha(*Skt.* buddha), dhaṃmma(*Skt.* dharma), saṃgha. 붓다(佛)와 다르마(法)와 상가(僧)의 3보(寶)에 귀의하는 것은 입단(入團)의 필요조건으로 되어 있다.
* **정법(正法)** saddhaṃmma(*Skt.* saddharma). 바른 가르침, 진실한 가르침.
* **법문(法門)** dhaṃmmapaliyāya(*Skt.* dharamaparyāya). 진리의 가르침, 교설(敎說), 진리에 이르는 문(門)을 의미한다. 초기경전 형성기에 법(法)이 분류되어 9분교(分敎)의 경(經)이 성립하는 과도기의 형태를 나타낸다. 이 법칙에 나오는 7종의 법문은 아쇼까왕 시대의 성전 형태를 추정하는 중요한 자료가 된다.
* **비나야의 가장 우수한 가르침** Vinaya-samukkasse.
  이 경 이름의 추정에 대해서는 이설(異說)이 가장 많다. 먼저,

Vinaya Piṭaka, *Mahāvagga*, I. 7. 6; 8. 2; *Udāna*, V. 3.

라고 추정하는 설(說)로서, 이 설을 지지하는 학자에 에드문드(A. J. Edmunds), 윈테르니츠(M. Winternitz), 밧따차리야(V. Bhattacharya) 및 우이 하쿠주(宇井伯壽), 가나쿠라 엔쇼(金倉圓照), 나카무라 하지메(中村元), 히라카와 아키라(平川彰) 등이 있다. 이 설은, 위의 오래된 성전(古聖典)에 sāmukhaṃsikā dhammadesanā, 즉 '최승의 설법(最勝說法)' 이라는 말이 자주 나오는데, 이것을 붓다의 최초 설법인 4제설(四諦說)이라고 추정하는 것에 근거한다. 또 마에다 에가쿠(前田惠學)는, 『불본행집경(佛本行集經)』 권60(大正 3 · 939)에서, 부파에 따라 Mahāvagga의 불전(佛典)을 다르게 일컫고 있다는 점을 지적하고, 니사새사(尼沙塞師, Mahīśāsaka, 化地部)가 "비니장근본(毘尼藏根本)" 이라고 일컫는 것에서, "Vinaya-samukkasse"와 관련이 있을 것이라고 추정하고 있다. 다음으로,

Sutta-nipāta, IV. 14의 *Tuvaṭaka-sutta*, vv. 915-934 (pp. 179-182)

라고 추정하는 학자에 반다르까르(D. R. Bhandarkar)가 있다. 또,

Dīgha Nikāya, no. 31의 *Siṅgālovāda Suttanta*(iii, pp. 180-194)

라고 추정하는 것에 바루아(B. M. Barua)의 설이 있다. 그의 주장에 의하면, 이 경(經)이 재가신자에게 적용해야 하는 ariyassa vinaya(聖者의 律), 즉 붓다고사(Buddhaghosa)가 말하는 gihi-vinaya(在家의 律)를 취급하고 있는 것에서, 이것을 'Vinaya-samukasa' 라고 추정하는 것이다. 뿐만 아니라,

Majjihima Nikāya, no. 113의 *Sappurisa-sutta*(iii, pp. 37-45)

라고 추정하는 학자에 미뜨라(S. N. Mitra)가 있다. 이 경에서 "vinaya-dhāra(持律者), attān ukkaṃseti(스스로를 자랑한다) = sāmukkaṃsa" 라는 말을 사용하고 있는 것을 그 논거(論據)로 하고 있다.

* **성스러운 계보** Aliya-vasāṇi.

이 경(經) 이름은 "vasāṇi"를 vaṃsa(系譜)로 보는가 또는 vāsā(住)로 보는가에 따라, 추정되는 성전(聖典)은 다르게 된다. 먼저,

Aliya-vaṃsā(성스러운 계보) : *Aṅguttara Nikāya*, 4. 28 (ii, p. 27)

로 추정하는 학자에, 꼬삼비(D. D. Kosambi), 란만(Lanman), 홀춰, 반다르까르(D. R. Bhandarkar), 스미스(V. A. Smith), 우이(宇井), 나카무라(中村)가 있다. 이들이 주장하는 설은 vasa를 vaṃsa의 불완전한 철자라고 보는 것에 근거한다. 다음으로,

Aliya-vāsā(聖住) : *Dīgha Nikāya*, no. 33의 *Saṅgīti Suttanta*(iii, p. 269); no. 34의 *Dasuttara Suttanta*(iii, p. 291); *Aṅguttara Nikāya*, X. 19(v, p. 29)

로 추정하는 학자에, 윈테르니츠, 리스 데이비즈(T. W. Rhys Davids), 무께르지(F. J.

Mookerji), 가나쿠라 엔쇼가 있다. 위에 열거한 3경(經)에 dasa ariya-vāsā(十聖住)를 설하고 있는 것을 논거로 삼고 있다.

* **미래의 포외** Anāgata-bhāyāni.

이 경 이름은, *Aṅguttara Nikāya*, V. 77-80 (iii, pp. 100-110)으로 추정된다. 미래에 맞이해야 하는 노(老)와 사(死) 등에 대한 포외(怖畏: 무섭고 두려움)를 보고 방일(放逸)하지 말고 정진해야 할 것을 설하기 때문이다.

* **성자의 게** Muni-gāthā.

이 경 이름은 *Sutta-nipāta*, I. 12의 *Muni-sutta*, vv. 207-221 (pp. 35-38)로 추정된다.

* **적묵행의 경** Moneya-sūtte.

이 경 이름의 추정에는 2가지 설이 있다. 먼저,

Sutta-nipāta, III. 11의 *Nālaka-sutta*, vv. 679-723 (pp. 131-139)

로 추정하는 것에, 무께르지, 반다르까르, 스미스, 우이, 나까무라, 히라카와, 마에다의 설(說)이 있다. 이 설은 위의 성전이 날라까(Nālaka) 비구에게 적묵행(寂默行)을 설하고 있는 것을 논거로 삼는다. 다음으로,

Itivuttaka 67 (p. 56); *Aṅguttara Nikāya*, III, 120 (i, p. 273)

로 추정하는 것에, 윈테르니츠, 가나쿠라(金倉), 나카무라(中村)의 설이 있다. 위의 성전이 moneyyāni라는 말을 사용하고 있는 것에 근거를 두고 있다.

* **우빠띳사의 물음** Upatissa-pasine.

이 경 이름을 추정하는 데는 3가지 설이 있다. 먼저,

Sutta-nipāta, IV. 16의 *Sāriputta-sutta*, vv. 955-975(pp. 185-189)

로 추정하는 학자에, 윈테르니츠, 무께르지, 스미스, 그리고 우이, 가나쿠라, 나카무라, 히라카와가 있다. 우빠띳사(Upatissa)는 사리뿟따(Sāriputta)의 이름인데, 붓다고사가 위의 성전을 'Therapañha-sutta' (上座問經)로 이름지은 것이 추정의 논거가 되었다. 다음으로,

Majjhima Nikāya, no. 24의 *Rathavinīta-sutta*(i, pp. 146-151)

로 추정하는 학자에, 반다르까르, 히라카와, 마에다가 있다. 위의 경전에서 사리뿟따가 질문하고, 뿐나 만따니뿟따(Puṇṇa Mantāṇiputta)는 그가 사리뿟따라는 것을 모른 채, 대답한다. 문답이 끝난 뒤 만따니뿟따가 그의 이름을 물으니, 사리뿟따는 '우빠띳사' 라고 답한다. 이것이 추정의 논거가 되고 있다.

다음으로,

Vinaya Piṭaka, *Mahāvagga*, I. 23, 1-5 (i, pp. 39-40)

라고 추정하는 학자에 리스 데이비즈가 있다. 위의 성전이 사리뿟따와 목갈라나

(Moggallāna)의 개종 이야기를 하고 있는 것을 근거로 삼는다.

* **라훌라에게 설한 훈계** Lāghulovāde.

Lāghula = *Pāli*, *Skt.* Rāhula; ovāde = *Pāli* ovādo, *Skt.* ava-vāda로 보는 것에 따라, 위의 경 이름은

Majjhima Nikāya, no. 61의 *Ambalaṭṭhikā-Rāhulovāda-sutta*(i, pp. 414-420)

Majjhima Nikāya, no. 62의 *Mahā-Rāhulovada-sutta*(i, pp. 420-426)

로 추정된다.

제4장 (1)

(그리스어(Greek) 비문)

〔즉위〕 10년이 찼을 때, 희견왕은 사람들에게 *신앙심을 보여 주었다.

그리고, 그 이래 그는 사람들을 법(法, Dharma)에 전념하게 했다. 그래서 모든 사람들은 전 지상(地上)에서 이익과 행복을 얻었다.

또, 왕은 생물〔의 살해〕를 삼가(愼)했고, *왕의 사냥꾼과 어부들을 포함한 다른 사람들은 사냥을 그만두었다.

역시, *절제(節制)를 할 수 없었던 사람들은 그들의 힘이 미치는 한 절제를 하게 되었다.

또 그들은 부모와 장로들에게, *이전의 경우와는 반대로, 순종하게 되었다.

게다가, 현세와 내세에, 그들은

(아람어(Aramaean) 비문)

〔즉위〕 *10년이 지난 뒤(?), 우리의 군주 희견왕은 법(Dharma)의 *제정자(制定者)가 되었다.

그때부터 모든 사람들 사이에 *악(惡)은 감소되었고, 또 모든 불행(?)을 그는 소멸시켰다. 그래서 전 지상에 평화와 기쁨이 있게 되었다.

또한 음식물에 관해서 이런 일이 있었다. 〔즉〕 우리의 군주인 왕을 위해, 적은 수의 〔동물만〕 도살(屠殺)되었다. 이것을 보고 모든 사람들은 동물의 도살을 그만두었다. 어부들조차도(?) 〔도살의〕 금지를 따르게 되었다.

마찬가지로, 자제력(自制力)이 없었던 사람들은 자제력을 가지게 되었다. 또 *신분에 맞추어 각자에게 맡겨진 의무에 따라, 그들의 부모와 장로들에게 순종하게 되었다.

대체로 법에 전념하는 사람들

그리스어(上)와 아람어(下) 비문

모든 사람들에게 이익과 행복을 얻도록 하면서 살아갈 것이다.

에게는, 〔최후의〕 심판(내세에 대한 의심)이 없다.

이 (법의 실행)은 모든 사람들에게 이익을 주었고, 앞으로도 이익을 줄 것이다.

---

(1) 깐다하르 제1법칙. 그리스어와 아람어 2가지 언어로 기록된 비문.

* **신앙심을 보여 주었다** 塚本은 "敎誡했다" 라고 번역. Sircar의 번역을 따랐음(호진).
* **왕의 사냥꾼과 어부들을 포함한 다른 사람들은** 塚本은 "다른 사람들과 그 정도 많은 왕의 사냥꾼 또는 어부들" 이라고 번역. É. Lamotte(『인도불교사』, 시공사, 2권, p. 543)와 Sircar(p. 30) 번역을 따랐음(호진).
* **절제** 塚本은 생물을 살해하는 不節制라고 이해했다. 그래서 "만약 누구인가 생물에게 부절제했다면, 그들은 힘이 미치는 한 생물을 살해하는 부절제를 멈추었다" 라고 번역. 그러나 라모뜨(É. Lamotte, 『인도불교사』, 시공사, 2권, pp. 539-543)는 이것을 자세

하게 추구한 뒤 "감각의 절제"라고 보았다. Sircar의 번역(p. 30) 참조(호진).

* **이전의 경우와는 반대로** 塚本 번역에는 없음. Sircar 번역을 따랐음(호진).
* **10년이 지난 뒤(?)** 塚本은 "10년(?), 바로 그 때(?)"라고 번역. Sircar 번역을 따랐음(호진).
* **제정자** 塚本은 教誡者로 번역. Sircar의 institutor(제정자, 설립자)를 취했음(호진).
* **악** 塚本은 罪業이라고 번역. Sircar의 evil을 따랐음(호진).
* **신분에 맞추어** 塚本과 Sircar는 "운명(fate)에 의해"라고 번역. "운명에 의해 과해진 의무"라는 말이 앞뒤 내용과 맞지 않다고 생각되어 불어본 'à chacun le sort' (Lamotte, 『인도불교사(2)』, p. 543)에 따랐음(호진).

Ⅳ. 7장석주법칙(七章石柱法勅)

제1장 (1)

꼬삼비 석주

천애희견왕은 이와 같이 알린다.

이 법칙은 관정 26년에 내가 새기게 했다.

현세와 내세의 〔이익과 행복〕은 *법에 대한 열렬한 사랑, 진지한 자기반성, *〔장로들에 대한〕 절대적 순종, 〔죄에 대한〕 큰 두려움, 최대한의 노력 없이는 달성하기 어렵다. 그러나 *나의 가르침 때문에, 법에 대한 *전념, 그리고 법에 대한 사랑은 날마다 증진하였다. 또 앞으로도 증진할 것이다.

그리고 *나의 관리(有司)들은－상급 · 하급 · 중급의 어느 급(級)이거나－법을 준수하고, 법에 관한 의무를 실천하고 있다. 그리고 그들은 우유부단한 사람들을 교도(教導)할 수 있다. 또 *변경을 맡은 대관(大官)들도 역시 마찬가지다. 왜냐하면 이것이 그들을 위한 훈령(訓令)이기 때문이다. *〔즉〕 법(Dharma)에 따라 백성들을 통치하는 것, 법에 따라 그들을 재판하는 것, 법에 따라 그들을 행복하게 하는 것, 법에 따라 그들을 보호하는 것이다.

(1) *Top. Mir. Ara. Nan. Rām. Kos.*에 있다.

* **법에 대한 열렬한 사랑 (……) 죄에 대한 큰 두려움** 塚本는 "(법에 대한 最上의) 愛慕, 一觀察, 一敬信, 一怖畏"라고 번역. 다른 3번역본을 참고해서 쉬운 말로 바꾸었음(호진).
* **장로들에 대한 (……) 죄에 대한** 塚本 번역에는 없음. Sircar와 Nikam을 따랐음(호진).
* **나의 가르침 때문에** 塚本은 "나의 교계에 의해서". Sircar(p. 55)와 Bloch(p. 161) 번역(호진).
* **전념** dhaṃmāpekkhā. 산스끄리뜨어 dharma-prekṣā는 '법에 대한 숙려(熟慮)' 라는 뜻이지만, 빨리어 dhammapekhā는 법에 대한 '욕구 · 희구 · 기대' 라는 의미가 있다. 塚本은 欲求라는 번역어를 사용했지만, Bloch의 préoccupation의 의미를 취해 전념이라고 번역했음(호진).
* **나의 관리들은 …… 교도해서 같은 일을 하도록 할 수 있다** 塚本은 " (有司들도), 법을 준수하고 틀림없이 행하면, 우유부단한 사람들을 교도할 수 있다"라고 번역. Sircar(p. 55) 번역을 따랐음. Nikam과 Bloch 번역과 약간씩 차이가 있음(호진).
* **변경을 맡은 대관** aṃtamahāmātta. 이 법칙은 변경인들을 맡은 대관들의 직무에 대해 규정하고 있는데, 이것은 『실리론』(2. 21)의 antapāla에 해당하고, 도로세의 징수, 대상(隊商)의 검열 등의 임무를 맡는다. 마애법칙 제13장, 별각법칙 제2장을 볼 것.
* **즉 법에 따라 백성을 통치하는 것 (……) 법에 따라 그들을 보호하는 것이다** 塚本의 번역은 다른 3번역과 상당히 다르다. 즉 "법에 의한 보호, 법에 의한 處置, 법에 의해 즐겁게 하는 것, 법에 의한 말의 억제이기 때문이다." Sircar(p. 55)의 번역을 따랐음(호진).

제2장 (1)

천애희견왕은 이와 같이 알린다.

법(Dharma)은 선(善)이다. 그러나 〔이〕 법이란 무엇인가. 그것은 *적은 죄 · 많은 선행(善行) · *연민 · 관대 · 진실 · *청정이다. 역시 나는 많은 종류의 *눈 보시도 했다. 나는 2발 짐승(二足類), 4발 짐승, 날짐승(鳥類), 물에 사는 동물(水棲類)들에게 여러 가지 이익을 주는 행위뿐 아니라, *생명의 증여(贈與)까지 했다. 그리고 나는 역시 많은 다른 선행도 했다.

나는 이 법칙을 다음과 같은 목적을 위해 석주에 새기게 했다. 즉 이와 같이 사람들에게 법을 준수하도록 하기 위해서, 그리고 법이 오래 계속되도록 하기 위해서이다. 그러므로 이처럼 틀림없이 행하는 사람은 선행을 하는 것이 된다.

---

(1) *Top. Mir. Ara. Nan. Rām. Kos.*에 있다.

* **적은 죄** 塚本은 小漏. appāsinava. appa(*Skt.* alpa)는 '적다' 라는 의미. āsinava에 대해서는, ① = *Skt.* āsrava(누, 漏, 번뇌, 바깥 대상에 대한 애착), ② = Jaina aṇhaiẏa 〈ā-✓snu의 2가지 설이 있는데, 피셀(R. Pischel) : Grammatik der Prakrit- Sprachen, § 231에 의하면, *AMg.* aṇhaga, aṇhaẏa = āsrava로 본다(호진). Sircar, Nikam, Bloch는 죄(sin, péché)라고 번역.
* **연민 · 관대** 塚本은 연민(piti , compassion)과 관대(charité, liberality)라는 두 말을 "慈愍" 으로 번역(호진).
* **청정** socaya. 칠더스(Childers) : *Pāli Dictionary*에 의하면, soceyyaṃ(*Skt.* śauceya)을 신(身) · 어(語) · 의(意) 3업에 대한 청정의 의미로 해석한다.
* **눈 보시** cakkhudāna. 정신적인 통찰력을 주는 것.
* **생명의 증여** pānadākkhinā(*Skt.* prāṇa-dakṣiṇā). 이 말은 구체적으로 무엇을 의미하는지 알 수 없다. Bloch(p. 162)는 "생명의 보시" 라고 번역(호진).

제3장 (1)

천애희견왕은 이와 같이 알린다.

사람은 〔자신의〕 선행(善行)만 보고, "이 선행은 내가 했다"라고 생각한다. 또 사람은 〔자신의〕 악행은 보지 않고, "이 악행은 내가 했다" 또는 "이것은 *죄라는 것이다"라고 말하지 않는다. 사실 이와 같이 *관찰(觀察)하기란 어렵다.

그러나 이것을 다음과 같이 보아야 한다: "포학 · 잔인 · 분노 · 오만 · 질투와 같은 것들은 *죄의 원인이 된다. 이것들 때문에, 나를 타락하게 해서는 안 된다"라고. 또 확실하게 다음과 같이 생각해야 한다: "이것은 나를 현세에서 이익과 행복으로 인도하고, 이것은 역시 나를 내세에서 이익과 행복으로 인도한다"라고.

---

(1) *Top. Mir. Ara. Nan. Rām.Kos.*에 있다.

* **죄** 塚本은 누(漏, 번뇌). Sircar, Nikam, Bloch는 죄(sin, péché)라고 번역(호진).
* **관찰하기란 어렵다** duppaṭivekkha(*Skt.* duṣpratyavekṣa). 사유 · 인지(認知)하기 어려운 것.
* **죄의 원인이 된다** āsinavagāmī. 塚本은 "누(漏)로 引導한다"라고 번역.

제4장 (1)

천애희견왕은 이와 같이 알린다.

이 법칙은 관정 26년에 내가 새기게 했다.

나의 사직관(司直官, Rajjuka)들은 백성들 중의 수많은 사람들을 위임받았다. 〔그들이〕 *사직관으로서 자신을 가지고 두려움 없이 *자신들의 직무를 수행하도록 하고, 또 지방의 백성들에게 이익과 행복을 주고, *도와주도록 하기 위해, 어떠한 *기소(起訴) 또는 *형벌도 *그들의 책임에 맡길 것을 나는 명령했다. 그들은 〔백성들에게〕 행복과 고통을 생기게 하는 것이 무엇인지를 알고, 또 현세와 내세의 이익과 행복을 얻게 하기 위해, 법(Dharma)에 전념하고 있는 사람들의 도움을 받아, 지방의 백성들을 훈계해야 한다.

물론 사직관들은 나에게 봉사(奉仕)하기 위해 노력해야 한다. 역시 그들은 나의 뜻을 알고 있는 *유사(有司, Puruṣas)들에게도 봉사해야 한다. 그리고 유사들은 *나의 뜻을 알지 못하고 있는 몇몇 사직관들을 훈계해서, 그들이 나를 만족시킬 수 있도록 해야 한다.

참으로, 아이를 현명한 유모에게 맡기고, "현명한 유모는 내 아이를 잘 양육할 수 있다"고 〔생각하면서〕 신뢰하는 것과 같이, 지방 백성들의 이익과 행복을 위해, 나는 사직관들을 임명했다. 그들이 두려움 없이, 자신 있게, 긴장 없이, 자신들의 직무를 수행하도록 하기 위해, 기소와 형벌을 그들의 책임에 맡길 것을 나는 명령했다.

참으로, 내가 원하는 것은 이것이다. 즉 *재판의 공정(公正)과 *형벌의 공정이 있도록 하는 것이다.

나의 명령이 미치는 한, 형벌이 확정되어 사형을 선고받은 수인(囚人)들에게, 나는 3일간의 *유예를 주었다.

〔이 기간 동안에 그들의〕 친족은 그들의 생명을 〔구제하기〕 위해 *누구에게 재심을 하게 해야 한다. 만약 재심을 청구할 사람이 없을 때는, 수인들은 보시를 하든지 또는 내세의 〔이익과 행복을〕 위해 단식(斷食)을 해야 한다.

왜냐하면, 내가 원하는 것은 바로 이것이다. 〔즉 유예〕 기간이 끝났을 때도, 그들이 내세의 〔이익과 행복〕을 얻도록 하는 것이다.

이렇게 해서, 법의 여러 가지 실행과 자제(自制)와 보시의 분배가 백성들을 증진하게 된다.

---

(1) *Top. Mir. Ara. Nan. Rām. Kos.*에 있다.

* **사직관** 지방장관을 가리킨다. Nikam(p. 56) 번역(호진).
* **자신들의 직무를 수행하도록 하고** 塚本은 "해야 할 所作을 실행하도록 하기 위해"라고 번역(호진).
* **도와주도록 하기 위해** 塚本은 "요익(饒益)하도록 하기 위해". Bloch의 번역(donner assistance)을 따랐음(호진)."
* **기소** abhihāla(*Skt. Pāli* abhihāra)
* **형벌** daṃḍa(*Skt.* daṇḍa)
* **그들의 책임에 맡기다** attapatiya. 어원(語源)에 대해서는, 산스끄리뜨어 ātmapatya 〈✓pat, ātma- -pati-ya로 보는 설도 있지만, Bloch의 주장에 따라, ātmādhīna의 의미로 해석한다. 자유 재량의 권한을 그의 책임하에 맡기는 것.
* **유사(有司, Puruṣas)** 사직관(Rajjuka)보다 높은 관리. Nikam(p. 57) 번역본(호진).
* **나의 뜻을 알지 못하고 있는** Sircar(p. 57) 번역본. 塚本 번역에는 없음(호진).
* **재판의 공정** viyohālasamatā. 사법(*Skt.* vyavahāra 재판)상의 공정한 취급.
* **형벌의 공정** daṃḍasamatā. 수형자(受刑者)에 대한 공정한 취급.
* **유예** yota. 형(刑)의 집행 연기.
* **누구에게** Sircar는 "몇몇 관리들에게"라고 번역(호진).

제5장 (1)

천애희견왕은 이와 같이 알린다.

관정 26년에, 나는 다음과 같은 종류의 동물을 죽이지 말도록 명령했다. 즉 〔그것은〕 *앵무새, 찌르레기, 쇠오리, 흑부리 오리, 들 기러기, 난디무까(nandimukha, 水鳥), 비둘기, 박쥐, 망고나무 개미, 물 거북, 뼈 없는 물고기, 베다베야까(vedaveyaka, 魚), 갠지스의 뿌뿌따까(gaṃgāpupuṭaka, 魚), 축어(縮魚), 거북과 호저(豪猪), 날개 있는 토끼, 시말라(simala, 사슴), 도마뱀, 집의 설치류(齧齒類), 무소, 흰비둘기, 집비둘기, 이 외에 사용할 수도, 먹을 수도 없는 4발 달린 짐승(四足類)이다.

역시, 새끼를 배었거나, 아직 새끼에게 젖을 먹이고 있는 암산양, 암양, 암퇘지, 또한 생후 6개월이 되지 않은 이 짐승들의 새끼를 죽여서는 안 된다.

집에서 키우는 닭(家鷄)을 거세(去勢)해서는 안 된다. 그 속에 생물이 들어 있는 곡식의 거(粇殼)를 태워서는 안 된다. 쓸데없이 또는 살생을 하기 위해서 산림에 불을 질러서는 안 된다. 생물로써 생물을 사육해서는 안 된다. *3번의 4개월 계절

라우리야 · 난단가리 석주

이 시작되는 각 보름날(滿月日), *띠슈야(Tiṣya)의 보름날, 3일 동안, 즉 제14일, 제15일, 〔다음달의〕 제1일, 그리고 항상 *각 포살 날에는 물고기를 죽여도 안 되고, 팔아도 안 된다.

또 이들과 같은 날에, 코끼리 숲(飼象林)과 어부들의 양어장에 살고 있는 어떠한 종류의 생물도 죽여서는 안 된다.

각 반월(半月)의 제8일, 제14일, 제15일, 띠슈야 날(日), *뿌나르바수(Punarvasu) 날, 3번의 4개월 계절이 시작되는 보름날, 모든 축제날에는, 수소(牡牛)를 거세해서는 안 된다. 또 수산양 · 숫양 · 수퇘지, 그리고 일반적으로 거세될 수 있는 다른 동물들을 거세해서는 안 된다.

띠슈야 날, 뿌나르바수 날, *4개월 계절이 시작되는 보름날, 4개월 계절의 반 달(半月) 동안에는, 말이나 소에게 소인(燒印)을 해서는 안 된다.

관정 26년까지, 나는 이 기간에 25회 수인(囚人)들을 석방했다.

---

(1) *Top. Mir. Ara. Nan. Rām. Kos.*에 있다.

* **앵무새 등** 동물 이름은 블로흐의 번역어에 따랐다. 앵무새(suka), 찌르레기(sālikā), 작은 오리(aluna), 토필(土筆) 오리(cakkavāka), 들 기러기(haṃsa), 난디무까(naṃdī-mukha, 물새), 비둘기(gelaṭa), 박쥐(jatūka), 망고나무 개미(aṃbākapīlikā), 물에 사는 거북(daḷi), 뼈 없는 물고기(anaṭṭhikamaccha), 베다베야까(vedaveyaka, 魚), 강가뿌뿌따까(gaṃgāpupuṭaka, 魚), 축어(縮魚, saṃkujamaccha), 거북(kaphaṭa), 호저(豪豬, sayyaka), 날개 있는 토끼(paṃnasasa), 시말라(simala, 鹿), 도마뱀(saṃḍaka), 집의 설치류(齧齒類, okapiṃḍa), 무소(palassata), 흰비둘기(setakapota), 집비둘기(gāmaka-pota).
* **3번의 4개월 계절이 시작되는 각 보름날** tīsu cātuṃmāsīsu(loc. pl.; 〈*Skt.* cāturumāsī). 1년을 4개월씩 3계절로 나눔. 4개월 계절의 첫날은 보름날이다.
* **띠슈야(Tiṣya)의 보름날** tissāyaṃ puṃnamāsiyaṃ(loc. sg.). tissā(*Skt.* tiṣya 또는 tiṣyā)

는 띠슈야 별 자리(星座) 날과 같고, 월(月)이란 따이사(Taiṣa) 또는 빠우샤(Pauṣa)라 부르는데, 12월 중순부터 1월 중순에 해당된다.

* **각 포살 날** anuposathaṃ(acc. sg.). 포살(*Skt.* upavasatha, Pāli uposatha)은 베다 제사에서는 소마제(Soma祭)를 준비하는 날이었지만, 불교 흥기 시대에는 중요한 행동을 위해 준비하는 것을 말했다. 불교교단에서는 매월 2회, 반 달(半月)마다 동일 교구(教區)의 비구들이 한곳에 모여, 자신들의 행위를 반성하고, 죄를 참회했다. 이것을 포살회라 하고, 매월 15일(滿月)과 30일(新月)에 행해졌다(塚本). Nikam에 의하면(p. 54), 1년 동안에 생물들의 살생을 금지한 날은 모두 56일이다.
* **4개월 계절이 시작되는 보름날, 4개월 계절의 반 달 동안** Sircar(p. 58)는 "4개월 계절과 4개월 계절과 관련된 2주일 동안"(on the Chaturmais and during the fortnights associated with the Chaturmais); Nikam(p. 54)은 "각 계절의 보름날의 2주일 동안"(during the fortnight of each seasonal full moon)이라고 번역, 의미가 분명하지 않음(호진).
* **뿌나르바수** punāvasu(*Skt.* punarvasu). 28별자리 가운데서 제5 또는 제7 별자리의 이름(塚本). Nikam(p. 54)은 이것을 플라이아데스 성단(Pleiades 星團, 묘성〔昴星〕: 황소자리의 散開 성단) 가운데 하나라고 추정했다(호진).

제6장 (1)

천애희견왕은 이와 같이 알린다.

관정 12년에, 나는 사람들의 이익과 행복을 위해 *〔처음으로〕 법칙을 새기게 했다. *그러므로 이것을 범(犯)하는 일 없이, 각 법의 증진을 획득해야 한다.

"세상 사람들의 이익과 행복은 이와 같이 해서 획득된다"고 생각하고, 나는 〔나의〕 친족을 위해서 하는 것처럼, 역시 *근친자(近親者)와 원연자(遠緣者)를 위해서도, 누군가에게 *행복을 얻게 하기를 바라고, 그것에 따라 〔필요한〕 조처를 취했다. 나는 *모든 계층의 사람들에게도 똑같이 행동하기를 바란다.

나는 모든 종파에게도 역시 여러 가지 공양으로 경의를 표했다. 그러나 가장 중요하다고 생각하는 것은 내가 몸소 *그들을 방문하는 것이다.

이 법칙은 관정 26년에, 내가 새기게 했다.

---

(1) *Top. Mir. Ara. Nan. Rām. Kos.*에 있다.

* **처음으로 법칙을** 〔처음으로〕라는 말은 Sircar가 번역한(p. 59) Rampurva의 비문에만 있다. 塚本은 "〔모든(諸の)〕 법칙을"이라고 번역(호진).
* **그러므로 이것을 범(犯)하는 일 없이 (……) 획득해야 한다** Bloch(p. 167)는, "그것〔法勅〕을 지키는 사람은 누구나, 어떻게 해서든지 법의 증진을 달성하게 될 것이다"라고 번역(호진).
* **근친자와 원연자** Sircar(p. 59)는 "나의 수도(首都) 가까이에 거주하는 사람과 먼 지방에 거주하는 사람"; Nikam(p. 34)은 "나에게서 멀리 떨어져 있는 사람"이라고 번역(호진).
* **행복을 (……) 바라고 (……) 필요한 조처를 취한다** 塚本은 "행복을 가져오도록 하기 위해, 주의를 기울이고, 이와 같이 실행한다"라고 번역. Bloch(p. 168)의 번역을 따랐음

(호진).

* **모든 계층의 사람들에게도 (……) 행동하기를 바란다** 塚本은 "모든 부중(部衆)에게도 주의를 기울인다"라고 번역. Sircar(p. 59)와 Nikam(p. 34)은 "all classes (of people)" (호진).

* **그들** 종파들(Bloch) 또는 (종파의) 사람들(塚本, Sircar)(호진).

제7장 (1)

천애희견왕은 이와 같이 알린다.

*과거에, 왕들은 이와 같이 원했다. 〔즉〕 "*어떻게 해서 백성들은 법의 증진(增進)을 통해서 향상할 수 있을까"라고. 그러나 백성들은 아직 *충분한 법의 증진을 통해서 향상하지 못했다.

이것에 관해서, 천애희견왕은 이와 같이 알린다. 나에게 다음과 같은 생각이 일어났다: "과거에, 왕들은 이와 같이 원했다. 〔즉〕 어떻게 해서 백성들은 법의 증진을 통해서 향상할 수 있을까라고. 그러나 백성들은 아직 충분한 법의 증진을 통해서 향상하지 못했다. 그렇다면, 어떻게 해서 백성들은 〔법을〕 준수할 수 있을까, 어떻게 해서 백성들은 충분한 법의 증진을 통해서 향상할 수 있을까, 어떻게 해서 나는 그들을 법의 증진을 통해서 향상시킬 수 있을까"라고.

이것에 관해서, 천애희견왕은 이와 같이 알린다.

나에게 다음과 같은 〔생각이〕 일어났다: "나는 *법을 공포(公布)하고, 법의 가르침을 백성들에게 전하도록 명령하자. 백성들은 이 공포와 가르침을 듣고 법에 따를 것이다. 그들은 향상할 것이고, 법의 증진을 통해서 확실히 진보할 것이다."

델리 · 미라트 석주

*이 목적을 위해, 나는 법을 공포하고, 여러 가지 법의 훈령을 내렸다. 나에게서 많은 사람들을 위임받은 유사(有司)들은 그것을 가르치고 보급시킬 것이다.

나는, 많은 백성들을 위임받은 사직관들에게도 역시, 법에 전념하는 백성들을 지도하는 방법에 대해 지시했다.

천애희견왕은 이와 같이 알린다.

*이와 같은 결론에 도달했으므로, 나는 법주(法柱)들을 건립하고, 법대관(法大官)들을 임명하고, 법을 공포했다.

천애희견왕은 이와 같이 알린다.

나는 사람과 동물들에게 그늘(蔭)을 주기 위해, 도로에도 *반얀(Banyan) 나무를 심게 했다. *〔같은 목적을 위해〕 *망고 나무를 심게 했다. 또, 나는 8 *꼬사(kosa)마다 우물을 파게 하고, 휴게소를 짓게 했다. 〔뿐만 아니라〕 도처에, 사람과 동물들이 *이용하도록 하기 위해 물 마시는 장소(水飲場)를 많이 설치하게 했다.

그러나 *이 이익은 사실 사소한 것이다. 왜냐하면, 사람들은 나에게서뿐 아니라 이전의 왕들로부터도 *여러 가지 편의를 제공받았기 때문이다. 그러나 나는 *백성들이 이 법의 실천을 하도록 하기 위해 이것을 했다.

천애희견왕은 이와 같이 알린다.

또 이들 나의 법대관들은 출가자와 재가자들에게 이익을 주는 여러 가지 일에 종사한다. 그리고 그들은 역시 모든 종파에 관해서도 종사한다. 나는 *그들 가운데 몇 사람에게 *승가의 일에 관해서도 종사하도록 명령했다. 마찬가지로 나는 그들 가운데 몇 사람에게 바라문과 *아지비까들에 관해서도 역시 종사하도록 명령했다. 나는 그들 가운데 몇 사람에게 *니간타(Nigaṇṭha)들에 관해서도 역시 종사하도록 명령했다. 그리고 나는 그들 가운데 몇 사람에게 여러 다른 종파들에 관해서도 역시 종사하도록 명령했다. *다른 대관들은 특별히 다른 종파들의 일에 관해서 종사하도록 명령을 받았다. 〔그러나〕 나의 법대관들은 위에서 언급된 종파들뿐 아니라, 특별히 언급되지 않은 모든 다른 종파들에 관해서 종사한다.

천애희견왕은 이와 같이 알린다.

이들과 많은 다른 주요한 관리들은 나 자신과 왕후들의 보시하는 일에 관해서 종사한다. 또 나의 모든 후궁(後宮)들에게, 그들은 여러 가지 방법을 통해, 이곳(빠딸리뿌뜨라)과 여러 지방에서, *보시 받을 훌륭한 사람들에 대한 *보고를 한다.

*나는 역시 그들 중 몇 사람에게, 나의 왕자들과 다른 왕후들의 왕자들이 보시하는 일을 감독하도록 명령했다. 이것은 *법의 고상한 행위와 법의 실행을 증진시키기 위한 것이다. 이들 고상한 행위와 법의 실행이란 자비, 보시, 진실, 청정, 유화(柔和), 그리고 선(善)이다.

천애희견왕은 이와 같이 알린다.

실로 내가 행한 고상한 행위는 무엇이든지, 사람들은 그것을 본받았고, 또 그들은 그것을 따를 것이다.

이 때문에, 부모에 대한 순종에

Kan.(2)

…… *(즉)

그리고 또 *그림자 (또는 절망)…… 실로 무엇이든지 [나는 선행을 했다]

(즉) 나는 선행을 했다.…… 세간(世間)은 (즉) *세계 전체 (또는 우리들 동포의 땅) …… 다음에, 준

의해서, 스승에 대한 순종에 의해서, 장로에 대한 존경에 의해서, 바라문 · 사문, 빈민 · *약자(弱者)뿐 아니라, 심지어 노예 · 하인에 대한 올바른 대우에 의해서, 그들은 향상했고, 앞으로도 향상할 것이다.

수하고 (즉) [이와 같이 행한다. 이 때문에, 부모에 대한 순종에 의해, 그들은 향상하고, 〔앞으로도〕 향상할 것이다. (즉) 이] 때문에 또 [그의 부모에 대한] 바른 순종에 의해, 그들은 향상하고 〔앞으로도〕 향상할 것이다. [······ 다음에, 스승에 대한 순종에 의해서] (즉) 스승에 대한 바른 순종에 의해서 ······. [바라문 · 사문에 대한 바른 대우에 의해서 (즉) ······에 대한 바른 대우에 의해서. 다음에], 노인에 대한 존경에 의해서 [(즉) 노인에 대한 존경에 의해서······ 빈민 · 약자, 내지 노예 · 하인에 대한 올바른 대우에 의해서 (즉)] 약자 · 노예에 대한 [올바른 대우에 의해서].

천애희견왕은 이와 같이 일컫는다.

사람들 사이에서, 법의 이 증진은 오직 2가지 방법, 〔즉〕 법에 의한 규제(規制)와 *선정(禪定)에 의해 달성되었다. 그러나 이 가운데서 법에 의한 규제는 적은 〔결과밖에 생기게 하지 않는다〕. 그러나 선정에 의해서 더욱 법이 증진되었다. 그런데 법에 의한 규제란, "이러이러한 생물은 죽여서는 안 된다"라고 내가 명령한 것이다. 그리고 역시,

내가 명령한 법에 의한 많은 다른 규제가 있다. 그러나 *유정의 불상해와 불도살을 하는 경우일지라도, 사람들 사이에서 법이 일층 증진된 것은 선정에 의해서다.

그런데 이것은 다음과 같은 목적을 위해, 〔즉〕 왕자와 증손들이 〔통치하는 한〕, 해와 달이 〔비치는 한〕 존속하도록 하기 위해, 역시 사람들이 마찬가지로 그것을 준수하도록 하기 위해 발포되었다.

왜냐하면 사람들이 이와 같이 준수하면, 그들은 현세와 내세에서 〔이익과 행복〕을 얻을 것이기 때문이다.

이 법칙은 관정 27년에 내가 석주에 새기게 했다.

이것에 관해서, 천애는 알린다. 이 법칙은 석주 또는 *석판(石板)이 있는 곳에는, 이것을 영속하시키기 위해 새겨야 한다.

---

(1) *Top.*와 *Kan.*에 있다.

(2) *Kan.*은 인도어와 아람어 번역을 축어적(逐語的)으로 섞어서 새겼다. 밑줄 그은 부분은 아람어(Aram) 번역에 해당한다.

* **과거에 왕들은** 塚本은 "과거 오랜 기간 동안에, 모든 왕들이었던 자들은"이라고 번역. Bloch와 Sircar의 번역을 취했음(호진).
* **어떻게 해서 백성들은 법의 증진을 통해서 향상할 수 있을까** 塚本은 "어떻게 해서, 인민들은 법의 증진에 의해 증진할 수 있을까"라고 번역. Sircar 번역을 취했음. 이 장(章)에 나오는 "증진하다"라는 표현은 대부분 "향상하다"로 바꾸었음(호진).
* **충분한** 塚本은 "적당한," Nikam과 Sircar는 enough, adequate라고 번역(호진).
* **법을 공포하고, 법의 가르침을 백성들에게 전하도록 명령하자(……)** 塚本은 "법의 청문(聽聞)을 청문하게 하고, 법의 교계(教誡)를 교계할 것이다. 인민들은 이것을 듣고, 준수하고 향상하고, 또 법의 증진에 의해, 확실히 증진할 것이다"라고 번역. 전 문단은 Nikam(p. 31)의 번역을 따랐음(호진).
* **이 목적을 위해 (……)** 전 문단은 Nikam(pp. 31-32)의 번역을 따랐음(호진). 塚本의 번

역은 "이 목적을 위해, 나는 법의 聽聞을 청문하게 하고, 여러 가지 법의 교계를 지시했다. 이와 같이 해서 有司도 그리고, 그들이 교시하고 부연해야 할 많은 인민을 위임받았다. 사직관들도 역시, 많은 사람들을 위임받았다. 그들에게도 역시, 내가 '법에 專心하고 있는 인민들을, 이렇게 저렇게 敎示하라' 고 지시했다" 이다(호진).

룸비니의 석주

* **이와 같은 결론에 도달했으므로** (……) 塚本은 "나는 이것만을 생각하고, 모든 법주들을 건립하고, 모든 법대관들을 설치하고, 법의 청문을 하게 했다" 라고 번역. Nikam(p. 32) 번역을 따랐다. 그는 法柱를 "법을 公布한 기둥들", 법대관을 "법의 流布를 맡은 관리들" 이라고 번역(호진).
* **반얀 나무** niggoha(*Skt.* nyagrodha, Pāli nigrodha). 용수(榕樹)라고 번역한다.
* **같은 목적을 위해** Sircar 번역에만 있음(호진).
* **망고 나무** aṃbāvaḍikā(〈*Skt.* amravṛtikā). 망고(Mangisera indica)의 숲. 암마라(菴摩羅)로 음사한다(塚本). "망고 수림을 栽培했다" (日譯) 또는 "망고 숲(mango-groves)을 심는다" (英譯)라는 것은 말이 되지 않으므로 "망고 나무를 심었다" 로 고쳤음(호진).
* **꼬사** kosika(*Skt.* krośika). 거리의 단위. 1꼬사(kosa, *Skt.* krośa)는 약 3마일(5km)(塚本). 塚本과 Sircar(p. 60) 본에서는 8꼬사, Bloch(p. 170)와 Nikam(p. 60) 본에서는 반(半) 꼬스(kos = 약 half-mile)로 되어 있다. 8꼬사는 너무 멀고(약 40km), 반 꼬사(약 2.5km)는 너무 가깝다. 中村元의 『佛敎語大辭典』(p. 56, p. 263)에 의하면, 1꼬사는 5里로서 "하나의 북소리 또는 한 마리 소의 울음소리가 들리는 최대 거리" 이다. Sircar(p. 66)에 따르면 1꼬사는 2.25마일(약 3.6km)이다(호진).
* **이용하도록 하기 위해** 塚本은 "受用을 위해", Sircar는 "향락(enjoyment)을 위해", Nikam은 "편의를 위해" 라고 번역. Bloch 번역을 따랐음(호진).
* **이 이익은 사실 사소한 것이다** 塚本은 "이 受用되는 것은", Sircar는 "이 향락 설비는"

이라고 번역. Nikam(p. 60) 번역을 따랐음(호진).

* **여러 가지 편의를 제공받았기 때문이다** 塚本은 "여러 가지 안락으로 즐겼기 때문이다"라고 번역. Nikam의 번역을 취했음(호진).
* **백성들이 이 법의 실천을 하도록 하기 위해** 塚本은 "이 법의 준수를 준수하도록 하기 위해"라고 번역. Sircar와 Bloch 번역을 참조했음(호진).
* **그들 가운데 몇 사람에게** 塚本 번역에는 단지 "이들"이라고 되어 있고, 그 다음에 오는 3문장에도 "그들 가운데 몇 사람에게"라는 말은 없다. Nikam과 Sircar의 번역을 따랐음(호진).
* **승가의 일** saṃghaṭṭha. 승가(saṃgha)는 종교교단이라는 의미이지만, 여기에서는 불교승가를 의미한다.
* **아지비까** Ājīvika. 사명외도(邪命外道)라고도 한다. 붓다 시대의 6사외도(六師外道)의 한 사람인 막깔리 고살라(Makkali Gosāla)에 의해 대표된 종교로, 고행을 중히 여겨, 자이나(니간타)의 교설과 공통되는 점이 적지 않다. 막깔리 이전에도 이 종파의 전통이 존재했었다고 추정되지만, 후에 수행 방법 때문에 쟁론(諍論)이 발생해 분파했다. 아쇼까와 그 손자 다샤라타(Daśaratha)는 이 파(派)에게 동원(洞院: 동굴사원)을 기진(寄進)했다. 동원각문(洞院刻文)을 볼 것.
* **니간타** Nigaṃtha(*Skt.* Nirgrantha). 니건타(尼犍陀)라고 음사한다. 육사외도의 한 사람인 니간타 나따뿟따(Nigaṇṭha Nātaputta, Mahāvīra)가 시작한 종교. 그는 자신보다 200~250년 전에 생존했던 빠르슈바(Pārśva)의 가르침을 개혁해서 새로운 종교를 창설했는데, 자이나(Jaina)교라고도 한다. 고행을 중요하게 여긴다. 일찍부터 불교와 함께 활동 영역을 확대했다. 현재도 인도에 약 200만의 신도가 있다.
* **다른 대관들은 특별히 다른 종파들의 일에 관해서 (……)** 塚本은 "각각의 대관은, 각각의 종파에 관해서 각별히 〔종사하도록〕이라고 명령받았다. 그러나 나의 법대관들은, 이들 및 다른 모든 종파에 관해서 종사한다"라고 번역. Sircar(p. 61)와 Nikam(p.32)의 번역을 따랐음(호진).
* **보시를 받을 훌륭한 사람들** 塚本은 "滿足의 領域"(tuṣṣhāyatana; *Skt.* tuṣṭyāyatana), 그리고, "만족이 생기는 장소"라고 설명. Bloch(p. 171)도 "domaines du contentement"으로 번역, 같은 내용으로 이해했다. 그러나 이와 같은 의미로는 앞뒤가 연결되지 않기 때문에 Sircar(p.61)와 Nikam(p. 33)의 "worthy recipients of gifts"를 취했음(호진).
* **보고를 한다** 塚本은 "〔주문(奏聞)한다〕"라고 번역하고, "paṭī ……. 비문이 파손돼서 읽을 수 없지만, paṭīpādayaṃti로 보충해서 번역했다"라고 註를 달았다. Sircar와

Nikam의 번역을 따랐음(호진).

* **나는 역시 그들 중 몇 사람에게 (……), 그리고 선이다** 4가지 번역본 사이에 차이가 있다. 문단 전체를 Nikam 번역을 따랐음(호진).

* **법의 고상한 행위와 법의 실행** 塚本은 "법의 위업(偉業)과 법의 遵守" dhaṃmāpadāna. 법의 명예를 따르는 행위라고 번역. Sircar의 번역을 따랐음: "noble deeds of Dharma and the practice of Dharma" (호진).

* **즉** SHYTY. "그 의미는"을 나타낸다. 앞서 나온 인도어를 아람(Aram)어로 번역하면서, 이 말을 사용하고 있다.

* **세계 전체** 'RQ KNN' (araq kenānā). KNH(또는 KNT)의 복수로 보고 "우리 동포의 땅"으로 보는 설도 있다.

* **약자 (……) 하인** 塚本은 "卑人…… 從僕" (호진).

* **그림자(影)** ṬLNT' (ṭelūnītā). 이 말의 뜻은 분명하지 않음. ṬNLT' = 절망(切望)으로 보는 설도 있다.

* **선정** nijjhatti (*Skt.* nidhyapti). 관찰 · 사유(思惟) · 반성의 의미. 마애법칙 제6장, 석주법칙 제4장에서는 "재심(再審)"으로 번역했다(塚本). 塚本은 靜慮, Sircar는 訓戒 (exhortation)라고 번역.

* **유정의 불상해 (……), 선정에 의해서다** 塚本은 "유정의 불살해 때문에, 동물의 불도살 때문에, 사람들 사이에서, 법의 증진이 일층 증진되었다"라고 번역. 앞뒤 내용으로 보아 오역이 분명한 것 같다. Nikam(p. 38)의 번역이 가장 온당한 것 같다(호진).

* **석판(石板)** silaphalaka.

V. 소석주법칙(小石柱法勅)

A 파승가(破僧伽)에 관한 법칙[1]

Kos.

천애는 *꼬삼비에 주재(駐在)하고 있는 대관에게 지시한다.

…… *화합을 명령했다. …… 승가에서는 인정되지 않는다. 비구 또는 비구니로서 *승가의 화합을 깨뜨린 사람은 *백의(白衣)를 입혀 *주처(住處: 精舍)가 아닌 곳에 살게 해야 한다.

Sāñ.

……

…… 승가의 화합을 깨뜨려〔서는 안 된다〕……

나의 왕자 · 증손(曾孫)들이 통치하는 한, 해와 달이 비치는 한, 비구 또는 비구니들의 화합을 나는 명령했다. 비구 또는 비구니로서 승가의 화합을 깨뜨린 사람은 백의를 입혀서 주처가 아닌 곳에 살게 해야 한다. 왜냐하면, 내가 원하는 것은 화합한 승가를 오래 계속하도록 하는 것이기 때문이다.

Sār.

천애 …… 빠딸〔리뿌뜨라에 주재하고 있는〕…….

누구도 승가의 화합을 깨뜨려서는 안 된다. 비구 또는 비구니로서 승가의 화합을 깨뜨린 사람은 백의를 입혀서 주처가 아닌 곳에 살게 해야 한다. 이와 같이, 이 법칙은 비구 승가와 비구니 승가에 알려지게 해야 한다.

천애(2)는 이와 같이 알린다.

이것과 동일한 법칙의 사본 1통을 *관공서(官公署)에 두고, 경(卿)들 가까이에 보관해야 한다. 또 이것과 동일한 법칙의 사본 1통을 재가신도들 가까이에 보관해야 한다. *재가신도들은 이 법칙을 공부하기 위해 포살 날마다 모여야 한다. *모든 대관들은 법칙에 익숙해지고 그것을 완전히 이해하기 위해 포살 날마다 의식(儀式)에 정기적으로 참석해야 한다.

사르나트 석주 비문(톰 로웬스타인, 『붓다의 깨달음』)

*또한, 경들〔빠딸리뿌뜨라에 있는 아쇼까의 관리들〕은 경들의 관할하에 있는 지역의 도처에 이 법칙을 실행하라는 명령을 내려야 한다. 경들에게 소속된 관리(屬官)들은 모든 요새화된 도시들과 그 도시들 주변에 있는 지역에서 동일한 일을 해야 한다.

---

(1) *Kos. Sāñ. Sār.*에 있다.

(2) 이하는 *Sār.*에만 있다.

* **꼬삼비** Kosaṃbī(*Skt.* Kauśāmbī). 교상미(憍賞彌), 구섬미(拘睒彌)로 음사. 알라하바드(Allāhābād) 근처의 꼬삼(Kosam)으로 추정된다. 붓다 시대에 고시따라마(Ghositārāma, 瞿師羅園)가 창설된 이래 꼬삼비는 불교의 중심지가 되었다. 또 불교가 마가다로에서, 북인도 및 서인도에 전파되는 중계지이기도 했다. 그러나 꼬삼비의 승가는 붓다 시대부터 자주 쟁론(諍論)을 일으킨 것 같다. 승가 항쟁(抗爭)에 관한 2, 3가지의 전설이 전해지고 있다.

산찌(Sāñcī)는 서인도 마투라(Mathura) 지방의 불교(특히 분별설부)의 중심지였다. 사르나트(Sārnāth)는 바라나시의 녹야원(鹿野苑)에 해당된다. 붓다의 초전법륜지이고, 그 승원 내(僧院內)에는 아쇼까왕이 건립한 법탑(法塔, Dhamek)이 있다.

* **화합** samagga. 승가가 하나로 통합되어 평화를 유지하는 것. 『경분별(經分別)』(3.173)에 의하면, "화합이란, 승가가 동일주처(同一住處)에서 동일계(界)에 머무르는 것이다."
* **승가의 화합을 깨뜨린다** saṁghe bhettave. 승가를 분열시키는 것. 파승가(破僧伽)에 대해서 『경분별』(3.173)은, "깨뜨리려고 기도(企圖)한다는 것은, 사람들을 분열시키고, (의견을?) 달리하게 하고, 불화(不和)하게 해서, 패거리(黨)를 찾아 무리(衆)를 만드는 것이다"라고 해석하고 있다.
* **백의** odātāni dussāni. 인도에서 세속(世俗) 사람들이 입는 옷. "백의를 입게 한다"라는 것은 출가자를 환속(還俗)시키는 것.
* **주처** āvāsa. 초기 불교에서는, 비구의 일시적인 정주지(定住地)를 주처(住處, āvāsa) 또는 원(園, ārāma)이라고 불렀다. 처음에는, 그곳에 초암(草庵) 같은 임시 오두막을 지었다가, 머지않아 반영구적인 정사(精舍)를 건립했다. "주처가 아닌 곳에 살게 하다"란, 정사에서의 추방을 의미한다.

  일반적으로 율장의 규정에 의하면, 정사에서의 추방은 4바라이법(波羅夷法: 邪淫, 偸盜, 殺生, 妄語)에 한정되어 있지만, 쟁사(諍事: 의견 차이로 일어나는 다툼)에 관해서는 징벌갈마(懲罰羯磨) 중의 구출갈마(驅出羯磨: 승단 추방)를 들게 된다. 법칙(法勅)과 유사한 표현을 『마하승기율(摩訶僧祇律)』(大正 22, 328 中)에서 하고 있다: "너는 마땅히 승가〔僧〕의 가르침을 따라야 한다. 만약 따르지 않으면 나는 마땅히 너에게 백의법(白衣法)을 적용하여, 너를 (승단에서) 쫓아내어 취락성읍(聚落城邑: 마을)으로 나가게 해야 한다"라고.
* **관공서** saṃsalana.
* **재가신도들은 (……) 포살 날마다 모여야 한다** 塚本은 "優婆塞는 포살 날마다 규칙적으로, 이 教勅이 실행되고 있는가를 확인하기 위해, 포살에 가야 한다"라고 번역. 그러나 재가신도들이 출가 비구들의 행동을 감시하기 위해 포살 행사에 참석해야 한다는 것은 납득이 되지 않는다. Nikam(p. 63)의 번역을 따랐음. Sircar(p. 52)도 Nikam과 같은 뜻으로 이해하고 있다(호진).
* **모든 대관들은 (……) 의식에 정기적으로 참석해야 한다** 塚本은 "각 대관도 이 教勅이 실행되고 있는가를 확인하기 위해, 또 알기 위해 포살에 가야 한다"라고 번역. Nikam(p. 63)의 번역을 취했음. Sircar(p. 52)도 Nikam과 같은 뜻으로 이해하고 있다

(호진).

* **또한, 경들(……)은 경들의 관할하에 있는 (……)** Nikam 번역을 따랐다. 塚本은 이것과 상당히 다르게 번역하고 있다: "경들이 관할하는 지방이 넓어지는 한, 도처에서, 경들은 이 법칙문(文)에 따라, 순찰하도록 관리들을 출발시켜야 한다. 마찬가지로 성새(城塞)가 있는 모든 지역에, 이 법칙문에 따라, 순찰하도록 관리들을 출발시켜야 한다. Sircar: "게다가 경들은 마음속에 이 법칙의 뜻을 간직하고서, 경들의 관할하에 있는 지역의 도처에 순찰을 떠나야 한다. 역시 경들은 속관(屬官)들을, 그들의 마음속에 이 법칙의 뜻을 간직하고서 요새화된 도시들의 모든 주변 지역으로 순찰을 보내야 한다." Bloch: "경들의 전(관할) 지역에서, 이 텍스트(칙령)에 따라 순찰시켜라. 그리고 요새화된 모든 지역에서 이 텍스트에 따라 마찬가지로 순찰시켜라."

B 〔룸민데이(Lummindeī) 법칙〕

천애희견왕은 관정 20년에 몸소 이곳에 와서 참배했다. 여기에서 *붓다 샤꺄무니가 탄생하셨기 때문이다. 그래서 그 주위에 *돌 울타리(石柵)를 만들게 하고, 돌기둥(石柱)을 세우게 했다. *세존이 여기에서 탄생하셨기 때문에, *룸비니(Lumbinī) 마을은 조세(租稅)가 면제되고, 또 생산의 8분의 1만을 지불하게 되었다.

---

* **붓다 샤꺄무니(佛陀釋迦牟尼)** Buddha Sakyamuni(*Skt.* Buddha Śākyamuni). 불교의 개조(開祖) 고따마 붓다, 샤까족(釋迦族, Śākya) 출신의 성자(聖者, muni)였던 것에서 샤꺄무니라고 불렸다. 탄생은 남전(南傳)에 의하면 기원전 565년, 북전에 의하면 기원전 463년에 해당된다.
* **돌 울타리** silāvigaḍabhī. "말의 상(馬像)을 가지고 있는 돌(石)"로 해석하는 샤르빵띠에(J. Charpen-tier)의 설도 있지만, 산스끄리뜨어 śilavikaṭa-bhitti에서 유래한다고 하는 반다르까르의 설을 따랐다. 7세기 초에 현장 법사가 이곳을 방문했을 때는, 벼락(落雷)으로 인해 석주의 윗부분은 부러져 그 위에 얹혀 있던 말의 상(像)과 함께 땅위에 가로놓여 있었다고 한다. 현재는 석주 윗부분과 말의 상은 없어져 버렸고, 남아 있는 부분에는 벼락 때문에 생긴 균열(龜裂)이 보인다. 이것은 샤르빵띠에의 설을 뒷받침하는 것이다. 이 석주의 동쪽 가까이에 있는 마야당(摩耶堂)은 아쇼까가 세운 돌 울타리 위에 건립되었던 것으로 추정된다.
* **세존이 여기에서 탄생하셨기 때문에** 塚本은 "석주를 건립하게 한 것은 여기에서 세존이 탄생하신 것을 기념하기 위해서이다"라고 번역하고 있지만, 다른 3번역(Bloch, Sircar, Nikam)은 "세존이 여기에서 탄생하셨기 때문에, 룸비니 마을은 조세가 면제되고 ……"라 번역했다. 역시 塚本의 "룸민데이의 아쇼까 石柱刻文再考"(이 책 제2부) 참조(호진).
* **룸비니 마을** Lumminigāma(*Skt.* Lumbinī-grāma, *Pāli* Lumbinī-gāma). 현재는 네팔 왕국의 떼라이(Terai)에 있는 룸비니 지방〔縣〕에 해당한다. 불전 문학에서는 붓다의 탄생지를 룸비니 동산이라 하고 있는데, 이것은 인도 연방의 웃따르 쁘라데쉬 주(Uttar Pradesh 州) 바스띠(Basti) 지방, 네팔 국경 내 4km 거리에 위치하는 룸민데이(Lummindeī)로 추정된다. 룸민데이 석주가 세워져 있는 곳이다. Lummindeī〈Lum-

binī-devī(룸비니라는 地母神)에게 샤까족의 토템인 살라수(sāla樹)의 숲이 봉헌되었다. 고따마 붓다는 이곳에서 탄생했다.

* **조세가 면제되고** ubbalika(*Skt.* udbalika). 조세(租稅, bali)는 초기 베다 시대부터 관습화되었던 부과금이었는데, 매년 1회, 중앙의 국고(國庫)에 납부했다. 룸민데이 법칙은 룸비니 마을에 이 조세를 면제해 준다는 것을 알리고 있다.
* **8분의 1만을 지불** kaṭe aṭṭhabhāgiye. 마우리야 왕조에서 재정의 일차적 원천은, 왕실 어료지(御料地: 왕실 재산)의 생산(sītā)과 사유지에서 나오는 수익과 같은 여러 가지 토지세로 구성되어 있었다. 그것은 전통적으로는 6분세(六分稅, ṣaḍbhāga)였다. 룸민데이 법칙은 룸비니 마을에 대해 6분세를 낮추어, 8분세를 지불할 것을 규정하고 있다.

C〔니갈리 · 사가르(Nigalī Sāgar) 법칙〕

천애희견왕은, 관정 14년에, *꼬나까마나(Konākamana, 拘那含牟尼) 붓다의 *탑을 *두 배(또는 2번째)로 증축했다.

또 *관정 …… 년에 몸소 (이곳에) 와서 참배했다. 또 돌기둥을 건립하게 했다.

---

* **꼬나까마나** Buddha Konākamuna(*Skt.* Kanakamuni, *Pāli* Konāgamana). 과거 7불(샤까무니 이전의 6불) 중의 제5불.

* **탑** thuba(*Skt.* stūpa, *Pāli* thūpa). ✓stūp(쌓다)에서 파생하여, 퇴적(堆積), 흙이나 벽돌의 퇴적을 의미한다. 솔도파(窣堵波), 탑파(塔婆), 탑(塔) 등으로 음역(音譯)하고, 묘(廟), 총(塚), 방분(方墳), 원총(圓塚) 등으로 의역했다. 본래는 분묘(墳墓) 성격의 것이기 때문에, 그 기원은 불교 이전으로 거슬러 올라간다. 불탑은 불멸 후 마가다의 왕 아자따샤뜨루를 비롯한 여러 왕들이 붓다의 사리를 나누어 8기(基)의 사리탑을 건립한 것에서 사작한다. 인도에서 불탑의 건립이 유행하게 된 것은 아쇼까왕의 불사(佛事)에 힘입은 바가 크다. 이 니갈리-사가르 비문은 과거불을 모신 탑이 건립되고 있었던 사실을 증명한다.

니갈리 사가르 석주 비문

* **두 배로 증축했다** dutiyaṃv aḍḍhite. 이 dutiyaṃ은 '재차(再次)' 라고 읽을 수도 있다. 훌취는 소마애법칙 제1장에서, diyaḍḍhiyaṃ vaḍḍhissati(한 배 반으로 증진(增進)할 것이다)라는 용례(用例)를 논거로 해서' (최초 크기의) 2배로 …… 스뚜빠를 확장했다(enlarged the stūpa …… to the double (of its original size)" 라고 번역했다. 현존하는 가장 오래 된 불탑이라고 하는 바이샬리의 탑은 발굴 조사 결과, 4회에 걸쳐 늘리고 넓힌(增廣) 흔적을 남기고 있는데, 그 최초의 부분은 아쇼까왕 시대까지 거슬러 올라간다. 만약 이것에 의한다면, 꼬나까마나불의 탑의 원형을 아쇼까왕이 늘리고 넓히게 한 것이 되는데, 그 크기를 '두 배' 로 증축하게 했다고 볼 수도 있고, '재차', 즉 '2번째' (최초의 건립에 뒤이어, 보수(補修)로서는 처음)의 공사를 했다고도 볼 수 있다. 인도에서 탑의 발굴 조사 결과, 탑은 한번 건립되면 파괴되는 일은 없었지만, 시간이 지남에 따라 파손되었다. 그래서 이들 탑을 보다 큰 외피(外皮)로 둘러싸서 원래 모습과 같이 수리했음을 알게 되었다.
* **관정 …… 년** 비문이 파손되어서 읽을 수 없지만, 아쇼까왕의 이곳 방문이 룸비니의 방문과 동시에 이루어졌다면, 그것은 관정 20년으로 추정된다.

D 〔딱실라(Taxila) 법칙〕[(1)]

---

(1) 이 법칙은 편의상, 14장마애법칙 제4장에 대비(對比)해서 게재했다.

E 〔람빠까(Lampāka) 법칙〕[(1)]

---

(1) 이 법칙은 편의상, 14장마애법칙 제4장에 대비해서 게재했다.

F 〔아마라바띠(Amarāvatī) 법칙〕

…… 내세(來世)에. 관정 …… 〔년〕 ……

…… 실로, 여기에 내가 새기게 했다.

…… 백성들은 …… 많은 ……

*그들은 비통하게 생각한다. 그러므로 나에 의해서 ……

…… 정복으로 (승리를 얻을 때에) 파괴된다 ……

…… 또 …… 나의 …… 도 ……

…… 그래서 또 ……

---

* **그들은 비통하게 생각한다. 그러므로 나에 의해서** anusuyaṃti 〔l〕 sa (me). anusuyaṃti(*Skt.* anuśocanti)를 산스끄리뜨어 anuśrūyante로 추정해서, '그러므로 나는 법문을 되풀이해서' 듣는다(聽聞)라고 번역하는 설도 있다. 이 비문은 아마라바띠의 불탑을 아쇼까왕이 창건했다는 것을 증명하는 논거가 되고 있다.

Ⅵ. 동원각문(洞院刻文)

A 바라바르(Barābar) 제1굴(窟)(1)

천애희견왕은 관정 12년에, 이 *반얀(Banyan) 동원(洞院)을 아지비까(Ājīvika) 〔교단〕에 기진(寄進)했다.

B 바라바르 제2굴(窟)(2)

희견왕은 관정 12년에, *칼라띠까(Khalatika)산에 있는 이 동원을 아지비까 〔교단〕에 기진했다.

C 바라바르 제3굴(窟)(3)

희견왕은 관정 19년에, 칼[라띠까산에 있는 이] 아름다운 [동원을] *안거(安居)를 위해 기진했다.

---

(1) 용수동원(榕樹洞院) 또는 수다마(Sudama) 동원이라고도 한다.

(2) 칼라띠까(Khalatika) 동원 또는 비슈바 조쁘리(Viṣva Jhopri) 동원이라고도 한다.

(3) 까르나 차우빠르(Karna Chaupar) 동원이라고도 한다.

* **반얀 동원** Niggohakubhā. 동

바라바르 동원(Editions Vilo, 북인도)

원(洞院)은 동굴 사원을 말한다.

* **칼라띠까산(山)** Khalatikapavvata.

* **안거를 위해** 이 문장은 ja[la]gho [sāgama]thāta(요란한 비의 접근 때문에)라고 되어 있는데, "우계(雨季)의 은거(隱居)를 위해"라는 의미. 붓다 시대에는, 이미 모든 종교 수행자가 우계 동안에는 유행(遊行: 교화와 수행을 위한 여행) 생활을 중지하고, 일정한 거주처에 머무르는 관습(安居, varṣa)이 있었다(塚本). Nikam(p. 64)은 "우계의 홍수가 미치지 않는 (칼라띠까산)"이라고 번역(호진).

VII. 황후법칙(皇后法勅)

천애의 조칙(詔勅)으로, 도처의 대관들은 〔다음과 같이〕 알아야 한다.

제2 왕비가 여기에 한 기진(寄進)들, 〔즉〕 *망고 수림 · *〔승〕원(僧園) · *보시당(布施堂) 또는 그 외의 어떠한 것도, *띠바라(Tīvara)의 어머니인 제2 왕비 *차루바끼(Chāruvaki)의 이름으로 특별히 기록되어야 한다.

---

* **망고 수림** ambāvadika. 망고 수림을 승가에 기진(寄進)한 예는 초기불교에서는 많이 알려져 있다. 『아육왕경』에 의하면 아쇼까왕이 승가에 많은 액수의 기진을 했기 때문에 왕조의 재정이 위기에 빠졌다. 그래서 그의 손자 삼쁘라띠(Samprati)가 기진을 위한 지출을 거부했다. 아쇼까는 가지고 있던 망고 과일의 반쪽을 승가에 주었다. 이것이 아쇼까가 승가에 한 마지막 보시였다.
* **승원** ālama (*Skt.* ārāma). 원(園)은 일반적으로 도시나 시가지 가운데, 또는 교외에 있는 낙원(樂園), 화원(花園), 과수원을 의미하였지만, 이것을 소유자가 영구적으로 승가에 기진해서, 종교적 집회, 선정(禪定)이나 법(法)에 관한 토의 장소가 되었는데, 그것을 승원(僧園, saṃghārāma: 僧伽籃)이라고 불렀다. 그리고 여기에 정사(精舍)가 건립되어, 출가자들이 단체생활을 하게 되자 승원이 형성되었다.
* **보시당** dānagaha (Skt. dānagṛha). 보시된 물건을 분배하는 집.
* **띠바라** Tīvara(Tivara, Tittivala). 아쇼까의 왕자. 비문에 나오는 유일한 왕자인데, 이 이름은 문헌에는 전해지지 않는다. 문헌에 나오는 왕자로는 마헨드라(Mahendra), 꾸날라(Kunāla), 잘라우까(Jalauka)이다.
* **차루바끼** Chāruvakī(Kāruvākī, Kāluvākī). 아쇼까왕의 제2 왕비. 바루아(B. M. Barua)는 『대왕통사』와 『수망갈라빌라시니(Sumaṅgalavilāsinī)』에 나오는 아산디밋따(Asandhimittā)라고 추정했다(塚本). 塚本은 이 문장을 "이것은 이 왕비의 기진으로 열거된다(간주된다)〔될 것이다〕. 이것은 띠바라(Tivara) 〔왕자의〕의 어머니인 제2 왕비 깔루바끼의 …… 이다"라고 번역. Sircar의 번역을 따랐음(호진)

해설 참고문헌

아쇼까 비문에 대한 연구는 1837년에 제임스 프린셉이 델리 · 또쁘라(Dehli-Toprā)의 7장 석주법칙을 해독한 것이 최초였다.

James Prinsep: *JASB* 6 (1837), p. 566 이하.

그 후 많은 학자들의 힘든 연구 결과로 20세기 초에는 법칙(法勅)의 대략적인 전모가 밝혀지게 되었다.

그 무렵 빈센트 스미스(Vincent A. Smith)는 그때까지 알려진 모든 비문을 영어로 번역해 출판하고, 그것에 기념비조사 보고를 포함해, 상세한 설명을 붙였다.

Vincent A. Smith: *Asoka, the Buddhist Emperor of India*, Oxford, 1st ed. 1901.

그러나 이 책의 재판(1909년)과 3판(1920년)에서는 많은 개정 증보가 이루어졌다. 그것은 비문 연구의 진보에 따른 해석의 변경을 의미하는 것이었다. 그의 번역을 위해 기초가 된 연구에 다음과 같은 것이 있다.

A. Cunningham: *Inscription of Asoka, Corpus Inscriptionum Indicarum*, Vol. I, Calcutta 1877.

É. Senart: *Les inscriptions de Piyadasi*, tome I 1881, II 1888: IA. 1888, 1889, 1891.

G. Bühler: *Beiträge zur Erklärung der Aśoka-Inschriften, ZDMG*. 1883-1894, Leipzig 1909.

1920년에 반다르까르와 S. 마줌다르가,

D. R. Bhandarkar & Surendranath Majumdar: *The Inscriptions of Aśoka*, Calcutta 1920.

를 출판하면서, 그때까지 알려졌던 각문(刻文)의 모든 이본(異本)들을 로마자(字)로 대조했다.

뒤이어 울너는,

A.C. Woolner: *Asoka Text and Glossary*, Panjab University Oriental Publication, Oxford University Press, Calcutta 1924, Pt. I. Introduction, Text; Pt. II Glossary.

를 간행했다. 제1부에서는 각문의 리스트, 암비(岩碑)와 석주의 위치, 법칙의 내용과 제목, 문자, 방언, 문법 등에 대해 설명하고, 14장마애법칙(별각법칙을 포함해서)의 7종 이본, 소마애법칙의 8종 이본, 7장 석주법칙의 6종 이본, 소석주법칙의 3종 이본의 대조표, 룸민데이, 니글리바 및 황후법칙, 바라바르(Barābar)의 각문과 나가르주니의 각문(아쇼까 손자 Daśaratha의 비문)을 로마자로 게재했다. 이 가운데서 반다르까르의 소위 델리 · 시바리끄(?)를, 그는 델리 · 또쁘라라고 불렀다. 제2부에서는 법칙에 나오는 어휘들에 대해, 그 전거(典據), 문법상의 설명, 그때까지 연구자들이 해놓은 번역의 예들을 제시했다.

이어서 오이겐 훌취는,

Eugen Hultzsch: *Inscriptions of Asoka, Corpus Inscriptionum Indicarum*, Vol. I, Oxford 1925.

에서, 각문에 대한 조사와 연구 상황을 기술한 다음, 각 비문의 문법을 대강 간추려 설명했다. 그 다음, 각문의 탁본(拓本), 데바나가리 문자와 로마자에 의한 전사(轉寫) 및 영역과 주(註)를 붙였다. 여기에서는 울너의 니글리바 비문을 니갈리-사가르라고 부르고 있다. 또 같은 해에 반다르까르는,

D. R. Bhandarkar: *Asoka*, Calcutta, 1925.

에서 법칙의 영역 및 주와 문헌 목록을 게재했다.

1927년에 우이 하쿠주(宇井伯壽)의 「阿育王刻文」(『印度哲學硏究』 제4권, 『南傳大藏經』 제65권)이 간행되었는데, 앞에 기술한 법칙에 관한 연구를 기초로 해서 법칙의 일본어 번역, 주, 해설을 붙이고 있다.

이어서 R. 무께르지는,

Radhakumund Mookerji: *Asoka*, London, 1st ed. 1928; 2nd ed. 1955; 3rd ed. 1962

에서 각문의 영역과 주해(註解), 각문의 로마자 원문을 게재하고, 법칙의 연대, 각문의 문자 · 방언 · 문법에 대해 해설했다. 또 아쇼까 석주 및 그 주두(柱頭)에 대한 상세한 설명을 붙였다.

같은 해(1928)에 헬쯔펠트(Herzfelt)는 딱실라 출토의 새로운 아쇼까 각문 연구를 공표하고, 터너(Turner)는 가비마트(Gavīmaṭh)와 빨끼군두(Pālkīguṇḍu)의 소마애법칙 연구를, 바루아(Barua)는 예라구디(Yerraguḍi)의 소마애법칙을 발표했다.

E. Herzfeld: A New Aśokan Inscription from Taxila, *Ep. Ind.*

XIX(1928), p. 251 이하.

R. L. Turner: The Gavīmaṭh and Pālkīguṇḍu Inscriptions of Aśoka, *Hyderabad Archaeological Series*, No. 10, 1932.

B. M. Barua: Aśoka's Minor Rock Edict: the Yerraguḍi Copy, *IHQ* 1937, pp. 132-136.

1940년대에 들어오자, 밧따차리야, 바루아, 메헨달레의 연구,

S. Bhattacharya: *Select Asokan Epigraphs* (with Annotation), Calcutta, 1st ed. 1942; 2nd ed. 1960.

B.M. Barua: *Asoka and His Inscriptions*, Calcutta 1946.

M.A. Mehendale: *Aśokan Inscriptions in India*, Bombay 1948.

가 출판되었고, 또 헨닝은 람빠까(Lampāka) 출토의 아람어 각문의 연구,

W.B. Henning: The Aramaic Inscription of Asoka Found in Lampāka, *BSOAS* XIII (1949), Pt. I, pp. 80-88.

를 발표했다. 이 무렵에 카나쿠라 엔쇼(金倉圓照)의

『印度中世精神史』上, 1949, pp. 205-209.

무라타지로(村田治郎)의

「阿育王柱の 様式的考察」(佛教美術 9, 1950)

이 빌표되있다.

1950년에, J. 블로흐는 아쇼까 법칙에 관한 그때까지의 모든 연구를 집대성한 탁월한 저서,

J. Bloch: *Les inscriptions d' Asoka*, traduits et commentées, Paris 1950.

를 간행했다. 각문에 대한 소개 뒤에 음성, 품사론, 문장론, 어휘, 문

자에 대해 개설했다. 또 텍스트에 대해서는 법칙의 이본(異本)들을 로마자로 대조해 게재하고, 프랑스어 번역과 주를 달았다. 이 책에서는 훌취의 책이 출판된 이후에 발견된 가비마트(Gavīmaṭh)와 에라구디의 소마애법칙을 첨가했다. 현재 아소까 비문에 관한 연구의 대부분은 이 책을 전거(典據)로 하고 있다.

1950년대부터 60년대에 걸쳐, 몇 종류의 새로운 아소까 비문이 발견되어, 그 연구 성과가 공표되었다. 먼저, 서카(Sircar)가 발표한 구자라와 라줄라·만다기리의 소마애법칙, 에라구디의 소마애법칙과 14장마애법칙, 소빠라 마애법칙 제9장 단편의 연구를 들 수 있다.

Ootacamund D.C. Sircar: Gujarra Inscription of Asoka, *Ep.* Ind. XXXI(1956), pp. 204-210; Rajula-Mandagiri Inscription of Asoka, *Ep.* Ind. XXXI(1956), pp. 211-218; Erragudi Edict of Asoka, *Ep.* Ind. XXXII(1959), pp. 1-28; Sopara Fragment of Rock Edict IX of Asoka, *Ep.* Ind. XXXII(1959), pp. 29-30.

연이어 깐다하르에서 그리스어와 아람어 2가지 언어를 함께 사용한 법칙이 발견되기도 하고, 스케라토(Scerrato), 슐룸벨거(Schlumberger), 로버트(Robert), 뒤뽕-소메르(Dupont-Sommer), 서카(Sircar), 필리오자(Filliozat), 카라텔리(Carratelli), 가르비니(Garbini), 이토요시노리(伊藤義教)의 연구가 공표되었다.

U.Scerrato: An Inscription of Aśokan Discovered in Afghanistan, the Bilingual Greek-Aramic of Kandahār, *East and West* (IsMEO) IX, 1958, pp. 4-6.

D.Schlumberger, L. Robert et Dupont-Sommer: Une blingu gréco-araméenne d' Asoka, *JA* 1958, pp. 1 ff.

O.D.C. Sircar: Note on Shar-i Kuna Inscription of Asoka, *Ep. Ind.* XXXIII (1960), pp. 333-337.

J. Filliozat: Graeco-Aramaic Inscription of Asoka New-Kandahar, *Ep. Ind.* XX XIV(1961), pp. 1-8.

U. Scerrato, G. Pugliese Carratelli and G. Garbini: A Bilingual Graeco-Aramaic Edict by Aśoka, The First Greek Inscription Disecovered in Afghanistan, *SOR.* XXIX (Roma 1964).

이토요시노리(伊藤義教): 「阿育王のアラム語碑について」, 『オリエント』 8-2(1966).

É. Lamotte: *Histoire du Bouddhisme indien*, Lovain 1958, pp. 789-798에는 부록으로 구자라(Gujarrā)와 라줄라 · 만다기리(Rājula-Maṇḍagiri)의 각문(刻文)에 대한 보고 및 깐다하르(Kandahār)의 그리스어 · 아람어 병용법칙(併用法勅)의 프랑스어 역과 연구가 게재되어 있다.

이어서 타파르는,

R. Thapar: *Aśoka and the Decline of the Mauryas*, Oxford 1961, pp. 250-266의 부록에, 깐다하르 각문을 포함한 법칙의 영역(英譯)을 싣고 있다. 뿐만 아니라, R. 무께르지는,

R. Mookerji: *Asoka*, 3rd revised and enlarged ed., Delhi-Varanasi-Patna 1962, pp. 255-289.

에, 새로 발견된 법칙의 보고와 연구 내용을 첨가하고 있다. 여기에 포함된 비문은, 딱실라, 에라구디, 가비마트(Gavīmaṭh), 빨끼군두(Pālkīguṇḍu), 라줄라 · 만다기리, 구자라, 깐다하르, 샤르 · 이 · 쿠나(Shar-i-kuna), 아마라바띠 및 황후법칙이다.

그 후, 깐다하르에서 제2의 그리스어 법칙과 인도어와 아람어 번역을 축어적(逐語的)으로 배열한 두 종류의 법칙이 발견되었다. 그 연구에,

É. Benveniste: Édicts d' Asoka en traduction grecque, *JA* 1964, pp. 137-157.

K. R. Norman: Notes on the Greek Version of Aśoka' s Twelfth and Thirteenth Rock Edicts, *JRAS* 1972, pp. 111-118.

É. Benveniste et A. Dupont-Sommer: Une inscription indo-arame d' Asoka provenant de Kandahar(Afghanistan), *JA* 1966, pp. 437-465.

C. Caillat: La séquence SHYTY dans les inscription indo-araméenes d' Asoka, *JA* 1966, pp. 469-470.

구보다슈우(久保田周): 「第二カンダハル 碑文の 內容と その 意義」『印度學佛教學研究』 22-1, 1973.

가 있다. 또 딱실라와 람빠가의 아람어 법칙에 관한 새로운 연구로서,

H. Humbach(훔바크): Die aramäische Inschrift von Taxila, Akademie der Wissenschaften und der Literatur, Mainz 1961.

구보다슈우: 「アショカにおけるアラム語 碑文群の 意義」『印度學佛教學研究』 23-1 , 1974.

를 들 수 있다.

역시, 최근에 델리(Bahapur)에서 발견된 소마애법칙에 대해서는,

M.C. Joshi & B. M. Pande: A Newly Discovered Inscription of Aśoka at Bahapur, Delhi, *JRAS* 1967, pp. 96-98.

아흐라우라(Ahraurā)에서 발견된 소마애법칙에 대해서는,

카스가이신야(春日井眞也):「アフラウラ-詔勅刻文について」,『印度學佛教學研究』23-1, 1974.

아마라바띠의 소석주법칙에 대해서는,

O. D. C. Sircar: Fragmentary Pillar Inscription from Amarāvatī, *Ep. Ind.* XXXV 1963-1964, pp. 40-43.

가 있다.

또 나카무라 하지메(中村元)의

『インド古代史』下, pp. 335-348.

에는 각문에 대해서 총괄적인 소개가 되어 있다.

이상의 여러 연구 외에, 마쓰모토 후미사부로(松本文三郞)의『佛典結集』, 모리 · 오오무라(森 · 大村)의『阿育事蹟』, 시마지 · 시라이(島地 · 白井)의『聖典』에 법칙의 일본어 번역이 포함되어 있다. 또 본인(塚本啓祥)의 논문,

「Kandahār 出土の アショ-カ 法勅(I) ギリシア語 銘文の 覺え書」, 金倉博士古稀記念『印度學佛教學論集』, 1966.

「Kandahār 出土の アショ-カ 法勅(III) 第二 · 第三 法勅の 覺え書」,『法華文化研 究』二, 1976.

「アショ-カ王碑文雜考」,『大崎學報』128, 1976.

가 있다.

이상, 아쇼까왕의 비문 연구에 직접 관계있는 문헌들만을 들었지만, 이 외에 정치사, 사회경제사, 법제사(法制史), 종교사에 관한 다수의 문헌이 간행되었다. 그것에 대해서는 본인의『アショ-カ王』(1973) pp. 12-28을 참조하기 바란다. 관계 문헌 가운데 입수하기 쉬운 책으

로서,

金倉圓照, 『印度中世精神史』 上, 1949. 『印度中世精神史』 中, 1962.

中村元, 『インド 古代史』 上, 1963.

山崎利男(야마자키 도시오) 譯, 『インド古代史』, 1966.

金倉・塚本 譯注, 『古代インドと ギリシア文化』, 1972.

를 들 수 있다.

연표(年表)

기원전 559: 키로스(Cyros) 2세, 아카이메네스(Achaimenes) 왕조를 창설

521: 다레이오스(Dareios) 1세 즉위

485: 붓다 입멸(南傳).

383: 붓다 입멸(北傳).

334: 알렉산드로스, 헬라스(Hellas, 그리스)의 연맹(聯盟)의 맹주(盟主)로서, 페르시아 토벌 시작.

330: 다레이오스 3세 사망하고, 아카이메네스 왕조 멸망. 알렉산드로스는 헬라스 연맹군을 해산하고, 마케도니아 병(兵)과 용병(傭兵)만으로, 이란 정복 시작.

326: 알렉산드로스, 펀잡에 도착.

324: 인더스 동부의 태수 필립포스(Philippos) 살해.

323: 알렉산드로스 사망.

317: 짠드라굽따, 마우리야 왕조 창설. 유데모스(Eudemos), 인

도에서 군대 철수.

312: 셀레우코스 1세 니카토르(Seleucos I Nicator), 셀레우코스 왕조 창설.

305: 셀레우코스 1세, 인도에 침입해서 패배하고, 짠드라굽따와 강화조약 체결.

? : 메가스테네스(Megasthenes), 빠딸리뿌뜨라에 대사(大使)로 체류.

293: 빈두사라(Bindusāra) 즉위.

283/282: 에집트 왕 프톨레마이오스 2세 필라델포스(Ptolemaios Philadelphos), 왕위 계승.

? : 데이마코스(Deimachos), 인도에 체류.

? : 빈두사라(Bindusāra) 왕, 안티오코스(Antiochos)에게 편지.

280: 셀레우코스 1세, 암살 당함.

280: 안티오코스 1세 소테르(Soter) 즉위.

276: 안티고노스 2세 고나타스(Gonatas), 마케도니아 왕이 됨.

? : 디오니시오스(Dyonisios), 인도에 체류.

274: 마가스(Magas), 키레네(Cyrene) 왕이 됨.

272: 알렉산드로스 2세, 에페이로스(Epeiros) 왕이 됨.

268: 관정 1년, 아쇼까 즉위.

261: 관정 8년, 깔링가(Kaliṅga) 국 정복. 시리아 왕 안티오코스 2세 테오스(Theos) 즉위.

259: 관정 10년, 법의 순례 시작.
깐다하르(Kandahār) 제1 법칙 발포.

257: 관정 12년, 5년마다 관리가 지방 순찰할 것을 명령.

마애법칙 제4장을 시작으로 많은 법칙을 새김.

사명외도에게 바라바르(Barābar) 동굴 사원(洞院) 1, 2번 기진(寄進).

256: 관정 13년, 법대관을 설치.

인방인(隣邦人) 및 그리스의 여러 나라에 사신 파견.

256: 관정 14년, 까나까무니불(Kanakamuni-Buddha, 拘那含牟尼佛)탑 수축(修築).

253: 마가스 왕 사망.

250: 관정 19년, 사명외도에게 바라바르 동굴 사원 3번 기진.

250/249: 코린토스(Corinthos) 왕 알렉산드로스가 독립 선언.

249: 관정 20년, 룸비니 동산 참배.

까나까무니불탑 참배.

246: 안티오코스(Antiochos) 2세 사망.

245: 코린토스 왕 알렉산드로스 사망.

243: 관정 26년, 석주법칙 제1, 4, 5, 6장을 새김; 이 해(年)까지 25회 죄수들을 석방.

242: 관정 27년, 석주법칙 제7장 새김.

242: 법대관의 사업에 대한 회고(回顧).

? 240: 프톨레마이오스(Ptolemaios) 2세 사망.

239: 알렉산드로스 2세 사망; 안티고노스 2세 사망.

232: 관정 37년, 아쇼까 치세 끝남.

226: 사산(Sasan) 왕조 성립.

184: 뿌샤미뜨라(Puṣyamitra), 마우리야 왕조를 멸망시키고, 슝가 왕조 창설.

제 2 부

I. 룸민데이의 아쇼까 석주각문재고/ 츠카모토 게이쇼(塚本啓祥)

II. 아쇼까 비문/ 쥘 블로흐(Jules Bloch)

III. 아쇼까왕과 불교/ 호진

I. 룸민데이의 아쇼까 석주각문재고

츠카모토 게이쇼(塚本啓祥)

1. 문제의 소재

샤꺄무니의 고향 유적을 찾기 위해 네팔 따라이(Tarāī) 현(縣)을 방문했던 퓌러(A. A. Führer)는 1895년에 니글리바(Niglīva, 현재 Nigālī Sāgar)의 아쇼까 석주(刻文)를, 1896년에 빠데리아(Paḍeria, 현재 Rummindeī)의 아쇼까 석주(각문)를 발견했다.[1] 빠데리아 석주는 샤꺄무니의 탄생지 룸비니(Lumbinī)를 아쇼까왕이 방문한 것을 기록한 것인데, 그 후 주변의 유적 발굴이 진행되어 왔다.

1992년 룸비니 개발 트러스트(Lumbini Development Trust)의 요청으로, 재단법인 전일본불교회(財團法人 全日本佛教會: Japan Buddhist Federation; 이하 JBF)는 마야당 수복(修復)계획에 착수해서, 1993년부터 10년에 걸쳐 조사, 발굴을 실시했다. 그 동안 JBF의 우에사카 사토

1) A. A. Führer, *Annual Progress Report*, 1894-1895, Paragraph 3.

루(上坂悟) 교수의 지도에 따라 발굴한 결과, 1995년에 마야당 중심부의 바로 아래에서 '자연석(a piece of natural rock)' 이 발견되었다. 이것은 아소까왕이 석주를 건립했을 때, 샤꺄무니 세존의 탄생지를 나타내는 표지(標識)로 묻어 두었던 것으로 추정되었다.[2]

필자는 졸저『アショ-カ(아소까)王 碑文』[3]에서, 룸민데이 각문(刻文)을,

> 천애희견왕은 관정(灌頂) 20년에 몸소 이곳에 와서 참배했다. 여기에서 붓다 샤꺄무니가 탄생하셨기 때문이다. 그래서 그 주위에 돌 울타리를(石柵)을 만들게 하고, 석주(石柱)를 세우게 했다. 세존이 여기에서 탄생하셨기 때문에 룸비니 마을은 조세(租稅)가 면제되고, 또 생산의 8분의 1만을 지불하게 되었다.

라고 번역했지만, '자연석' 의 발견에 따라, 마야당과 석주 등, 일련의 사원(寺院) 복합체의 건립 배경과 경위를 고려해, 각문을 재고할 필요가 있다고 생각하게 되었다. 따라서 이 논문에서는, 지금까지의 이 각문에 대한 연구 역사를 검토하고, 그 문제점이 변해 온 과정을 밝힐 뿐 아니라, 각문과 자연석의 관련 및 그 일관성을 해명하고자 한다.

---

2) 板諾秀一,「釋迦の故鄕」(『東京新聞』夕刊, (上), 2004년 6월 29일; (中), 2004년 7월 6일; (下), 2004년 7월 13일).

3) 塚本啓祥,『アショ-カ王碑文』(東京, 1976), 법의 순례(pp. 64-69), 룸민데이법칙(p. 139), 譯注(pp. 143-195).

2. 지금까지의 룸민데이 각문 연구

① 뷜러(G. Bühler)의 학설

퓌러(Führer)는 1895년 3월에 니글리바(Niglīva, 현재 Nigālī Sāgar)의 석주 각문을, 1896년 12월에 빠데리아(Paḍeria, 현재 Rummindeī)의 석주 각문을 발견했다. 그의 보고에 의하면, 이 두 각문(刻文)들은 네팔의 따라이(Tarāī)에 있다. 니글리바 석주는 벵갈 서북 철도(Bengal and North-Westen Railway)의 우스까 바자르(Uska Bazar) 역(驛) 북서쪽 38마일, 부따울 군(Butaul zillah, 郡)의 네팔 세무관리구(稅務管理區: tahsīl) 따울리흐바(Taulihvā) 내에 위치하고, 빠데리아 석주는 같은 군(郡)의 세무관리구 바그반뿌르(Bhagvanpur)의 북쪽 2마일 지점에 있다. 퓌러의 추정에 의하면, 빠데리아는 니글리바에서 약 13마일(약 20km) 거리였다. 두 각문은 부러진 석주의 아랫부분에 새겨져 있었다. 빠데리아 각문은 지표(地表)로부터 3피트(약 1m) 아래에서 완전한 상태로 발견되었다.

뷜러(Bühler)에 의하면,[4] 두 각문의 문자는 북동쪽에 위치한 아쇼까의 3개의 소석주(小石柱), 즉 라디아(Radhia, Lauṛiyā-Ararāj), 마티아(Mathiah, Lauṛiyā-Nandangaṛh), 람뿌르바(Rampurvā)의 각문과 일치하고, 언어는 기원전 3세기의 미가디어(Magadhī; Prākrit의 일종)이다. 각문의 특징으로서, 뷜러는 특히, ra대신 la를 사용하고, nom(주격), sg(단수), m(남성), n(중성)의 어미(語尾)를 -e로 활용하고, idha(iha 여

---

4) G. Bühler, The Asoka Edicts of Paḍderia and Nigliva, *EI* Vol. V, 1898-1899, Reprinted 1984, pp. 1-6(Führer가 拓本 제공).

기에)의 대신 hida가 사용되고 있는 것을 지적했다.

〔원문〕

1 Devāna-piyena Piyadasina lājina-vīsativasābhisitena

2 atana-āgāca mahīyite hida-Budhe-jāte Sakyamuni-ti

3 silā-vigaḍabhī-cā kālāpita silāthabhe-ca usapāpite

4 hida-Bhagavaṃ-jāte-ti Luṃminigāme ubalike-kaṭe

5 aṭhabhāgiye-ca 〔//*〕

〔영역〕

King Piyadasi, beloved of the gods, having been anointed twenty years, came(1) himself and worshipped(2), saying(3): "Here Buddha Sakyamuni was born." And he caused to be made a stone(slab) bearing a big sun(?)(4); and he caused a stone pillar to be erected(5). Because here the worshipfull one was born, the village of Lum.mini has been made free of taxes and a recipient of wealth(6).

희견왕(喜見王)은 관정 20년에 몸소 와서(1) 참배하고(2), "여기에서 붓다 샤꺄무니가 탄생하셨다"고 말했다(3). 그리고 그는 큰 태양(?)(4)을 새긴 돌(石板)을 만들게 하고, 석주를 세우게 했다(5). 여기에서 세존이 탄생하셨기 때문에 룽미니(Luṃmini) 마을은 세금을 면제받고, 부(富)의 수용자(需用者)가 되었다(6).

뷜러는 다음과 같이 주(註)를 달았다.

(1) āgāca, Pāli āgacca, Skt. āgatya; Pkt(쁘라끄리뜨어)에서는 이중 자음 대신 단(單)자음으로 표기하고, 선행하는 단모음을 장음화하는 것으로 대신한다. āgāca〈 āgacca 〈 āgatya, *p. pr.*〈 ā- ✓gam (오다).

(2) mahīyite = mahīyitam, *nom. sg. n. ppp.* "it has been worshipped," or "worship has been performed," mahīy는 'to worship'의 의미로, Skt.에도 나타난다. ✓mahīya, mahīyate, selig sein (*Larger, St. Petersburg Dictionary*, s.v.)

(3) ti = iti 'saying,' 'for, 'because.'

(4) vigaḍabh는 불확실하다고 보았다. 뷜러는 복합 형용사로서 silā를 제한하고, 산스끄리뜨어 vikaṭābhrī에 대응한다고 보았다. 즉 vigaḍabhī = vigaḍabbhī 〈 vigaṭābhrī 〈 vikaṭa + abhrī/abhra의 파생 관계를 추정했다. 그리고 abhrī는 의미를 가지고 있지 않지만, abhra(구름, 雲)의 의미로 해석한다면, 큰 태양을 묘사하고 있는 석판(石板)은 샤꺄무니가 arka-bandhu/āditya-bandhu(태양의 血族) 또는 익슈바꾸(Ikṣvāku, 甘蔗)의 태양족 자손이라는 것을 선포하기 위해, 룸비니원(園)에 건립되었음이 틀림없다고 해석했다. 즉 "그는 큰 태양(?)을 새긴 돌(石板)을 제작하게 했다"로 된다.

(5) usapāpite = Pāli ussāpito = Skt. ucchrāpitaḥ, *nom. sg. m. ppp.* caus. (건립하게 했다). 이중(二重)의 pa는 likhāpāpitā, Delhi-Sivalik 석주법칙 VII. 10번째 줄과 빨리어 viññāpāpeti에서 볼 수 있다.

(6) 뷜러는 *Journal des Savants*, 1897, p. 73에 출판한 바르트(A. Barth)의 번역을 채용했다. 바르트는 세나르(É. Senart)가 시사한 것을 따라, ubalike *(nom. sg. m.)*를 산스끄리뜨어 udbalikaḥ의 동의어로 보고, arthabhāga에서 aṭhabhāgiye가 파생되었다고 추정했다. 디

뱌바다나(*Divyāvadāna*, ed. Cowell & Neil, p. 390)에 의하면, 아쇼까는 Lumbinī-vana(樹林)를 방문해서 100,000금(suvarṇa, 金貨)을 증여했다. 뷜러는 로이만(Leumann)과 올덴베르그(Oldenberg)가 시사한 ubalike와 *udbalikaḥ의 추정은 곤란하다고 보았다. 그리고 토니(Tawney)가 시사한 것처럼, ubalike를 *avabalika /apabalikaḥ(減稅)로 설명할 것을 주장했다. 빨리어에서 o/ū/u〈ava/apa의 단축형(E. Müller, *Simplified Pāli Grammar*, p. 42 f.)을 그 근거로 했다.

② 스미스의 학설

스미스(Vincent A. Smith)는 *Asoka, the Buddhist Emperor of India*[5]에서 뷜러의 원문 일부를 수정하고, 영역과 주(注)를 붙였다.

〔원문〕

1 Devānapiyena piyadasina lājina vīsativasābhisitena

2 atana āgāca mahīyite hida budhe jāte sakyamunīti

3 silā vigaḍabhīcā kālāpita silāthabheca usapāpite

4 hida bhagavaṃ jāteti luṃminigāme ubalikekaṭe

5 athabhagiyeca(tha는 Facsimile에 의하면, 분명히 ṭha이다)

〔영역〕

By His Sacred and Gracious Majesty the King when he had been

5) V. A. Smith, *Asoka, the Buddhist Emperor of India*, Oxford, 1st ed. 1901, 2nd ed. 1909, 3rd ed. Revised and Enlarged 1920, pp. 221-223; Facsimile: p. 221.

consecrated twenty years, having come in person and reverence having been done — inasmuch as "Here was born Buddha, the sage of the Sākyas" —a stone bearing a horse was caused to be made and a stone pillar was erected.

Inasmuch as "Here the Holy One was born," the village of Luṃmini was released from religious cesses and required to pay 〔only〕 one-eighth as land revenue.

신성하고 자비로운 대왕은 관정(灌頂) 20년에 몸소 와서 참배했다. — "여기에서 샤꺄무니 붓다가 탄생하셨기" 때문이다—말(馬)을 가진 돌이 만들어졌고 석주가 세워졌다. "여기에서 세존이 탄생하셨기 때문에", 룸미니(Luṃmini) 마을은 종교세를 면제받고, 토지 소득의 8분의 1〔만〕을 지불하게 되었다.

스미스의 주(注)에 의하면, mahīyite를 절대처격(絶對處格, locative absolute)으로 보고, 'reverence having been done' 이라고 이해해서, 난문(難問)이라고 하는 vigaḍabhīcā를 'bearing a horse' 또는 동일한 취지(趣旨)를 의미한다고 주장했다. 이것은 샤르빵띠에(Charpentier)를 따르고 있다. 『대당서역기』 겁비라벌솔노국(劫比羅伐窣堵國: Kapilavastu) 조(條, 大正 51, 902b)에, "사천왕이 태자를 받들어 올린 스뚜빠(窣堵波) 곁에서, 멀지 않는 곳에 큰 석주가 있는데, 석주 위에 말의 상(像)을 만들었다. 무우(無憂, 아쇼까)왕이 세운 것이다. 후에 악용(惡龍)이 친 벼락으로, 그 기둥은 중간쯤에서 부러져 땅에 쓰러져 있다." 라고 되어 있는데, 말(馬)의 조각상이 얹혀 있었다는 것을 알 수 있다.

(스미스가 논문을 발표했던 시점(時點)에서는 그것을 실증할 유물은 발견되지 않았지만, 1977년에 네팔 고고국 사람들이 했던 발굴에서 말갈기의 파편이 출토되었다.)

스미스에 의하면, 말(馬)은 북인도에서 서방의 수호자로, 스리랑카에서는 남방의 수호자로 간주되었다. 마찬가지로 사자는 이 두 나라에서 북방을, 코끼리는 북인도에서 남방을, 스리랑카에서는 동방을 수호했다. 그러나 거세되지 않은 황소(bull)와 (거세된) 수소(ox)는 북인도에서는 동방의, 스리랑카에서는 서방의 수호자였다. 이들 4마리의 동물은 모두 아쇼까 석주에 나온다.[6)]

bali는 『아르타샤스뜨라(*Arthaśāstra*, 實利論)』에서 볼 수 있는 것처럼, 특수한 의미를 가지고 있는데, 전혀 종교적인 세(稅: cess)는 아니다. bhāga는 근대 공용어로 'land-revenue(토지수입)' 를 의미했다. 『아르타샤스뜨라』(ii.12; 번역본, p. 9)에서, ṣaḍbhāga는 '토지 수입으로 지불되는 생산의 1/6' 을 의미한다. 따라서 각문(刻文)의 aṣṭa (aṭha)-bhāga는 '토지 수입으로 지불되는 생산의 8분의 1(one-eighth of produce paid as land revenue)' 을 의미한다. 룽미니 마을에 주어진 혜택은, 명확하게 이 마을이 토지세로 그 생산의 1/8만 지불해야 하는 것이었다.

스미스는, 기록은 왕의 명령으로 새겨졌다는 것을 선언하지 않았으므로 아마도 그것은 함께 초안되었다가, 아쇼까의 방문을 기념하기 위해 지방 당국이 새겼고, 따라서 세금면제의 후의(厚意)는 아쇼까에 의해 베풀어졌다고 보았다.

---

6) V. A. Smith, *ZDMG* 1911, p. 238; Charpentier, *IA*. xxiiii, 1914, pp. 17-20.

현재, 룽미니(Luṃmini)는 룽민데이(Luṃmindeī)라고 불리고 있는데, 이것은 Lumbinī-devī(룸비니의 여신)에서 유래한 이름이다. 이곳은 네팔의 국경에서 4마일, 띨라르(Tilār) 강의 서쪽에서 수마일, 동경 85° 11′, 북위 25° 58′, 지점에 위치한다. 빠다리아(Paḍaria)는 가까운 이웃 마을이다. 현장(玄奘, 大正, 51, 902 b)은 "옆에 작은 강이 있는데, 동남쪽으로 흐른다. 그 지방 사람은 (이 강을) 유하(油河)라고 부른다."라고 기록하고 있다. 이 각문에는 "여기에서 붓다 샤꺄무니가 탄생하셨다"와 "여기에서 세존은 탄생하셨다"라는 두 가지의 인용문이 사용되고 있는데, 후자는 디뱌바다나(Divyāvadāna)에서 아쇼까의 순례(巡禮, 마애법칙 VIII)를 안내한 우빠굽따(Upagupta)가 전했다. 스미스는 왕의 방문을 기원전 249년으로 보았다.

③ 울너의 학설

울너(A.C. Woolner)는 *Asoka Text and Glossary*(아쇼까의 텍스트와 小辭典)[7]라는 2분책(分册: 한 권의 책을 두 권으로 나누어 냄)을 출판했다. 제1분책에서는 비석의 지지적(地誌的) 상황과 아쇼까 문법의 윤곽 및 텍스트(原文)를 들고, 제2분책의 소사전에서는 텍스트 가운데 나오는 용어에 대해 종래의 여러 설을 예시(例示)하고 있다.

(인도 북부 지역의 중심 도시) 고라크뿌르(Gorakhpur)에서 벵갈-서북 철도(Bengal and North-Westen Railway)의 지선(支線)이 우스까 바자르(Uska Bazar)와 나우가르(Naugarh)로 달리고 있다. 그리고 우스까에서

---

7) A. C. Woolner, *Asoka Text and Glossary*, Panjab University Oriental Publications, Oxford University Press, Calcutta 1924, Pt. I,Introduction, Text, p. 51; Pt. II, Glossary.

비르드뿌르(Birdpur: 나우가르에서 7마일)로 자갈이 깔린 도로가 뻗어 있다. 룸민데이는 비르드뿌르의 북쪽 6마일 지점에 위치한 삐쁘라와(Piprāwā)—이곳에서 유명한 사리용기가 발견되었다—의 동쪽 9마일, 네팔 국경 안에서 4마일, 띨라르(Tilar) 강의 서쪽에서 약간, 빠다리아(Paḍaria) 마을의 북쪽 1마일 거리에 있다. 빠다리아 마을은, 네팔의 바그완뿌르(Bhagwanpur)의 북쪽 2마일, 바스띠(Basti) 현(縣) 둘하(Dulha)의 북동쪽 6마일 거리에 있다. 석주는 큰 고분(古墳)에서 북쪽으로 500피트(약 1.5km) 지점에 위치한 폐허의 서쪽에 서 있다.

〔원문〕

1 Devāna Piyena Piyadasina lājina vīsativasābhisitena

2 atana āgāca mahīyite hida Budhe jāte Sakyamunī ti

3 silāvigaḍābhīcā kālāpita silāthabhe ca usapāpite

4 hida Bhagavaṃ jāte ti Luṃmingāme ubalike kaṭe

5 aṭhabhāgiye ca

〔용어 풀이〕

Devāna Piyena, 구격(具格, *ins*). 단수(*sg*): Devānaṃ-Priya "Beloved of the gods"(신들에게 사랑받는: 天愛)는 아쇼까의 칭호. 스미스는 이것을 "sacred Majesty(聖王)"라고 이해했다. 반다르까르(*JBORAS* 21, 392)는 빠니니(Pāṇini) VI, 3, 31(21의 잘못), aluk samāsa(접미사를 생략하지 않은 복합어) Vārtika, devānāmpriya iti ca를 인용했다. 빠딴잘리(Patañjali)는 길조(吉兆)의 이름을 위해 사용된 bhavad-ādi(敬稱等)의 말에 포함시켰다. 왕에 대한 칭호같이 생각되지만, = rāja(왕)는 아니

다. 뒷날 그것은 "dunce"(어리석은 사람)을 의미하게 되었다(K. Prakāśa, H. Candra, *Siddhānta Kaumudī*).[8)]

Piyadasina, *ins. sg.*: Priyā-darśī "of kindly looks〔喜見〕, or gracious mien", 아쇼까가 (자신의) 개인적인 이름 또는 별명으로 사용했다.

lājina, *ins. sg.*〈 rājan- (왕).

vīsati-vasābhisitena, *ins. sg.* "anointed 20 years"(灌頂 20년에).

atana, *ins. sg.* +āgāca "having come in person"(Pāli attanā, Skt. ātmanā); 뷜러 "approach through one's own free will"; 세나르, 스미스 "personal adherence to a particular man's creed"; 훌취 "visiting(the people) personally."

āgāca, "having come," *gerund* (ā-ga-tya).

mahīyite, *nom. sg. n.*(or *m.*) *ppp.* "worshipped" 뷜러; "did reverence" 피셸, 스미스; "honour was done" 플리트(Fleet); "worshipped (this spot)" 훌취.

hida, *adv.* "here".

Budhe, *nom. sg. m.* "Buddha, the enlightened one."

jāte, *nom. sg. m.* "was born."

Sakyamuni, *nom. sg. m.* (釋迦牟尼).

---

8) *Vart.*: *gen.*의 접미사는 복합어 devānāṃpriya에서는 생략되지 않는다. *Siddhānta Kaumudī*의 著者는 "의미가 fool일 때, 접미사는 devānām-priya에서 생략되지 않는다."고 말한다. *Mahābhāṣya* 또는 *Kāśikā*의 어디에서도 이 전거(典據)는 없다. 이것은 유명한 불교도 군주(君主)의 칭호였다. 왕은 그것을 'a fool' 의 의미로 채용하지 않았을 것이다. iti ca mūrkhe(어리석은 사람)의 구(句)는, 바라문의 악의(惡意) 때문에 Bhattoji Dikshit에 의해 채용되었다.

silā-vigaḍabhī-cā: 뷜러(*EI* 05, 2)는 vigaḍabhī를 "horse," "she-ass," "big sun"(vigaḍabbhi = vikaṭābhri), "railing," "enclosure"로 번역하였다. 피셸(Pischel)은 이것을 거부하고, "flawless(흠 없는, 완벽한)," "without defect(결함 없는)"로 번역하고, silā(石)를 한정한다. gaḍa는 'obstacle,' vigaḍa는 'free from defect,' +bh는 -bha의 *f*(女性).; 참조, sthūla-bha (거친 概觀): gaṇḍa-śaila는 돌의 거친(粗) 블록(block)에 대한 술어(述語)이다. 반다르까르(*JBBRAS* 20, 366)는 이것을 한 단어로 본다. śilā-vikaṭa-bhityā, vikaṭa는 "보통이 아닌 크기의", bhityā, *ins. sg.*〈bhitti〈 'a wall' ; 그런데 플리트(*JRAS* 08. 477)는 bhīcā "wall" (= *bhiccā for *bhittikā), *nom. sg. f.* 그러나, 또 한 번 avi "enclosure fence wall," gaḍa 'screen' , 즉 "stone wall which is an enclosure and screen"(울타리와 차폐물(遮蔽物)인 石壁). 샤르빵띠에(*IA*. 43. 19)는 vigadabhī "bearing a horse"-bhī = bhṛt(~을 보지(保持)하다, 가지다)로 보았다. 훌취는 vigaḍa가 "horse"를 의미한다는 증거를 의심하지만, *bhittikā〉 bhīcā를 거부하는 것을 인정했다. 어느 쪽이든 간에 말〔馬〕이 기둥머리(柱頭)에 있었을 것이다. 즉 silāthable(石柱가) usapāpite(건립되었다), 따라서 kalāpita된 silāvigaḍabhī(cā)는 무엇인가 다른 것을 언급하는 것으로 생각된다.

kālāpita, *nom. sg. f. pp. caus.* "caused to be made," (〈kārāpitā 造營되었다).

usapāpite, *nom. sg. m.* "set up"(a stone pillar)(ucchrāpita, ud-✓sri) 뷜러 (석주가 건립되었다).

Bhagavaṃ, *nom. sg. m.* "the Holy or Adorable One"(세존이).

Luṃmini-gāme, *nom. sg. m.* "the village of Luṃmini"(Lumbinī-grāma).

ubalike, *nom. sg. m.* (gāme). 뷜러는 *ud-bali-ka에서 파생했다는 주장을 거부하고, 오히려 avabalika 또는 apabalika를 택했다. 토마스(Thomas, *JRAS* 09. 466)는 udbalika "free of bali, tax 또는 cess"를 인정했다. 플리트(*JRAS* 09. 478)는 그것을 uṃbalike "fręe from rent"라는 드라비다어(Dravida)로 보았다. 텔루구어(Telugu)의 umbalike 등은 다른 기원을 가지고 있다. 그러나 라이알(Lyall, *JRAS* 08. 850)은 ubārī (U.P.; 충분한 사정(査定)보다 적은 지대(地代, 토지 임대료)를 면제 받은 토지의 보유 조건)를 증거로 내놓았다.

aṭha-bhāgiye, *nom. sg. m.* (Luṃminigāme). 뷜러는 aṭha = artha "sharer in wealth, partaking of king' s bounty," 그러나 피셀은 aṭha = aṣṭa "with eight plots of assessable land"라고 이해했다. 스미스(*IA* 05. 3)도 마찬가지다. 그러나 플리트(*JRAS* 09. 761)는 "a quarter share〔四分稅〕" 대신 (Thomas, *JRAS* 14. 391), "paying an eighth share (of the grain harvest)〔八分稅〕"라고 보았다.

④ 훌취의 학설

훌취(E. Hultzsch)는 *Inscriptions of Aśoka*[9]에서, 각문의 해설, 저자(著者), 아쇼까의 제국, 개종, 법에 내해 언급한 뒤, 유형화(類型化)된 각문 각각의 문법적인 특색을 기술했다(석주법칙의 문법, cxi-cxxiii). 1896년 12월, 퓌러(Führer)는 네팔 따라이의 니갈리·사가르 석주 동

9) E. Hultzsch, *Inscriptions of Aśoka*, *Corpus Inscriptionum Indicarum*, Vol.I, Oxford 1925, Reprinted, New Delhi 1991; Text and Translations, pp. 164-165; Pl. 64

남쪽 약 13마일 지점에서, 아쇼까 각문이 새겨진 석주를 발견했다. 석주는 빠다리야(Paḍariyā) 마을 북쪽 약 1마일 지점, 룸민데이 사당(祠堂) 근처에 서 있었다. 이 마을은 네팔 세무관리구(稅務管理區)의 본부 바그반뿌르(Bhagvānpur)에서 북쪽으로 약 2마일 지점에 있었다.[10]

아쇼까 석주는 아랫부분만 남아 있는데, 지금도 본래 장소에 그대로 서 있다. 벽돌 난순(欄楯: 울타리)으로 둘러싸여 있다. 그것은 통상적인 황색의 단단한 사암(砂岩)으로 되어 있고, 높이는 21피트(약 7미터)이다.[11] 표면의 각문은 1898년에 뷜러가 그 원본의 복사를 첨부해서 출판했다.[12] 룸미니(Lummini)와 현대의 이름 룸민데이(Rummindeī)는 룸비니(Lumbinī) 수림(樹林), 붓다 탄생지의 전승지(傳承地)로 추정된다.[13] 이 추정은 현장 법사에 의해 확인되었다.

1895년에 사암으로 된 다른 아쇼까 석주가 퓌러에 의해 네팔 따라이(Tarāī)의 니글리바(Niglīva) 마을 남쪽 약 1마일, 니갈리 · 사가르(Nigālī-Sāgar)라는 큰 저수지 서쪽 기슭에서 발견되었다. 이 마을은 룸민데이의 북서쪽 약 13마일 거리에 위치하고 있는데, 따울리바(Tauliva)의 네팔 세무관리구(Basti의 British district〔縣〕의 Piprāvā의 서북쪽 7마일)에 속한다.[14]

---

10) V. A. Smith, *IA*, 34, 1; Babu P.C. Mukherji, *Antiquites in the Tarai*, Calcutta 1901, Plates 18, 19.

11) 앞의 책, p. 34; Führer, *Monograph on Buddha Sakyamuni' s Birth-Place*, Allahabad 1897, p. 27에 마주하는 Pl.; V.A. Smith, *Early History of India*, p. 148에 마주하는 Pl.

12) Bühler, *EI*, 5, 1ff.

13) *Jātaka*, I, pp. 52, 54의 序. Lumbini의 다른 호칭에 대해서는, Cf. *IA*,43, 18.

14) Niglīva와 Rummindeī의 위치에 대해서는, Cf. Mukherji, 앞의 책. Pl.I.

〔원문〕

1 (A) Devāna〔pi〕yena Piyadasina lājina vīsati-vasābhisitena

2 atana āgāca mahīyite hida Budhe jāte Sakyamuni ti

3 (B) silā vigaḍabhī cā kālāpita silā-thabhe ca usapāpite

4 hida Bhagavam jāte ti(C) Luṃmini-gāme ubalike kaṭe

5 aṭha-bhāgiye ca

〔영역〕

(A) When king Devānāṃpriya Priyadaśin had been anointed twenty years, he came himself and worshipped(this spot), because the Buddha Śākyamuni was born here.(1)

(B) (He) both caused to be made a stone bearing a horse(?)(2) and caused a stone pillar to be set up, (in order to show) that the Blessed one was born here.(3)

(C) (He) made the village of Lummini(4) free of taxes,(5) and paying(only) an eighth share (of the produce).(6)

(A) 관정 20년에 천애희견은 몸소 와서 (이곳을) 참배했다. 왜냐하면 붓다 샤꺄무니가 여기에서 탄생하셨기 때문이다.(1)

(B) (그는) 말(?)을(2) 가진 돌도 만들게 했고 석주도 세우게 했다. 세존이 여기에서 탄생하신 것을(3) (보여 주기 위해서였다).

(C) (그는) 룸미니(4) 마을에 세금을 면제해 주고(5), (수확)의 8분의 1(만)(6)을 지불하게 했다.

홀취는 다음과 같이 주(註)를 붙였다.

(1) Mahāparinibbāna-sutta(*JRAS* 1876. 241; *DN*. ii 5. 8)에서, āgamissanti kho Ānanda saddhā bhikkhu-bhikkhuniyo upāsaka-upāsikayo “Idha Tathāgato jāto” ti(참으로 아난다야, 이들 4곳은 신심 있는 비구 · 비구니 · 우바새 · 우바이는 “여기에서 여래는 탄생하셨다”……라고 하면서 모여 올 것이다)라는 말을, 홀취는 번역 (A)에 연관시킨다. 그러나 플리트(*JRAS* 1908. 486)는 번역 (B)에 결부시킨다.

(2) 이것은 명료하지 않아서, (지금까지) 많이 논해진 말(語)인 vigadabhī에 대한 샤르빵띠에의 설명이다. *IA*, 43. 19f 참조할 것. 실러블(音節) -bhī는 확실히 산스끄리뜨어 -bhṛt를 나타내는 것이 틀림없지만, vigaḍa가 'a horse'를 의미하는 것이라고 보기 위해서는, 좀 더 많은 실체 있는 증거에 의해 증명되어야 한다. 반다르까르(*JBBRAS* 20, 366, n. 14)와 플리트(*JRAS* 1908, 477, 823)는, bhīcā를 한 단어에 연결시켰다. 그리고 그것을 산스끄리뜨어 *bhittikā, 'a wall'로 설명했다. 피셀(*Grammatik der Prakrit-Sprachen*, Strassburg, 1900, §§ 49, 219)에 의하면, vigaḍa는 산스끄리뜨어 vikṛta의 아르다마가다어(Ardhamāgadhī: 半마가다어)의 형태이고, silā-vigaḍa bhīcā는 'a (brick) wall decorated with stone'을 의미하는 것이 틀림없다. 그러나 샤르빵띠에(*IA* 43, 17)가 주(註)에서 설명하고 있는 것과 같이, *bhittikā의 bhīcā로의 변화는 “충분히 언어학적인 관점에서 개량(改良)할 수 있다. 그것은 자음이 쁘라끄리뜨어 방언의 초기 단계에서, 이 정도까지 생략하는 것은 없었기 때문”이라고 한다.

(3) hida Bhagavaṃ에 관해서는, *Divyāvadāna*, 389: asmin mahārāja pradeśe Bhagavāñ jātaḥ(대왕이시여, 이 지점에서 세존은 탄생하셨습니

다)를 참조할 것.

(4) Nidānakathā(*Jātaka*, Vol. I, pp. 52, 54)에서, 붓다의 탄생지는 Lumbinī-vana라고 불린다. 명칭의 다른 형태에 관해서는 샤르빵띠에 논문(*IA* 43, 14) 참조. 룸미니(Lummini)라는 말은 현대 명칭 룸민데이(Rummindeī(〈Lumbinī-devī)에 남아 있다.

(5) ubalika = Skt. *udbalika에 관해서는, 바르트(Barth, *Journal des Savants*, 1897, p. 73, n. 2), 뷜러(*EI* 5, 5), 플리트(*JRAS* 1908, 478f.), 라이알(Charles Lyall, ibid., 850f.), 까우띨리야(*Kauṭlīya*)에서 유사한 말인 ucchulka를 인용한 토마스(*ibid.*, 1909, 466f.)를 참조할 것.

(6) *Divyāvadāna*(p. 390)는 아쇼까가 Lumbinī-vana에 100,000(金조각)을 사용한 것을 기록하고 있다. 이 전설에 따라서, 바르트(loc. cit), 뷜러(*EI* 5, 5), 노이만(Neumann, *ZDMG* 68, 721f.)은 aṭha = Skt. artha를 취해서, aṭha-bhāgiya를 'partaking of riches' 로 번역했다. 플리트(*JRAS* 1908, 479f.)는 aṭha-bhāga를 산스끄리뜨어 aṣṭa-bhāga 'an eighth share' 로 설명한다. 즉 왕은 마누법전(*Manu*, VII. 130)에 따라 곡물에 세(稅)를 부과할 수 있다. 까우띨리야(*Kauṭlīya*, p. 116, 밑에서 2번째 줄)에서, caturtha-pañca-bhāgika는 실제로 '(생산의) 1/4 또는 1/5을 지불한다' 는 의미로 사용된다. 그래서 훌취는, -bhāgiya가 '부분을 지불하는 것' 을 의미했다고 믿는 점에서, 토마스(*JRAS* 1914, 391f.)와 일치한다. 그리고 플리트가 생각하는 것처럼, 'entitled to share' 는 아니다. 룸미니(Lummini) 마을의 경우, 관료제(官僚制)는 자선(慈善)에 대항했다. 접미사 -iya = 산스끄리뜨어 -ika.

⑤ 반다르까르의 학설

반다르까르(D.R. Bhandarkar)는 *The Inscriptions of Aśoka*[15]에서, 뷜러의 원문에 대해, 다음과 같은 수정문(修正文)을 제시하고 있다.

〔원문〕

1 Devāna-piyena Piyadasina lājina-vīsativasābhisitena

2 atana-āgāca mahīyite hida-Budhe-jāte Sakyamunī-ti

3 silāvigaḍabhīcā kālāpita silāthabhe-ca usapāpite

4 hida-Bhagavaṃ-jāte-ti Luṃminigāme ubalike-kaṭe

5 aṭhabhāgiye-ca(.)

반다르까르는 이것을 *Aśoka*[16]에서 다음과 같이 번역하고 있다.

King Priyadarśin, Beloved of gods, when he had been consecrated twenty years, came in person and did worship. Because here the Śākya Sage, Buddha, was born, he caused a huge stone wall to be made and a stone pillar to be erected. Because here the Blessed One was born, the village of Luṃmin was freed from religious cesses and made to contribute one-eighth share (only, as

15) *The Inscriptions of Aśoka*, ed. by D.R. Bhandarkar and Surendranāth Majumdar, Sastri, University of Calcutta 1920, p. 101.

16) D. R. Bhandarkar, *Aśoka*, University of Calcutta, 2nd ed., Revised and Enlarged, 1932, p. 375.

land revenue).

천애(天愛)왕은 관정 20년에 몸소 와서 참배했다. 여기에서 붓다 샤꺄무니가 탄생하셨기 때문에 그는 큰 돌담을 쌓게 하고, 석주를 세우게 했다. 여기에서 세존이 탄생하셨기 때문에 룸미니 마을은 종교세를 면제받고, (단지, 토지 수확으로) 8분의 1만을 납부하게 되었다.

이것에 대해 그는 다음과 같은 주(註)를 달았다.

silāvigaḍabhī cā는 학자들이 가장 까다로운 말 가운데 하나로 분류했다. 그러나 반다르까르가 학자들 가운데서 최초로, 이것이 "an enclosure or railing made of stone(돌담, 또는 돌 울타리)" (*JBBRAS* Vol. XX, p. 366, n. 14)을 의미하는 한 구(句)라는 것을 보여 주었다. 플리트는 사실상 반다르까르와 같은 의견이었다(*JRAS* 1908, pp. 476-477, 823). 그러나 silāvigaḍa를 silā+avi(enclosure, fence, wall)+gaḍa(screen)로 나눌 것을 제안하고, 전체를 "stone wall which is an enclosure and screen"으로 번역했다. 훌취는 그것을 silā vigaḍabhī cā로 나누어, a stone bearing a horse(?)라고 번역했다. 여기서 cā는 한 번도 바른 형태의 ca가 되지 않고—게다가 바로 그 뒤에 두 번이나 나타나고 있음에도 불구하고— 'and'를 의미하는 집속사로 취급하고 있다. 이 각문에서, ā가 a로 짧게 되는 경향이 있는 것을 제외하면, ca가 cā를 대신한다. 그러나 cā는 ca를 대신하는 것은 아니다. bhī 다음에 오는 cā는 당연히 여기서는 ca(and)와 동등하게 취급할 수 없다. 그러나 선행(先行)하는 문자와 함께 하나의 말(語)을 이루는 것으로 해석하지 않으면 안 된다.

반다르까르는 이 문자들을 silā-vigaḍa-bhīcā(śilā-vikaṭa 또는 vikṛtabhittāni)를 나타내는 것으로 해석했다. vigaḍa를 vikaṭa와 동등하게 보는 것은, 미첼슨(Michelson, *JAOS* 46, 264)에 의해 알게 된 것처럼, 음성상의 법칙을 무시하지 않는다. 아쇼까 법칙에서는 vraja 대신 vraca(RE.VI, XII), guhā(洞院) 대신 kubhā(洞院法勅)가 사용되고, 석주법칙(PE) VII의 끝에 두 번 lipi(法勅) 대신 libi를, 자우가다(Jaugaḍa)의 별각마애법칙(SRE) II(Sec.F)에 hidalokika(現世) 대신 hidalogika를, 바브루(Bhabrū) 법칙에서 adhikicca(~에 관해) 대신 adhigicya를 사용하고 있다. 그리고 bhīcā는 bhittāni를 대신한다. 그것은 반드시 bhittikā를 대신하지 않는다. 이 변화는 비록 아쇼까 각문에는 알려져 있지 않다 해도, 자음의 소실(消失)을 동반하지 않는다(참조, RE. XI 끝 부분: ilokacasa, *G.*; ialoka, *S.*; hidalokiye, *K.*). 그렇지만, bhitti가 bhitta로 변화하는 것은 확실히 bhaṭi가 bhaṭa로 변화하는 것과 유사하다(RE. V: bhaṭimayesu, *D.*; bhaṭamayesu, *K. S. M.*). 이 관계에서, Kaliṅgabodhi-Jātaka(*Jātaka*, No. 479: Vol. IV, p. 236)의 끝에 나오는 게송은 우리의 주의를 끈다. mahāyitvāna Sambodhiṃ nānāturiyehi vajjamānehi, mālāgandhavilepanam = āharitvā pākāra-parikkhepam, kāresi. (Thus worshipped he the great bo-tree with much melodious sound of music, and with fragrant wreaths; a wall he set around [그는 대보리수를 매우 아름다운 음악을 연주하면서, 향기로운 화환을 가지고 참배했다; 그는 주위에 벽을 세웠다]; *The Jataka, or Stories of the Buddha's Former Births*, Vol. IV, tr. by W.H.D. Rouse, 1st published by the Cambridge Universuity Press, 1895; 1st Indian Edition: Delhi, 1st ed. 1990, Reprint: Delhi 1994, 1999, p. 148). 반다르까르는 법칙의 mahīyite에 대응하는

mahāyitvānan뿐 아니라 pākāraparikkhena, 즉 bhīcā kārāpita에 대응하는 벽(壁)의 조영(造營)을 지적했다. 붓다의 탄생지는 그가 깨달음을 이룬 Saṃbodhi[보드가야]와 같이, 불교도에게 성스러운 장소였다. 만약 보드가야에 mahāyitatva와 prākāraparikṣepa가 있었다면, 룸비니에도 같은 것이 없을 이유가 없다. 그러므로 아쇼까가 붓다의 탄생지에서, 음악을 연주하고, 화만(華鬘: 꽃다발)과 향유(香油)를 올리면서 참배를 했다고 한다면, 그것은 자연스러운 일이다.

바루아(Barua, *Aśoka Edicts in New Light*, p. 86f.)는 vigaḍa = vikaṭa (또는 = vikṛta)를 다루면서, vikṛtika가 'a figure'를 의미하는 것을 나타낸 붓다고사(Buddhaghosa)의 전거(典據)를 인용했다. 게다가 이것은 그에게 이전에 이 silā-vigaḍa가 막연히 'crowing stone-figure'를 나타내는 것, 그 밖에 또 bhī가 '보족적 불변화사(補足的不變化辭)' hi인 것을 시사하는 것이 가능하도록 했다. 그러나 만약 vigaḍa가 여기에서 vikṛta를 대신한다면 틀림없이 그 표현보다도 좋은 설명은 "sculptured (vigaḍa) wall (bhīcā) of stone (silā)"일 것이다. 새로운 설명에 대해서는 미뜨라의 논문(S.N. Mitra, *IHQ* 1929, p. 748)을 볼 것. 미뜨라에 의하면, silā vigaḍa-bhīcā(= vikaṇḍa-bhi-ttiyā) kalapita는 'stone was worked in or upon the post-base', 즉 'stone was caused to be scrapped to smoothness'를 의미한다.

토마스(F.W. Thomas, *JRAS* 1909, pp. 466-467)는 최초로 bali를 'religious cess'라는 의미로 바르게 다룬 사람이었다. aṭha-bhāgiya의 바른 설명에 관해서는 *JRAS* 1914, pp. 391-392 참조할 것.

⑥ 블로흐의 학설

블로흐(J. Bloch)는 *Les inscriptions d' Asoka*[17]에서, 비석의 지지(地誌)적 설명 · 각문의 언어적 서언(緖言) 다음에, 원문과 프랑스어 번역문을 좌우 양 페이지에 제시하고, 주(註)를 붙이고 있다. 원문에서는 지금까지 각문의 표기를 본래의 형태로 전사(轉寫)(예를 들면, 고대의 비문에서는 이중자음은 단자음 문자로 표기)되어 있지만, 블로흐는 문헌에서 사용되는 정규(正規) 쁘라끄리뜨어 형태로 환원해서 출판했다.

〔원문〕

devānapiyen piyadassina lājina vīsativassābhisittena attana āgācca mahīyite(1) hida(2) buddhe jāte sakyamunī ti silāvigaḍabhī cā(3) kālāpita silātthabhe ca ussapāpite hida bhagavaṃ jāte ti(4) luṃminigāme(5) ubbalike kate aṭṭhabhāgiye ca(6).

〔불역(佛譯)〕

Le roi ami des dieux au regard amical, vingt ans après son sacre est venu en personne et a rendu hommage, car c' est ici qu' est né le Bouddha, le sage Sakya. Il a fait faire une muraille de pierre et monter un pilier de pierre. Parce que le Bienheureux est né ici, le village de Lummini a été libéré de taxe et mis au 1/8e.

---

17) J. Bloch, *Les inscriptions d' Asoka, traduiteséet conmmentées*, Paris 1950.

천애희견왕은 관정 후 20년에 몸소 와서 참배했다. 왜냐하면 여기에서 붓다 사꺄무니가 탄생하셨기 때문이다. 그는 돌담을 쌓게 하고, 석주를 세우게 했다. 세존이 여기에서 탄생하셨기 때문에 룸미니 마을은 세금을 면제 받고, 〔수확의〕 8분의 1만을 지불하게 되었다.

블로흐는 다음과 같이 주를 달았다.

(1) 수동태 mahīyati에 대응하는 형용동사는 빨리어에서는 mahita 이다.

(2) 과거 최후의 붓다 탄생지 룸비니 동산은 4대 성지의 하나이다. 다른 성지는 성도지(bodhi; sambodhi, 마애법칙 VIII), 바라나시의 설법지(Sarnāth), 열반지(Kuśinagara)이다. 예를 들면 〔Mahāparinibbāna-sutta 에〕 idha tathāgato jāto ti, Ānanda, satthassa kulaputtassa dassanīyaṃ saṃvejanīya thānam, *DN.* V. 8(x vi, 5, 8의 잘못)(아난아, "여래는 여기에서 탄생하셨다"고 말하고, 신앙심이 있는 선남자가 실제로 방문해서 보고 존경해야 할 장소이다)의 전승(傳承)은, 아쇼까가 우빠굽따(Upagupta)의 안내로 룸비니와 보드가야를 순례한 것을 확증하고 있다(*Divyāvadāna*). 현장 법사는 이 석주에 조각해 놓은 말의 상(馬像)을 보았다.

(3) 구성은 동사에 이어지는 silāthaṃbhe와 마찬가지로, silā를 동반하는 복합어를 필요로 한다. 이 분석에서 나온 보고(報告)를 유지할 경우, 지금까지 나온 가설 가운데서 가장 좋은 것은 반다르까르와 플리트의 가설인데, 그것을 푸쉐(A. Foucher)는 경멸했다. 음성학적으로는 어렵다. bhīcā 또는 bhiccā는 정식으로 *bhittikā에서 파생할 수는 없다. 중기 인도어에서는, 교환할 수 있는 *bhittiyā와 같지 않다. 그것

은 토마스(F. W. Thomas, J. *Greater India Soc.* XI, 74n.)가 한 것처럼, *bhityā를 설정하지 않으면 안 된다. vigaḍa에 관해서는, vikṛta를 상기한다. 그것은 원칙을 별도로 해서 동일하다. 그러나 그것은 아쇼까 시대에 바브라(Bhabra) 법칙의 adhigicya(adhikṛtya; ~에 관해)에 의해, 마찬가지라는 것을 상기하게 된다. 정전(正典) 이전의 언어로부터 어떤 말을 차용한 아쇼까는, 여기에서 동시에 기술적(技術的)으로 일상의 확실한 용어를 이용한 것일까?

(4) bhagavaṃ jāte ti는 서술된 것을 되풀이하지 않는다. 그러나 그 다음 것을 이유로 삼는다.

(5) Luṃminī, 빨리어로 Lumbinī는 오늘날의 Rumminide이다.

(6) ubbalika, 즉 *udbalika, 『아르타샤스뜨라(實利論)』의 ucchulka와 같은 것이다. 만약 이것을 'exempté de bali' (租稅의 면제)라고 이해한다면, aṭṭhabhagiya에 관계가 있는 것처럼 생각되는 물품에서 받는 조세(租稅: 세금)와는 달리 정해진 분담세(分擔稅)에 관한 것을 인정해야 한다. 『아르타샤스뜨라』는 실제로 bhāga(分受物: 한꺼번에 받지 않고 나누어 받는 물품)와 ḍaḍbhāga(六分稅)를 bali(租稅)와 구별하고 있다. 그렇지 않으면, 그때 그것은 특수한 세금 전체의 면제와는 관련되지 않지만, aṭṭhabhagiya(八分稅)에 의해 정해진 전체의 축소와 관련된 것이다. 이 모든 것(8분세)은 이미 알고 있는 관습에 의해 추측한 물품(物品: 세금으로 받는 물품)이다.

〔석주의 소재지〕

네팔의 바스띠(Basti) 현 둘하(Dulha)의 북동쪽 약 8km, 빠다리야(Paḍariya) 마을 근처.

⑦ 센의 학설

센(Amulyachandra Sen)은 *Asoka' s Edicts*[18]에서, 각문의 분류 · 출토 장소 · 문자 · 언어 · 아쇼까의 명칭 · 가족과 혈연(血緣) · 연대 · 서방의 5왕 · 관리(官吏)의 기능 · 종교 공동체 · 법의 개념 · 행정정책 · 미술(美術)에 대해 개설한 뒤, 법칙의 원문, 그것의 환범(還梵, 산스끄리뜨어로 바꾸기), 그리고 영역을 제시하고 있다.

〔원문〕

Devānapiyena Piyadasina lājina vīsati-vasābhisitena atana āgāca mahīyite hida Budhe jāte Sakyamunī ti, silā-vigaḍa-bhīcā kālāpita, silā-thabhe ca usapāpite. Hida bhagavaṃ jāte ti Luṃmini-gāme ubalike kaṭe, aṭha-bhāgiye ca.

〔환범(還梵)〕

Devānāṃpriyena Priyadarśinā rājñā viṃśati-varṣābhiṣiktena ātmanā āgatya mahīyitam iha Buddhaḥ jātaḥ Śakya-muṇiḥ iti, śilā-vikṛta-bhittā(1) kāritā, śilā-stambhaḥ ca utsaripitaḥ. Iha bhagavān jātaḥ iti Lumbinī(2)-grāmaḥ udbalikaḥ(3) kṛtaḥ, āṣṭa-bhāgikaḥ(4) ca.

〔영역〕

Because Buddha, the Śakya sage, was born here, the Beloved of the gods, king Priyadarśin, (when) crowned twenty years, himself

18) Amulyachandra Sen, *Asoka' s Edicts*, Calcutta 1956, pp. 122-123.

came and worshipped (here), (and) a stone-made railing(1) was caused to be built(here by him), and a stone-pillar was erected.

Because the Blessed One was born here, the Lumbini(2) village is made free of taxes(3), and paying an eighth share(4)(of the produce).

붓다 샤꺄무니가 여기에서 탄생하셨기 때문에, 천애희견왕은 관정 20년에 몸소 와서 (여기에) 참배드리고, (그는 여기에) 석벽(石壁)(1)을 쌓게 했다. (그리고) 석주가 세워졌다.

세존이 여기에서 탄생하셨기 때문에, 룸비니(2) 마을은 세금을(3) 면제 받고, (생산물의) 8분(4)의 1을 지불하게 되었다.

센은 다음과 같이 주를 달았다.

(1) 원문의 silāvigaḍa-bhīcā를 산스끄리뜨어 śilā-vikṛta-bhittā의 파생어로 생각하고, a stone-made railing으로 번역했다.

(2) 원문 룽미니(Luṃmini)를 빨리어와 산스끄리뜨어 룸비니(Lumbiṇī)와 같은 것으로 보지만, 그것은 산스끄리뜨어 rukmiṇī(the pleasing?)에서 파생했을 것이라고 추정된다. 이것은 힌두교(Hindū)에서 비슈마까(Bhīṣmaka) 딸의 이름으로, 뒤에는 비슈누(Viṣṇu)의 비(妃) 락슈미(Lakṣmī, 吉祥天女)와 동일시된다.

(3) 토지의 수익(收益)에 더해서 부과된 징세(徵稅)로 본다.

(4) 어떤 사람은 aṭha를 artha '(partaking of) riches' 의 의미로 해석한다. 마누(*Manu*)법전은 8분세만을 규정한다고 하고 있지만, 실제로는 토지 수입이 생산의 1/6에서 1/4까지였던 것으로 추정되고 있다.

⑧ 라스또기의 학설

라스또기(Naresh Prasad Rastogi)는 *Inscriptions of Aśoka*[19]에서, 각 문 원문의 전사(轉寫)·환범(Saṃskṛta chāyā)·영역을 제시하고 있다.

〔원문〕

1 devāna piyena piyadadina lājina vīsativasābhisitena

2 atana āgāca mahīyite (/) hida budhe jāte sakyamunīti (/)

3 silāvigaḍabhī cā(1) kālāpita silāthabhe ca usapāpite (/)

4 hida bhagavaṃ jāte ti luṃminigāme ubailke(2) kaṭe

5 aṭhabhāgiye(3) ca (/)

〔환범〕

devānāṃ priyena priyadarśinā rājñā viṃśativarṣābhiṣiktena ātmanā āgatya mahīyitam iha buddho jātaḥ śākyamunir iti/ śilāvikṛtabhittiś ca(1) kāritā, śilāstambha ucchrāpitah/ iha bhagavān jata iti lumbinigrāme udbalikaḥ(2) krtaḥ aṣṭabhāgīyaś(3) ce 〔ca의 착오?〕/

〔영역〕

When he was consecrated twenty years, king Priyadarśī, the Beloved of the gods, personally came and worshiped this spot because the Śākya siṃha, Buddha was born here. He caused a huge

19) Naresh Prasad Rastogi, *Inscriptions of Aśoka*, Foreword by Krishna Deva, *Chowkhamba Sanskrit Studies* Vol. III, Varanasi 1990, Pl. II, pp. 322-323.

stone pillar to be erected and a figure of stone to be made.(1) For here the Enlightened one was born, the Lumbini village was exempted from religious cesses(2) and was made to submit 1/8th share(3) only (by way of land revenue).

천애희견왕은 관정 20년에, 몸소 와서 이곳에 참배했다. 왜냐하면 붓다 샤꺄 싱하(siṃha: 獅子)가 이곳에서 탄생하셨기 때문이다. 왕은 큰 석주를 세우게 하고 석상(石像)을 만들게 하였다.(1) 여기에서 각자(覺者)가 탄생하셨기 때문에, 룸비니 마을은 종교세를 면제 받고(2), 단지 (토지 수입의) 8분의 1만을 지불하게 되었다.(3)

라스또기의 주(註)는 다음과 같다.

(1) 라스또기는, silāvigaḍabhī와 cā를 분리해서, cā = ca라고 이해하고, 거대한 석주를 건립해, 그 위에 돌조각(石彫)를 얹었던 것으로 추정했다.

(2) ubalike를 udbalika로 해석해서, 종교적인 지조(地租: 토지에 대한 세금)의 면제라고 보았다.

(3) aṭhabhāgiye를 aṣṭabhāgīya로 해석해서, 토지 수입의 1/8을 조세(租稅)로 지불하게 했다.

⑨ 구루게의 학설

구루게(W.P. Gurugé)는 *Aśoka, the Righteous: A Definitive Biography*(정의의 아쇼까: 결정적인 일대기)[20]의 제2장 2번째 10년 동안의 법 승리의 경과(progress of Dharmavijaya in its second decade)에

서, 법의 승리 제10주년 기념일에 관해 말하고, 2번째 10년의 순유(巡遊) 또는 순례(dharmayātrā)의 해(年)에 대해 언급했다. 관정(또는 즉위) 제21년은 아쇼까가 스승(師)의 역할을 맡은 제10년의 기념일을 나타내었다(Gk.-Armaic MRE). 만약 아쇼까가 256일(夜)에 걸친 순유를 했고, 그가 즉위 제12년(RE VIII)에 성스러운 보리수(sambodhi)에 (순례를) 갔다고 한다면, 즉위 제21년은 순유 또는 순례의 두 번째의 5년, 따라서 dharmavijaya의 제2의 10년의 시작이었을 것이라고 추정했다.

두 개의 석주 각문은 아쇼까가 마애법칙 VIII, 룸민데이 석주각문에서 사용한 용어 dharmayātrā(巡遊 또는 巡禮)를 시작했다는 것을 시사한다. 이 장소는 Devānapiya Piyadasi(天愛喜見)라는 이름으로 자신이 직접 방문해서 참배했다(atana āgāca mahīyite). 그것은 관정 20년이었다. "여기에서 붓다 샤꺄무니가 탄생하셨다(hida budhe jāte sakyamunī ti)."고 새기게 했다. 돌벽(石壁)을 쌓게 했고, 돌기둥도 건립되었다. '여기에서 세존이 탄생하셨기(hida bhagavaṃ jāte ti)' 때문에 룸미니 마을은 세(稅)가 면제되고, 그 기증(寄贈: 토지세)은 1/8로 되었다(ubalike kaṭe aṭhabhāgiye ca).(pp. 201-202)

이 법칙에 나오는 두 가지 표현은, 두 가지의 다른 해석, 즉 silāvigaḍa와 aṭhabhāgiye에 속했다. 바루아(B.M. Barua, *Aśoka Edict in New Light*, p. 85f.)는 silāvigaḍa를 "stone bearing figure(像이 새겨져 있는 돌)"로 설명했다. 그러나 반다르까르는 그것을 'stone-wall(돌벽)' 이

---

20) Ananda W.P. Gurugé, *Aśoka, the Righteous: A Definitive Biography*, Colombo 1993, pp. 201-202, 247, 254, 316, 563.

라고 보았다.

aṭhabhāgiye는 뷜러가 'arthabhāga'로 해석했다(R.K. Mookerji, *Aśoka*, "The Beloved of Gods," Reading in Indian History, 1967, pp. 201-204, f. n.; Bloch, *Les Inscriptions d' Asoka*, p. 157).

그렇지만, 석주를 선호한 이유는 설명되지 않았다. 룸민데이와 니갈리 사가르의 석주는 즉위 제21년에, 이들 두 유적에 아쇼까가 순례를 한 것을 기념하기 위해 그가 건립했다. 석주 또는 원주(圓柱)의 건립은, yūpa(供養柱)와 indra-khīla(關門)라는 말(語)로써 표현되고 있는 것처럼, 인도대륙에서 틀림없이 고대의 관습이었을 것이다. 그러므로 어떤 석주는 각문을 새기기 위해 사용되기 이전에 이미 존재하고 있었던 것이 틀림없다. 이 사실은 MRE(소마애법칙)I-II의 루쁘나트(Rūpnāth)와 사하스람(Sahasrām) 이본(異本)의 진술(陳述)에서 특히 분명하다.

〔영역〕

This place was visited and worshipped in person by Devanampiya Piyadasi who was consecrated for twenty years, saying, "Here was born the Buddha, the Sakya Sage".

A stone wall was caused to be built and the stone pillar, too, was erected.

As the Blessed one was born here, the village of Lumbini was exempted from tax and its contribution was made one-eighth.

천애희견은 관정 20년에, 몸소 이곳을 방문하고 참배했다. 그는,

"이곳에서 붓다 샤꺄무니가 탄생하셨다"라고 말했다. 돌담을 쌓게 하고 역시 석주가 세워졌다. 세존이 여기에서 탄생하셨기 때문에, 룸비니 마을은 세금을 면제 받고, 그 기증(寄贈: 租稅)은 8분의 1로 되었다.

〔석주의 소재지〕

네팔의 바이르흐와(Bhairhwā) 현 룸민데이, 동경 83° 17′, 북위 27° 28′; 인도 나우가르(Nowgarh)의 북쪽 21마일, 따울리하와(Taul-īhawā) 동남동쪽 14마일.

⑩ 노만의 학설

노만(K. R. Norman)은 A Note on silāvigaḍabhīcā in Aśoka's Rummindei inscription[21]에서, 아쇼까의 룸민데이 각문 중의 문절(文節) silāvigaḍabhīcā kālāpita silāthabhe ca usapāpite에 대한 지금까지의 학설을 포괄적인 관점에서 재검토하고, 자신의 주장을 제시했다. 먼저 1959년 이전의 여러 학자들의 논점을 정리했다. 그 가운데서 상술(上述)한 필자의 논설 중에 포함되지 않은 학설을 추가하여 소개하기로 한다. 바르트(A. Barth)[22]는, 처음에는 vigaḍabhīcā의 번역을 시

---

21) K. R. Norman, A Note on silāvigadabhicā in Asoka's Rummindei inscription, *The Buddhist Forum III*, 1994, pp. 227-237; *Collected Papers*, Vol. VI, Oxford 1996, No. 118, pp. 31-46.

22) A. Barth, Découvertes récentes de M. le Dr. Führer au Nepal, *Journal de Savants*, 1897, pp. 65-76 (p. 73); *Comptes rendus de l'Academie des Inscriptions et Belles-Lettres*, 25, 1897, p. 258.

도하기를 거부했지만, 후에 그것이 산스끄리뜨어 śilāvi+gardabhī에서 유래했다고 추정하고, "ânesse de pierre(돌의 당나귀)"라고 번역했다.

피셸(R. Pischel)[23]에 의하면, vigadabhīcā (flawless, 완벽한)〈vi+gaḍa는 taddhita suffix(명사·형용사 외에 거의 모든 명사에 첨가되어 제2차 파생어를 만든다. 주로 추상명사·집합명사·소속·관련을 나타내는 형용사를 만들지만, 대부분 의미가 별로 없는 확장에 그친다. 복합어의 끝에 첨가되어, 허사적 접미사로 불리는) -bha를 동반해서, f(여성)로 표현된 것이라고 가정해서 다르게 설명했다. 그러므로 "a flawless block of stone(완벽한 돌덩어리)"을 의미하고, 그것으로 석주가 만들어졌다고 보았다.

바삭(R. Basak)[24]은 이 복합어를 산스끄리뜨어 śilā+āvis+gardabhī의 동의어로 보고, "a she-ass as manifested or carved out of stone(돌로 표현 또는 조각된 암당나귀)"이라고 번역했다.

그 다음으로 노만(Norman)은 1960년 이후의 학설을 상세하게 검토하고 있다. 빠라나비따나(S. Paranavitāna)[25]는 이 복합어를 silāvi와 gaḍabhīcā로 나누어, 최초의 부분을 ✓śru(듣다)의 절대분사(caus. absolutive)라고 보았다(=Skt. *śrāvya, -r- 대신 -l-을 수반한다. 각문의 동방 방언에 대응). "having proclaimed"는 ti(=iti; ~라고)로 끝나는 진술이 이것을 선도(先導)한다. 그는 제2 부분을 gāḍha "strong, firm"의 동의

---

23) R. Pischel, Die Inscrift von Paḍeriyā, *SKPAW* 1903, pp. 724-734.

24) R. Basak, *Asokan Inscriptions*, Calcutta 1959, p. 150.

25) S. Paranavitāna, Rummindei pillar inscription of Asoka, *JAOS* 82, 1962, pp. 163-167.

어로 간주하고, 그것에 abhīcchā "longing for, desire of"가 이어지므로, 전체는 "he caused a strong desire"(to visit the site)를 의미한 것으로 추정했다. 그렇지만 이 해석을 이끌어 내기 위해 빠라나비따나에 의해 자명(自明)한 것으로 가정된 모든 음성상의 변화가 쁘라끄리뜨어의 다른 곳에서 병행할 수 있다고 해도, 기원전 3세기에 이미 그와 같은 변화가 나타났다는 것을 노만은 의심했다.

헷띠아랏치(D. E. Hettiaratchi)[26]는 이 복합어를 vikaḍa+bhī로 나누어, 산스끄리뜨어 vikaṭa+bhṛt에서 파생되었다고 추정했다. 그는 스리랑카의 승려 인다사라(Ven. Padit M. Indasara)의 지도에 따라, vigaḍa〈vikaṭa라는 것을 시사했다. 이것은 산스끄리뜨어 사전(lexica)에서 "the Buddha's mother"라는 말과 함께 인용되지만(vikaṭā = māyādevī sā ca bauddha-devī-bhedaḥ), 이 말(語)이 불교문헌에는 아직 나타나지 않았다는 사실에 주목했다. 불교문헌에서는 vikaṭa는 yakṣa(夜叉)의 이름으로 남성으로만 나온다(F. Edgerton, *BHSD*, s.v. Vikaṭa). 노만은, (어떤 점에서) 경멸적인 의미를 가진 이 말(語)이 불교도에 의해 사용되었는지 어떤지는 의심스럽지만, 비불교도의 문헌으로부터 그 사전에 인용되었을 것이라고 추정하고, 그 말이 각문(刻文)에서 여성이 아니고, -ā- 가 생략된 것은 서기(書記: 銘刻者)의 잘못이었다고 보았다. 설사 시기가 vigaḍā로 쓰는 경향이 있었다고 해도, 그리고 -bhī가 이 복합어의 동의어라고 가정한다 해도, silā-vigaḍa-bhī "bearing a Vikaṭā of stone"이 요구하는 의미를 가지고 있는지 어떤

---

26) D. E. Hettiaratchi, 'Silā-vigadabhī' in Asokan inscription, in N. A. Jayawickrama (ed.): *Paranavitāna Felicitation Volume*, Colombo 1965, pp. 223-225.

지를 생각하지 않으면 안 된다. 모든 초기불교 문헌은 붓다의 어머니를 마야데비(Māyādevī)라 부르고 있기 때문에, "마야데비의 석상(石像)이 만들어졌다"는 것을 의미하는 복합어를 포함하고 있다는 아쇼까의 진술을 기대해야 했을 것이라고 노만은 평했다.

팔크(H. Falk)[27]는 복합어 silāvigaḍabhī 전체가 붓다 어머니의 초상을 나타내고 있다는 것을 암시했다. 아마도 헷띠아랏치의 제안을 인정한 것 같다. 그는 또 vigaḍabhī가 caṅkama(Skt. caṅkrama: 經行處)를 의미했는지도 모를 가능성이 있다는 것을 시사했다. 그러나 그는 어떻게 해서 이와 같은 의미를 가질 수 있었는지에 대해서는 어떠한 시사도 하지 않았다. 노만은 이와 같은 설명에 대해 불만을 나타내면서, 아쇼까가 왜 이와 같은 복잡하고도 명료하지 않은 언어를 사용해야만 했는지 의심하지 않을 수 없다고 말했다. 각문의 목적은 틀림없이 유적을 방문하는 모든 사람들에게 그의 행동을 알리는 것이었을 것이다. (팔크가 시사한 것이) 확실하지 않다는 것은 현장 법사가 그 석주 위에 말의 상(像)이 있었다고 기술해 놓은 사실에서 비롯되었다. 기둥머리(柱頭)에 얹혀 있었던 동물의 상(像)에 관계없이 각문 가운데 말(馬)에 관해 무엇인가 언급되어 있다는 것을 노만은 믿지 않았다. 그는 2개의 복합어 silāvigaḍabhīcā와 silāthabhe가 구성상에서 병행되고 있다는 가정하에 출발해야 한다고 주장했다. silā가 동시에 두 복합어의 첫 요소이고, 각 복합어 맨 마지막 부분은 명사이어야 된다고 생각했다. 노만은 팔크가 지적한 것처럼, 기초적인 문제는 silāvigaḍabhīcā/silāvigaḍabhī cā(=ca) 가운데서 어느 것을 택하느냐

27) H. Falk, Zur Geschichte von Lumbini, *AO* 52, 1991, pp. 70-90(p. 85).

에 있다고 생각했다. 즉 (1) cā로 되어 있는 첫 ca와 함께 ca … ca "both … and"라는 구성을 취할 것인지, (2) akṣara cā는 silā와 더불어 시작하는 복합어의 최후의 실러블(syllable: 音節)인지 어떤지, 하는 것이다.[28]

노만에 의하면, 만약 유일한 ca, 즉 silāthabhe에 잇따라 ca가 있다고 한다면, cā는 명사의 마지막 실러블이 아니면 안 된다. 우리가 인정할 수 있는 말을 찾아내야 할 필요는 복합어 vigaḍa-bhīcā의 뒷부분을 구별해야 한다는 것이다. 이 최초의 요소는 vigaḍa/vikaṭa에서 파생한다. 이 두 가지 가능성 가운데서 후자는 산스끄리뜨어 vikaṭa 또는 vikṛta의 어느 것으로부터 파생할 수 있다(모음 사이의 자음의 유성화). 제2의 요소 bhīcā는 bhitti와 관계가 있는 것이 당연한 것처럼 보인다. 게다가 많은 학자들은 이것이 그 형태를 설명할 수 있는 방법이라는 것을 시사했다. 그러나 그 주장에 대해 대부분의 집필자들은 언어학적으로 비록 불가능하지는 않다고 해도, 이것이 곤란하다는 점에 주목했다. 곤란을 피하기 위해, 사격(斜格: *nom.*과 *voc.* 이외의 격: oblique case)에 대해 bhittiyā에서 파생했다고 생각했음이 틀림없다. 그러나 문장론은 *pp.* kālāpita(*nom. sg. f.*)와 일치하는 주어를 동반하지 않기 때문에 곤란하게 된다. 또는 증명할 수 없는 선행사, 예를 들면 *bhid-tyā로부터 형성되었다고 생각하는 것이 틀림없다고 노만은

28) 辻直四郎, 『サンスクリット文法』, 東京 1974, §54.I: 등위접속사의 'ca'는, 가장 단순하게 'and'를 의미한다. 문(文) 중의 2요소를 연결할 때, 산문에서 정규형은 A B ca 'A와 B'로, 열거의 경우에는 A B C ca로 한다. 또 의미를 강하게 하기 위해 ca를 되풀이하고, A ca B ca 'both A and B'로 한다. A文에 B文을 결합할 때, ca는 보통 B文의 제2어의 위치를 차지한다.

보았다.

이상의 견해에 반대해서, 노만은 cā가 복합어로부터 분리되어 ca 대신 사용되었다고 가정했다. 만약 복합어 끝이 명사가 아니면 안 된다고 하는 견해를 주장한다면, -bhṛt 대신에 있는 bhī의 가능성을 부정하지 않으면 안 된다. 어쨌든 형용사로 보아야 할 명사를 가질 필요가 있다고 보았다. 이 문제에 관한 단순한 해결을 노만은, bha akṣara(문자)에 씌어진 ī-mātrā를 동반한 tī akṣara의 ta부분의 생략으로 설명될 수 있는 -bh⟨it⟩īca로 읽어야 할 것을 가정해야 한다고 했다.

노만은 각문(刻文)으로 새겨진 원본(exemplar: 法勅의 전달을 위해, 복사 또는 번역된 어떤 문서의 의미로 사용)에 잘못이 있었을 가능성을 배제하지 않았다. 그 예로서 석주법칙의 모든 이본(異本)(PE V)에서 jatūkā aṃbākapīlikā의 읽는 법과 일치한다고 해도, jatū kādaṃbākapīlikā로 읽어야 했던 것을 시사했다.[29] 게다가 이와 같은 잘못은 석주법칙의 모든 이본의 기초가 되는 원본에 있었다고 가정했다.

스미스[30]는 룸민데이의 유적을 방문했을 때, 석주의 기초 주위에 벽돌로 쌓은 벽(壁)을 보았다고 기술했다. 하층은 매우 큰 고대의 벽돌로 구성되었지만, 상층은 보다 작은 새 벽돌로 이루어져 있었다고 말했다. 노만은 큰 벽돌 또는 만약 이것들이 아쇼까 시대에까지 거슬러 올라가지 않는다면, 이것들의 전(前)에 있었던 것이 근대의 벽돌이 현재 있는 그것들 위에 어떤 종류의 석조물(石造物)이 있었던 것을 의

29) K. R. Norman, Notes on Aśoka' s Fifth Pillar Edict, *JRAS* 1967, pp. 26-32(p. 28) (= *CP* I, pp. 68-76〔p. 70〕).

30) V. A. Smith, The Rummindei inscription, hither to known as the Paḍariya inscription, of Asoka, *IA* 34, 1905, pp. 1-4 (p. 2).

심할 이유가 없다고 말했다.

'벽' 을 의미한다는 것에 대해 팔크[31]가 한 반대 주장은 그 지방(地方) 건물의 재료가 벽돌이라는 사실에 근거하고 있다. 모든 기념주(記念柱)를 돌로 만드는 것이 그 지방의 일반적인 관습이었다면, (이미) 건립되어 있던 석주를 아쇼까가 사용했을 가능성은 충분히 있을 것이다. 복합어 silāthabha 중에 silā라는 말(語)이 포함되어 있는 것은 목조(木造) 기둥이 아닌 것을 강조하는 것이다. 이르윈(J. Irwin)[32]은 아쇼까 각문이 새겨진 석주가, 석조의 기둥과 동일한 크기의 목조 축(軸, shaft)을 가진 초기 기둥 이후에 사용된 것이라는 사실을 나타내는 것으로서, 산찌(Sāñcī) 출토의 고고학적인 증거를 제시했다.

동일한 고찰은 벽(壁)에도 적용된다고 노만(Norman)은 보았다. 이르윈[33]의 추론에 의하면, 람뿌르바(Rampurva)의 석주 주위의 벽돌공사(brickwork)에서 난순(欄楯)의 흔적이 전혀 없는 것은 그것이 목조였기 때문에 자취도 없이 소멸되었다는 것이다. 그러나 사르나트(Sārnāth)에서 돌로 된 난순의 지주(支柱)와 관석(貫石)은 석주 주위의 기초를 위한 유지벽(支持壁, reatining wall)을 형성한 벽돌로 된 벽의 유물 가운데서 발견되었다.[34] 노만은 유사한 것이 룸민데이에서 벽돌로 된 벽에도 있었음이 틀림없다고 말했다. 아쇼까는 목조 난순을 가진 벽돌로 된 벽과 대조해서, 벽을 돌로 쌓있다는 사실을 강조했다.

---

31) Falk, 앞의 책, p. 71.

32) J. Irwin, 'Asokan' Pillars: a reassessment of the evidence; Part II Structure, *The Burlington Magazine*, Vol. XVI, 1974, pp. 712-727 (p. 726).

33) Irwin, 위의 책, p. 722.

34) Irwin, 위의 책, p. 719.

아쇼까는 다른 곳에서, "이 법칙은, 석주 또는 석판(石板)이 있는 곳에는, 이것을 영속시키기 위해 새겨야 한다(iyaṃ dhaṃmalibi ata athi silāthaṃbhāni vā silāphalakāni vā tata kaṭaviyā ena esa cilaṭhitike siyā)."[35] 라는 말 대신, 돌을 선택한 이유를 명백히 했다. 룸민데이에서 난순석(欄楯石)이 사라져 버린 이래, 이처럼 아쇼까의 기대를 저버리게 된 사실은 놀랄 일이 아니다. 석주의 윗부분도 사라져 버렸고, 그 위에 얹혀 있던 말의 상(像)도 사라져 버렸다.

노만은, 만약 -bhitīcā의 읽는 방법에 대해 시사한 것이 인정된다 해도 cā의 문제가 남는다고 보았다. 왜냐하면 이 각문에서 다른 2개의 ca의 출현은, 전접사(前接辭)로서 그 단음 a를 동반해 쓰여져 있기 때문이다. 많은 학자들은 제2의 ca가 짧은 a이기 때문에, 최초의 것도 또 짧은 a일 것이라고 가정하고, 서기(書記)가 잘못을 저지른 것이라고 추정했다.

이 문제를 고찰하면서, 노만은 각문에 구문법적(syntactic)으로 일괄하는 대개의 부분에 대해, 말(語)이 군(群)을 이루어 쓰여져(書) 있고, 또 본래는 아마도 각문을 베껴 쓰게 한 어떤 사람—아마도 아쇼까 자신일 것이다—의 발언 방식을 반영하는 사실을 고려하지 않으면 안 된다고 말했다. 일괄된 것 사이에 간극(間隙: 틈)이 있다. 그러나 다른 간극은 보다 작고, 어떤 경우에는 그것에 간극이 있는지 없는지 알기 위해서, 주관적인 판단이 필요할 정도이다. 간극의 크기에서 이와 같은 변화가 있는 것은 아마도 각문의 초고가 복사될 때 서기가 비교해서 얻은 판단의 결과로서 생기게 되었을 것이다. 노만은 야네르트(K.

---

35) PE VII (SS); 塚本啓祥, 『アショ-カ王 碑文』, p. 136.

L. Janert)의 논문, 『아소까 각문의 간극과 말미(末尾) 모음의 기재(記載)』[36]에서 룸민데이 각문과 니갈리·사가르 각문의 비교 연구에 의해, 각문에서 어법(語法), 말(語)의 분류와 akṣara의 형태는 아주 비슷해서, 두 각문이 같은 때에 베껴져서, 같은 서기가 새겼다는 것을 확신했다.

이와 같은 상황에서, 노만은 -ā의 필사(筆寫)를 위한 두 가지의 가능한 설명을 제시했다. 즉 처음 kālāpita는 -bhīcā와의 사이의 작은 간극만을 가지고 쓰였기 때문에, 서기는 아마 이들 사이에 어떠한 간극 없

---

36) K. L. Janert, *Abstände und Schlussvokalverzeichnungen in Aśoka-Inscriften*, mit Editionen und Faksimiles in 107 Lichtdrucktafeln, Verzeichnis der orientalischen Handschriften in Deutschland, in Einvernehmen mit der Deutschen Morgenländischen Gesellschaft, Herausgegeben von W. Voigt, Supplementband 10, Wiesbaden 1972, pp. 142-143, § 45A,§ 46A; pp. 252-253 Faksimilewiedergaben der Inschriftenabklatsche: § 45B, § 46B:

A. Rummindeī 刻文

1 〔A〕 devānapiyena piyadasina lāji 'na' visativasābhisite' na

2 ata' naāgāca mahiyite 〔B〕 hidabudhejāte sakyamunīti

3 si' lāvigaḍabhicā 'ka' lāpita silāthabheca usapāpi' te

4 〔C〕 hidabhagavaṃjātehi lumminigāme u 'ba' likekaṭe

5 aṭhabhāgiyeca

B. Nigālī-Sagar 刻文

1 〔A〕 devānaṃpiyena piyadasina lājinacodasavasābhi〔si〕t〔e〕n〔a〕

2 budhasa konākamanasa thu' bedutiyaṃ vaḍhite

3 〔B〕 〔v〕ī〔sati〕v〔a〕sābhisitenaca atanaāga' camahīyite

4 ///〔usa(?)〕pāpi' te

"천애희견왕은 관정 14년에 꼬나까마나 붓다(拘那含牟尼佛)의 탑을 2배 (또는 2번째)로 증축했다. 또 관정 〔20〕년에 몸소 (이곳에) 와서 참배했다. 〔또 석주를 건립하게 했다.〕" (塚本啓祥, 『アショ-カ王 碑文』, p. 139)

이 두 가지 말〔兩語〕을 함께 쓸 작정이었을 것이다. 만약 그렇게 했다면, 가정할 필요가 있었을 부정확한 형태 bhīca가 서기가 사용한 원본 중에서, 어말(語末)의 -ā〉-a로 짧게 되는 한 예가 있는 것을 서기가 채용했을 수 있다. (그러나) 그것이 긴 어말에 없었으므로, 서기는 그것을 '수정' 해서 길게 했을 것이다.

이와 같은 시사에 대해 노만은 룸민데이와 니갈리 · 사가르의 두 각문에서 말미(末尾)의 -ā가 어군(語群) 중에서조차 짧은 -a로 쓰여진 것을 지적했다. 니갈리 · 사가르 각문에서 lājina가, 그것과 coda-savasābhisitena 사이의 간극 없이 쓰여진 것은, 룸민데이 각문에서 lājina라는 말(語)이, 야네르트가 (′)를 가지고 표시했던 작은 간극을 수반하기보다는, 오히려 vīsativasābhisitena를 수반하는 경향이 있었던 것을 시사하기 때문이다. 설사 두 유적에서, 이 어군에 다른 akṣara의 사이에, (′)를 수반해서 야네르트가 표시한 작은 간극이 있다고 해도, 룸민데이와 마찬가지로 니갈리 · 사가르에서, atana와 āgāca 사이에 간극은 없다. 이들 두 유적의 증거는, 그러므로 그 -ā가 어군(語群) 최후의 akṣara가 아니었다고 해도, 어말(語末)의 -ā가 짧았던 것을 확인할 수 있게 해준다. 가령 atanā의 최후의 -ā가 발음된 2자(者) 택일의 가능성이 있다고 해도, 그리고 그 때문에 그것이 모음 앞에 나타났으므로, 짧게 쓰여져, 같은 것이 두 각문에서 자음이 뒤따르는 lājina에 적용할 수 없다.

이상의 추론을 거쳐, 노만은 일찍이 다음과 같이 추정했다.[37] 서기의 원본이 쓰여진 소재(貝葉 · 樹皮 · 皮革 · 木材 · 粘土 · 石 또는 金屬)의 표면은 절대로 매끄럽지 않았지만, 거기에 결점이 있었기 때문에 그것은 점(点) 또는 행(行) 때문에 잘못을 저질렀고, 서기는 갈피를 잡지 못했다. 만약 룸민데이의 서기가, ā-mātrā로 해석되는 ca akṣara에 관해서 반점(斑點) 또는 부호를 가진 원본을 용인했다면, 어떻게 해서 cā의 읽는 방법이 생겼는가를 이해할 수 있다고 말했다. 서기가 룸민데이에서 devānapiyena에서, anusvāra를 생략한 것처럼 생각되는 것(devāna〔ṃ〕piyena)을 주목해야 한다고 말했다. 가령 anusvāra가 니갈리 · 사가르 각문에서 devānaṃpiyena로 쓰여졌다고 해도, 그 흔적이 없는 것을 이해할 수 있다고 말했다.

이와 같이 해서 노만은 다음과 같은 결론을 이끌어 내었다. 해당 문절(文節)의 본래 형태는 silāvigaḍabhitīca였고, "and a wall made from, decorated with stone"(돌로 만들어진 벽 또는 돌로 장식된 벽)의 의미를 가지고 있다고 단정했다. 이것은 위에서 한 시사(示唆)에서 이해된 것같이 왜곡된 언어학적, 사서(辭書)적인 최소한의 추론을 수반한 것으로, 이 의미를 수용할 수 있는 하나의 방법을 제시했다고 노만은 주장했다.

3. 마야당(Maya堂) 출토 '자연석'의 고고학적 상황

우에시키(上坂) 교수는 미야당 유구(遺構)의 고고학 조사에 관한 보고서에서,[38] 마야당 출토의 인석(印石, Marker Stone)으로서 자연석(自

---

37) K.R. Norman, Studies in the epigraphy of the Aśokan inscriptions, *Studies in Indian Epigraphy(Bhāratīya Purābhilekha Patrikā)* II, 1975, pp. 36-41 (p. 40) (= *CP I*, pp. 214-219 〔p. 218〕).

38) 上坂悟, 「IV. マヤ堂 遺構の調査」, 本書 pp. 73-115; CF. IV pp.165-166.

然石)에 대해 다음과 같이 기술하고 있다.

1) 마야당의 역사적 구축(構築) 변천으로서는, 제1(期)기에서 제7기까지 다른 시기의 유구가 확인되었다.

2) 제2기의 인석을 확인하기 위해서, 쉽게 Chamber(房)를 파 내려갈 수 있었다. 내벽(內壁) 서편의 안쪽에는 벽돌로 된 벽면의 절단면(切斷面)이 보였다.

3) 제1기에서 판명된 유구의 형상은 동서 방향을 주축으로 장방형을 이루고 있다. 이것은 이중의 주벽(周壁: 둘레의 벽)과 규칙적으로 배열된 15기(基)의 Chamber로 구성되어 있다. 인석(印石)은 붓다의 탄생 지점을 나타내기 위해 Chamber-2에 설치되었다고 추정된다.

4) 제2기(期)는 제1기의 인석을 확인하기 위해 뚫은 구멍인데, 유구로서의 성격은 가지고 있지 않는 것으로 추정된다. 역사적인 하나의 과정으로 받아들여야 할 것이다. 인석을 확인한 뒤에 흙을 메우고, 그 위에 제3기(期)의 시설을 쌓아올린 것으로 생각된다.

우에사카 교수가 한 다음과 같은 총 정리는 위에서 기술한 확실한 증거에 근거를 두고 있다. 마야당의 유구를 구축하는 데 있어서 가장 중요한 점은, 모든 단계의 시기에서 유구의 형상은 변화해도, 제1기의 Chamber-2에 설치된 인석을 중심으로 해서, 그 수직선상에서 계속해 각 시기의 유구가 구축되었다는 점이다. 백 수십 년 전에는, 룸비니의 정확한 위치가 아직 판명되지 않았지만, 현지에서는 본래의 의미는 잊혀져 버렸다고 해도, 끊임없이 구전(口傳)에 의한 전승이 계속되었기 때문이라고 생각된다.

그런데 우에사카 교수는 마야당 구축의 역사적인 관점을 보여 주는 '자연석'의 출토 상황에 대해, 「마야당 해체사업에 따른 고고학

조사 보고」[39]에서 논술하고 있다. 윗부분의 확인면(確認面) 중앙에는 자연석이 설치되어 있는데, 이것은 남북 70cm, 동서 40cm, 두께 10cm 크기로, 작은 돌이 많이 들어 있는 강도 높은 역암(礫岩)이다. 윗부분의 공간과 마찬가지로 표석(標石, 印石)처럼 보인다. 이 자연석을 둘러싸고, 평면으로 한 줄의 벽돌이 규칙적으로 배열되어 있고, 아랫부분의 6단(段)도 마찬가지로 벽돌이 규칙적으로 배열되어 있는데, 밀봉(密封)했던 상태를 나타내고 있다.…… 이 정방형 Chamber 내부에서 발견된 유물은 북방흑색마연토기(北方黑色磨硏土器, 룸비니 지역에서는 전형적인 것이다), 적색토기, 관인(官印)이 찍힌 화폐와 동전이다. 이들 유물로써 판단하면, 이 유구는 마우리야 시대(기원전 3세기)에 속한다고 생각된다. 역시 작은 탄화물(炭化物)과 곡류(穀類)도 발견되었다.

사카즈메 히데이찌(坂詰秀一, 立正大學) 교수는 본서의 결언(結言)[40]에서, 마야당의 고고학 조사 결과를 근거로 해서, 인석(印石)으로서의 자연석의 매설(埋設)에 관련된 역사적 경위를 포괄적으로 다음과 같이 정리했다.

1) 제1기의 Chamber-2의 위에 구축(構築)된 작은 Chamber는 제2기에 속한다. 제1기와 제2기의 시간적 차이는 얼마 되지 않는다.

2) 편평상(扁平狀: 넓고 평평한 모양)의 돌을, 제1기의 기단(基壇)을 쌓을 때, Chamber-2에 일부러 가져다 놓았다. 그 석질(石質)은 북방의 시발릭 산(Sivalik Hills)에서 가져온 함세역사암(含細礫砂岩: Pebbly

39) 上坂悟, 「マヤ堂の解體 事業に伴う考古學 調査の報告」, JBF, 東京, 1995年 4月15日.
40) 坂詰秀一, 「結言」, 本書 pp. 235-244.

Sand Stone)이다. 이것은 석존(釋尊)의 탄생지를 나타내는 '인석'으로 간주되었다. 제1기 이후에도 Chamber-2의 이 돌의 존재는 계속해서 사람들에게 알려졌다.

3) 제1기의 구축으로 생각되는 Chamber-2, 5, 8에서 아쇼까 석주의 파편이 출토되었다.

4) '인석'이 매설되었던 Chamber-2의 동쪽 벽을 뚫자 부정형(不整形)의 돌이 검출(檢出)되었는데, 이것은 이 '돌'이 배치될 때, Chamber-2는 다시 충만토층(充滿土層)이 제거되었다는 것을 나타낸다. 그 때, 이 Chamber는 아쇼까 석주의 파편을 포함한 유물로 메워졌다고 추정된다.

5) Chamber-2에서 발견된 '인석'은 그 지방의 돌로서, 아쇼까왕이 석주를 건립하기 이전부터, 그 지방 사람들에 의해 전승적(傳承的)으로 석존 탄생의 성지로서 룸비니에 전해져 온 인석이었다고 생각된다.

4. 각문의 재고—수정(修正)과 그 논거

필자는 §2에서 지금까지 이루어진 룸민데이 각문 연구를 개관하고, 여러 학설의 논거를 밝혔다. 각문의 문제점은,

① silā-vigaḍabhī^cā

② ubalike-kaṭe aṭhabhāgiye ca

에 집약될 수 있다. 아래에서는, 최근에 행해진 고고학적 조사와 발굴의 현황에 비추어서, 학설의 타당성을 검증해 보기로 하겠다.

① 자연석의 매설(埋設), 울타리(圍壁, 담장)의 조영(造營)과 석주의 건립(silā-vigaḍabhī cā kālāpita silāthabhe^ca usapāpite).

이 문절(文節)은 형태론과 의미론으로 구성된다. 제1 문절의 형태론은, (a) silā-vigaḍabhī cā, (b) silā-vigaḍabhīcā의 2항(項)으로 분류된다. 제2 문절의 의미론은, 다음과 같이 3군(群)으로 분류된다.

1) 뷜러는 silā-vigaḍabhī cā로 전사(轉寫)하고, cā = Skt. ca(그리고)로 해석하고, 선행하는 문절에 접속하는 것으로 보았다. 선행하는 문절은 ~ti(~로)로서 결말이 지어지고 있다. ti(Skt. iti)는, 인용문의 끝에 사용되는 것과 동시에, 주문(主文)에 대해 원인 · 이유 · 목적 등을 나타낸다. 뷜러는 silā-vigaḍabhī(nom. sg. f.)에서 vigaḍabhī가 silā를 한정하거나 또는 동격 관계에 있다(Karmadhāraya)고 해석해서, silā+vigaḍabhī〈Skt. śilā-vikaṭābhrī = śilā-vikaṭa+abhrī (*f.*)/śilā-vikaṭa+abhra(*m.*) "큰 태양을 가지고 있는 돌(石板)"로 추정했다.

2) 스미스는 샤르빵띠에와 같이, silā(*nom. sg. f.*)vigaḍabhīcā(*nom. sg. f.*)로 전사하고, 후자를 전자의 형용구로 간주했다. 석주에는 "이전에 말의 상(馬像)이 얹혀 있었다('말을 나타내는 돌')"는 그의 추정은 현장(玄奘)의 기록에 근거하고 있다. 훌취도 역시 그의 주장을 따랐다. 라스또기는 śilā-vikṛta-bhitti의 파생어로 보고, "돌 조각상"으로 해서했다.

3) 이와 반대로, 반다르까르는 silā-vigaḍa-bhīcā = śilā-vikaṭa-bhityā (*ins. sg. f.*)〈śilā-vikaṭa-bhitti- "돌로 만들어진 담장 또는 난순"으로 해석하고, "거대한 돌 벽(石壁)"의 의미로 이해했다. 플리트는 silāvigaḍa를 silā(돌)+avi(담, 울타리, 벽)+gaḍa(遮蔽物)로 보고, "울타리와 차폐물인 돌의 벽"으로 해석하고 있다. 블로흐는 silā-vigaḍabhī cā로

전사(轉寫)하고, "돌의 벽"이라고 해석했다. 센은 śilā-vikṛta-bhittā의 파생어로 "돌로 만들어진 난순"으로 간주했고, 구루게는 "석벽(石壁)"이라고 보고, 석주는 각문을 새기기 이전에 존재했다고 추정했다. 노만은 silāvigaḍabhīcā를 silāvigaḍabhī cā(=ca)로 보고, 문(文) 중의 두 개의 요소가 ca … ca(等位接續詞)에 의해 병기(倂記)돼 있다고 가정했다. 언어학적 추론에 머물지 않고, 법칙이 새겨진 역사적 배경, 원본이 쓰여진 소재(素材)의 표면에서 생긴 서기(書記)의 오각(誤刻: 틀리게 새김) 등을 배려해서, 이 문절(文節)을 silāvigaḍabh⟨it⟩īca로 보고, "석조(石造)의 벽 또는 돌로 장식된 벽"으로 해석했다. 이것은 '자연석' 출토 이전에 제안되었던 최신 학설이었다.

지금까지 종래의 학설을 정리했는데, 의미론 중의 1)과 2)는, 출토된 마우리야 시대의 연마(硏磨)된 추나르(Chunar) 산(産) 사암(砂岩)에서 떨어져 나온 5개의 작은 파편(말의 갈기)은,[41] 현장 법사가 『서역기(西域記)』에서 기술한 것과 같이, 현존의 석주 위에 얹혀 있었던 아쇼까의 말(馬)의 단편임에 틀림없다고 추정되었다. 틀림없이 아쇼까 석주에는 기둥머리에 동물의 상이 얹혀 있었지만, 기둥머리에 대해 언급한 각문은 없었다. 이것에 대해, 3)은 마야당의 초기 건조물의 건립과 그것을 기념하는 석주의 건립에 관한 것도 추정되었다. 이번의 조사·발굴에 의해, 자연석과 그것을 둘러싼 구조물이 드러나게 된 것

41) §2. ③에 인용한 『大唐西域記』(大正 51, 902b); Babu Krishna Rijal, Archeological Activities in Lumbini 1976-1977, *Prācīna Nepāl*(Ancient Nepal, Journal of the Department of Archaeology), Nos. 30-39, Jan. 1975-April 1977, p. 32: Plate No. 5A에 의하면, Maurya의 연마된 추나르(Chunar) 砂岩 단편(말의 갈기) 5개가 출토되었다.

은, 각문을 재고하는 데 새로운 관점을 제시했다.

지금까지는 silāvigaḍabhcā의 복합어를 silā-vigaḍabhīcā로 분해했다. 그러나 산스끄리뜨어와 쁘라끄리뜨어의 외연성법(外連聲法, External Sandhi)[42]에 의하면, -ā+ā->-ā-이기 때문에, silāvigaḍabhīcā 〈silā' vigaḍabhīcā 〈silā+avigaḍabhīcā가 가능하다. Pāia-Sadda-Mahaṇṇavo,[43] s.v. : vigaḍa, viaḍa = vikaṭa〈vikṛta; 피셀(Pischel), § 219: AMg. vigaḍa = vikṛta이기 때문에, 이 복합어로부터 silā' vigaḍa 〈śilā+ avikṛta-가 추정될 수 있다. 'Monier Monier-Williams' *SED*, s.v.: avikṛta, mfn. 'unchanged, not prepared, not changed by artificial means, being in its natural condition' 의 의미가 있으므로, śila-avikṛta는 인공적인 수단에 의해 바뀌지 않은(not changed by artificial means) '자연석' (a stone being in its natural condition)을 나타내고, 발굴에 의해 마야당에서 출토된 '자연석' (a piece of natural rock)으로 추정된다. 붓다의 입멸 후 4대 성지(탄생지 룸비니, 성도지 붓다가야, 초전 법륜지 므리가다바, 열반지 꾸쉬나가라)가 불교도의 순례지로 되었을 때(*DN.* ii. 5.8), 룸비니에서는 "여기에서 붓다 샤꺄무니가 탄생하셨다" 고 전해진 '자연석' 이 이미 존재하고 있었다고 생각된다.

이 각문(刻文)에서, bhī와 cā는 바싹 붙어 새겨져 있기 때문에, 2문자는 하나의 말(語)로 간주되어, -bhīcā – bhiccā〈*bhi(t)tyā – bhittyā

42) 辻直四郎, 『サンスクリット〔梵語〕文法』, p. 15; R. Pischel, *Grammatik der Prakrit-Sprachen*, Strassburg 1900, 156.

43) *Pāia-Sadda-Mahaṇṇavo*, A Comprehensive Prakrit Hindi Dictionary with Sanskrit equivalents, quotations and complete references, by Pandit Hargovind Das T. Sheth, Calcutta, 1st ed. 1923.

(*ins. sg. f.*)〈bhitti-로 추정된다. MMW's *SED*, s.v.: bhitti, *f.* 'a wall, partition, panel' 의 의미가 있는데, 자연석을 보호하기 위해 에워싼 벽을 가리키는 것으로 될 수 있을 것이다. 이 경우 kālāpita(*nom. sg. f.*)의 주어로 되는 말은 없지만, 이 건조물 자체를 암시하고 있다. 또는 여기에 조영(造營)된 것은, 그 건조물 복합체의 일부를 의미하는 것으로 된다. 따라서 각문의 이 문장은 "여기에서 붓다 · 샤꺄무니가 탄생하셨다(hida Budhe jāte Sakyamunī ti)라고 〔전해진〕 자연석(silāvigaḍa)을 보호하는 울타리(또는 벽)를 동반한(bhīcā) 건조물을 건립하게 하고(kālāpita), 또(ca) 〔그것을 기념하는〕 석주(silāthabhe)를 세우게 한(usapāpite)" 것을 나타낸다.

② 룸비니 마을에 대한 조세(租稅)의 면제와 분수세(分受稅)의 삭감 (ubalike kaṭe aṭhabhāgiye ca)

ubalike(*nom. sg. m.*) kaṭe(*nom. sg. m.*)에서, 뷜러는 ubalika〈avabalika-/ apabalika-로 해석했고, 스미스는 "종교적인 세(稅)가 면제된" 것이라는 의미로 보았다. 토마스, 센, 라스또기(Rastogi)는 ubalika〈udbalika의 파생으로 생각해서 스미스의 견해를 따랐다. 라이알(Lyall)은 "충분한 사정(査定)보다 적게, 지대(地代)를 면제받은 토지의 보유 조건"으로, 그리고 블로흐는 ubalīika = ubbalika = ucchulka(조세의 면제)로 해석했다.

aṭha-bhāgiye(*nom. sg. m.*)를 뷜러는 "부(富)의 분배자" "왕의 하사물(下賜物)을 준다"라는 의미로 해석하고, 스미스는 "토지세로서 생산의 1/8(만)을 지불한다"라고 해석했다. 피셀은 aṭha = aṣṭa "과세(課稅)할 수 있는 토지의 8소구획(小區劃)을 따라서", 플리트(Fleet)는 "(곡

물 수확의) 4분세 대신에 8분세를 지불한다"라고 해석했다. 훌취는 "세(稅)를 면제하고, 생산의 8분세(만)을 지불한다"라고 해석했고, 센과 라스또기는 훌취의 해석을 따랐다. 블로흐는 "조세와는 다르게 정해진 분담세(分擔稅)"로 해석하면서, 『아르타샤스뜨라(*Arthaśāstra*)』가 bhāga(分受物)와 ṣaḍbhāga(6분세)로부터 bali(조세)를 구분하고 있는 것을 지적하고, aṭhabhagiya = aṭṭhabhagiya = aṣṭab-hāgika(8분세)에 의해 정해진 전체의 축소에 관한 것이라고 보았다.

딕쉬따르(R. Dikshitar)는 *The Mauryan Polity*[44]에서, 『아르타샤스뜨라』[45]를 전거(典據)로 해서 마우리야 왕조의 재원(財源)에 대해 다음과 같은 추정을 했다.[46] 일차적 재원은, 왕실의 토지(御料地)에서 나오는 수입(sītā, 2, 15, 2)과 사유지에서 나오는 수익의 분수물(分受物, bhāga, 2, 15, 2)과 같은 여러 종류의 토지세(bali, 5, 2에 기술된 것과 같은 임시적인 징세)로 구성되었지만, 분수물은 전통적으로 *Manusmṛti*(마누法典, viii. 304-305)에 의해 지지되었다. 그러나 메가스테네스(Strabon, *Geographica*, XV. 1. 40)는, 모든 토지가 왕의 소유였고, 농부(γεωργοί)는 생산의 1/4을 소작료로 왕에게 지불했다는 것을 전하고 있다. 위의 두 가지 진술은, 홉킨스(Hopkins, *JAOS* XIII, p. 88)가 지적한 것과 같이, 모순이 된다. 그러나 『아르타샤스뜨라』[47]에 의하면, 왕

44) R. Dikshitar, *The Mauryan Polity*, Madras 1952, pp. 142-159.

45) R.P. Kangle, *The Kauṭilīya Arthaśāstra*, University of Bombay, Pt.I. A Critical Edition with a Glossary, 1st ed. 1960, 2nd ed. 1969; Pt. II. An English Translation with Critical and Explanatory Notes, 1st ed. 1963; Pt. III. A Study, 1st ed. 1965.

46) 塚本啓祥, 『アショ-カ王』, 京都 1973, p. 143; 「カウティルヤ『實利論』と アショ-カ 法勅の 關係」(『大埼學報』125/126, 1971).

의 분수물은 통상 1/6이었다. 이것은 룸민데이 각문에서, 아쇼까가 룸비니 마을에 대해, 특별한 예(特例)로서 생산의 1/8을 지불하도록(aṭhabhāgiye) 규정한 것과 일치한다.

딕쉬따르는, 뿐만 아니라 농업 수익으로서, 개인 경작자가 아니라 대체로 촌락 공동체로부터 받은 식료세(食料稅, piṇḍakara)와 군대가 통과할 때 거둔 군량미(senābhukti)를 지적했다. 조세(bali)는 초기의 베다 시대(*Ṛg-Veda*, X. 173)부터 관습화된 토지에 대한 부과세였는데, 왕이 매년 1회, 적당한 (관리)를 시켜 그것을 징수하게 했다(*Manu-smṛti*, vii. 80). 그것은 6분세와는 달랐다. 이것은 룸민데이 각문에 ubalike(〈udbalika-)와 aṭhabhāgiye(〈aṭṭhabhāgiya〈aṣṭabhāgika-)를 'ca'로 결합한 사실에 따라 증명된다. 토마스(*JRAS* 1909, 466-467)에 의하면, ubalike(〈udbalika)는 조세(bali)의 면제를 말하고, aṭhabhāgiye는 통상적으로 지불하는 6분세를 폐지하고, 특례에 따라 8분세(aṣṭabhāga)

---

47) *Arthaśāstra*, 2.6「統治者による 歲入の設定」에서,

2.6.3:sītā bhāgo baliḥ karo vaṇiḥ nadīpālas taro nāvaḥ pattanaṃ vivītaṃ vartanī rajjuś corarajjuś ca rāṣṭram/(번역: Agricultural produce, share, tribute, tax, the trader, the river-guard, the ferry, ships, the port, pasture, roard-cess, land-survey and thief-catching, —these constitute 'country').

2.24「農業管理者」에 있어서,

2.24.16: vāpātiriktam ardhasitikāh kuryuh, svavīryopajīvino vā caturtha-pañca-bhāgikāḥ/(번역: What is left over from sowing farmers cult-ivating for half the produce should till, or those who live by personal labour (should work it) for a one-fourth or one-fifth share.)

로 되어 있고, 생산의 절반을 위해 재배(栽培)하는 농장주(農場主)는 휴한지(休閑地)를 경작해야 하고 또는 개인의 노동으로 생활하고 있는 사람들(小作人)은, 1/4 또는 1/5의 分受物을 위해 그것을 경작해야 한다고 규정하고 있다.

의 징수를 의미한다.

5. 결론

이상과 같이 룸민데이 석주의 각문을 다시 고찰한 바에 따라, 다음과 같이 원문의 수정과 번역을 제시할 수 있다.

〔원문〕

Devānapiyena Piyadasina lājina vīsativasābhisitena atana āgāca mahīyite 〔/*〕

hida Budhe jāte Skyamunī 〔' 〕ti silā〔' 〕vigaḍabhīcā kālāpita silāthabhe ca usapāpite 〔/*〕

hida Bhagavaṃ jāte 〔' 〕ti Luṃminigāme ubalike kaṭe aṭhabhāgiye ca 〔//*〕

〔번역〕

천애희견왕은 관정 즉위 20년에 몸소 여기에 와서 참배했다.

"여기에서 붓다 · 샤꺄무니가 탄생하셨다" 고 〔전해지는〕 자연석을 〔보호하는〕 울타리 (또는 벽)을 가진 〔건조물을〕 세우게 하고, 또 석주를 건립하게 했다.

여기에서 세존이 탄생하셨기 때문에, 룸비니 마을은 조세를 면제 받고, 또 〔생산의〕 1/8을 지불(6분세에서 8분세로 減稅)하게 되었다.

*塚本啓祥, 「ルンミンデーイーのアショカ(룸민데이의 아쇼까)石柱

刻文再考」(ルンビニ ーマヤ(룸비니 마야)堂の考古學的調査(1992-1995)抜刷, 2005년, 全日本佛教會)를 번역한 것임.

II.
아쇼까 비문

쥘 블로흐(Jules Bloch)

1. 아쇼까의 유산

플루타르크(Plutarque)에 의하면, 알렉산더는 펀잡(Penjab)에서 기원전 329년에 동인도의 한 젊은 장군의 방문을 받았다. 이 장군은 자신의 왕에게 반란을 일으켜 후원자를 찾고 있었다. 그의 말에 의하면, 자신의 주인(왕)은 민심을 잃어버렸기 때문에, 매우 많은 수의 군대를 가지고 있다고는 하지만 쉽게 폐주시킬 수 있다는 것이었다. 알렉산더는 이 장군의 제의를 거절했다. 그 이유로서는 다음과 같은 점을 생각할 수 있다: 다리우스(Darius) 제국의 회복(回復)이라는 자신의 계획을 벗어났기 때문이었거나(A. Foucher가 *Vieille route de l' Inde*, p. 191에서 추측한 것처럼), 전승(傳承)이 말하는 것처럼, 그의 병사들이 일으킨 폭동 때문이었을 것이다. 아니면 단순히, 그가 "동양인들(Prācya)"의 왕의 세력에 위협을 받았기 때문일 것이다. 다른 역사가들은 문제의 이 장군을 안드라코토스(Andracottos), 산드라코토스

(Sandrakottos) 또는 산드라콥토스(Sandrakuptos)라고 불렀는데, 1772년에 드 기뉴(de Guignes)가 그를 짠드라굽따(Candragupta)라고 확인했다. 인도의 자료들에 따르면, 그는 마가다(Magadha, 현재의 Bihar)의 난다(Nanda) 왕조를 타도하고, 마우리야(Maurya) 왕조를 세운 찬탈자이다.

짠드라굽따는 24년 동안 통치하면서 마가다 제국을 더욱 확장하는데 성공했다. 셀레우쿠스(Seleucus)에 의하면, 짠드라굽따는 알렉산더가 그리스의 태수령(太守領)으로 만들고자 했던 펀잡의 지배자가 되었다. 그의 통치력은 인도의 서해안까지 미쳤다. 그가 까티아와르(Kathiawar) 반도의 기르나르(Girnar) 근처에 인공 호수를 파게 했다는 사실로 이것을 알 수 있다. "기원전 305년, 바빌론과 시리아의 지배자였던 셀레우쿠스가, 알렉산더가 했던 것과 같은 정복을 다시 하기 위해 인더스 강변에 도착했을 때, 그의 앞에, 딱실라(Taxila)와 뽀루스(Porus) 주민들, 단결되지 않은 토착민들 대신에, 2개의 삼각주(三角洲)를 지배하고, 한쪽 바다에서 다른 쪽 바다에 미치는 거대한 제국이 있는 것을 알았다. 짠드라굽따는 60만의 보병, 3만의 기병, 9천의 상병(象兵)을 가지고 있었다. 셀레우쿠스는 이와 같은 병력을 감당할 수 없었다. 그는 필요한 희생을 받아들이고, 인더스 강의 이쪽 영토를 마우리야 왕조에 돌려 주었다. 그리고 짠드라굽따와 혼인동맹을 맺었다. 틀림없이 마우리야 왕조 궁정의 하렘(harem, 後宮)에 그리스의 한 공주를 보내었을 것이다. 인도는 이란의 서부 지역을 넘어섰고, 세계 강대국의 반열에 들어가게 되었다. 인접한 여러 나라 왕들은 인도의 환심을 사려고 했다. 시리아는 마우리야 왕조의 수도가 된 빠딸리뿌뜨라(Pāṭaliputra)에, 메가스테네스(Megasthenes, 짠드라굽따 치하)와 데이마쿠스(Deimachus, 빈두사라의 치하)와 같은 상주 대사(大使)를 파견했다" (S. Lévi, *L' Inde civilisatrice,* p. 48).

짠드라굽따의 아들이자 계승자는 불교 연대기에서 빈두사라(Bindusāra)라는 이름으로 알려져 있다. 그리스 학자 아테네(Athénée)는 그를 아미트로카테스(Amitrokhates)로, 그리고 스트라본(Strabon)은 아미트로카도스(Amitrokhados)라 불렀는데, 이것은 amitra-ghāda(-khāda)라는 말에서 유래한 것으로서, "적들의 살육자"라는 의미의 호칭이다. 빈두사라에 대해서는 그의 아버지와 아들을 통해 알 수 있다. 그 역시 인도의 모든 왕들을 "야심적인 정복자", 즉 *vijigīṣu*가 되도록 하는 법을 따랐던 것 같다. 짠드라굽따의 대신(大臣) 짜나꺄 · 까우띨야(Cāṇakya-Kauṭilya)는 『실리론(實利論, Arthaśāstra)』에서 그를 지칭하기 위해 이 용어를 사용했다. 빈두사라가 새로 영토를 확장하지 않았다면, 어떻게 그의 아들 아쇼까가 중앙인도와 데칸반도까지의 먼 지역을 포함한 그와 같은 거대한 제국을 물려받을 수 있었겠는가.

2. 전설상의 아쇼까

그리스의 역사가들은 빈두사라의 아들이자 계승자인 아쇼까에 대해서는 언급하지 않았다. 인도가 그에 대해 하고 있는 이야기는 단지 전설과 기적 이야기라고 해도 지나친 말이 아니다. 게다가 사실일 가능성이 있는 얼마간의 왜곡된 사건들조차도 전설과 기적 속으로 자취를 감추어 버린다.

빈두사라는 16명의 부인과 101명의 아들을 두었다. 그 중에서 장자는, 스리랑카 자료에 의하면 수마나(Sumana), 산스끄리뜨어 자료에 의하면 수시마(Susīma)였다. 맨 마지막 아들 이름은 띳사(Tissa)였다. 교활한 수단을 이용해 제일 왕비가 된 띳사의 어머니에게는 또 한 명의 아들이 있었다. 이 아들이 태어날 때 왕비는 아무 고통도 받지 않았다. 그래서 그를 아쇼까(Aśoka), 즉 무우(無憂)라고 불렀다. 이 아이의 몸이 매우 거칠었기 때문에, 왕은 그를 매우 싫어했다. 그래서 그의 어머니는 그를 데리고 도망을 가야 할 정도였다. 그가 장성하자, 왕은 펀잡에서 일어난 폭동을 진압하도록 그를 그곳으로 파견했다. 그러나 그에게 군대의 장비를 충분하게 지급하지 않았다. 그렇지만 신들의 후원으로, 아쇼까는 민심을 얻고, 폭동은 전투 없이 진압되었다. 빈두사라가 죽자, 그의 의사를 무시하고, 신탁에 의해 아쇼까가 후계자로 지명되었다. 그때, 웃자이니(Ujjayinī) 지방의 부왕(副王)이었던 아쇼까는 빠딸리뿌뜨라로 달려가서 먼저 99명의 형제들을 살육했다. 막내 동생 띳사만이 죽음을 피할 수 있었다. 이 일을 포함한 다른 여러 가지 끔찍스러운 큰 죄들 때문에 그는 잔인한 아쇼까, 즉 포악한 아쇼까(Caṇḍāśoka, 暴惡阿育)라는 이름을 얻게 되었다. 그가 권력을 잡은 4년 뒤에 거행한 대관식 때, 사미승인 조카가 그를 불교로 개종시켰다. 아쇼까는 6만 명의 바라문들을 궁전에서 몰아내고 같은 수의 비구들을 맞아들여 후하게 공양했다. 이 이야기는 스리랑카의 자료에 나온다. 인도 북쪽 지방의 불교도들이 전하는 이야기에 의하면, 아쇼까는 난폭하고 잔인했는데, 불교에 귀의한 뒤 "법 아쇼까", 즉 Dharmāśoka(法阿育)로 되었다. 그는 감옥을 허물어 버리고, 역시 사형집행인을 죽여 버리게 했다.

뒤이어, 그의 명령으로 건립된 많은 정사(精舍)와 기념건조물, 그가 주재(主宰)한 제3결집, 전도사들의 파견 이야기가 나온다. 이 이야기에는 기적과 민속적인 내용도 적지 않다. 예를 들면 꾸날라(Kunāla) 이야기 같은 것이다. 불교를 돈독하게 믿었던 아산디밋따(Asandhimittā) 왕비가 죽자, 이미 늙은 왕은 허영심이 강하고 부정(不貞)한 띳사락키따(Tissarakkhitā)와 다시 결혼했다. 젊은 띳사락키따는 전 왕비의 아들 꾸날라에게 사랑에 빠졌지만 뜻대로 되지 않자, 그를 멀리 보내기 위해 딱실라의 총독직을 그에게 맡기도록 했다. 꾸날라가 딱실라로 떠날 때, 아쇼까는 그에게 자신이 보내는 칙서(勅書)에 그의 잇자국이 찍힌 봉인밀랍(封印蜜蠟)을 항상 확인하도록 당부했다. 얼마 후, 왕비는 그녀 자신이 칙서를 작성해 아쇼까가 잠자고 있는 동안 몰래 왕의 이를 봉인밀랍에 찍어, 그것을 꾸날라의 대신에게 보내었다. 칙서의 내용은, "꾸날라 왕자의 두 눈을 뽑은 뒤, 산으로 데려가 그곳에 그를 버리라는 것" 이었다. 꾸날라는 부왕의 명령을 사실이라고 믿고, 빠리아(paria, 인도의 천민)를 시켜 자신의 두 눈을 뽑게 한 뒤, 음식을 구걸하면서 전국을 돌아다녔다. 그는 어느 날 빠딸리뿌뜨라에 이르러, 왕궁 입구에서 노래를 불렀다. 왕은 목소리로 그를 알아보았다. 모든 일이 밝혀진 뒤, 왕비는 산 채로 불태워졌고, 공범자들은 여러 가지 벌을 받았다. 우리는 네덜란드 학자 케른(H. Kern)의 다음과 같은 판단에 찬동할 수 있을 것이다: "남북 양전의 불교 자료를 통해서만 아쇼까를 본다면, 우리는 그가 보기 드물게 하찮고, 단지 반은 괴물에다 반은 바보로만 보이는 군주였다는 결론을 내려야 할 것이다. 불교인들은 그에 대해 우리들에게 좋은 행동도, 고상한 감정도, 인상적인 말도 전해 주지 않았다."

3. 비문

1837년에, 바라나시에서 근무하고 있던 영국의 민간 출신 관리, 제임스 프린셉(James Prinsep)이 그때까지 알려지지 않은 글자를 해독하고, 델리(Delhi)와 알라하바드(Allahabad)에 있던 두 개의 적사암(赤砂岩) 기둥에 새겨진 비문들의 내용을 알아내기 이전까지 우리는 아쇼까에 대해서 전혀 알지 못했다. 데바남삐야(devānaṃpiya), 즉 "신들의 친구(天愛)"라는 칭호 때문에 프린셉은 이 비문들을 아쇼까와 동맹관계에 있던 스리랑카의 왕 띳사(Tissa)의 것이라고 생각했다. 띳사는 한 불교 자료에서 이 칭호를 사용했다. 그 무렵 나가르주니(Nāgārjunī)의 동굴 비문들이 발견되었는데, 이 비문들 역시 한 데바남 삐야의 것이었다. 그러나 이 데바남삐야는 다살라타(Dasalatha)라는 이름을 가지고 있었다. 프린셉은 다살라타가 아쇼까의 손자라는 것을 확인했다. 그와 동시에 그는 데바남이라는 칭호로는 어떤 사람의 신원을 확인하기 어렵다는 것을 알게 되었다. 그리고 삐야닷시(piyadassi), 즉 "친절한 눈길에"(喜見)라는 또 하나의 칭호는 그에게 고유명사처럼 생각되었다: 이 관점은 역시 그로부터 50년 후에 간행된, 프랑스 학자 세나르(É. Senart)의 책 제목인, "*Les inscriptions de Piyadasi*(tome I 1881, II 1888)"를 설명해 주었다. 그런데 piyadassi라는 칭호는 스리랑카의 연대기에서 아쇼까 이름과 결합되어 있었다. 이것으로써 신원(身元)을 확인할 수 있었다. 그렇지만 아쇼까가 그의 이름을 새겨둔 유일한 비문을 마스끼(Maski)에서 발견한 1915년까지 이 신원 확인은 추측에 불과했을 뿐이었다.

1838년에 프린셉은 6장의 마애법칙(磨崖法勅)들 가운데서 2장, 즉 까티아와르의 기르나르(Girnar) 법칙과 인도 동해안의 다울리(Dhauli) 법칙의 내용이 동일하다는 것을 알게 되었다. 그 이후 최근까지 계속해서 비문들이 발견되었다. 틀림없이 앞으로도, 이미 알려진 법칙들의 새로운 사본들이 더 발견될 것이다. 왜냐하면 아소까 자신이 제14장 법칙에서, 동일한 법칙들을 많이 복사(複寫)하게 했다는 것을 말하고 있기 때문이다.

이렇게 해서 우리는, 오직 전설만이 그 영광—그것을 실제로 증명할 수 없었다—을 증언해 주었던 한 왕에 대한 진정한 기록을 가지게 되었다. 그 내용에 대한 설명을 시작하기 전에, 먼저 이 기록들이 어떤 것인지, 비문들이 발견된 장소는 어디인지에 대해 알아보기로 하자.

이 비문들은 두 가지 방식으로 되어 있다. 한 가지는 바위에 직접 새겨졌고, 다른 한 가지는 석주(石柱)에 새겨졌다. 이 석주들 가운데 몇 개는 아소까 이전의 왕들이 비명(碑銘) 없이 세운 것처럼 생각된다. 이 사실은 아소까가 사용한 표현에서도 드러난다. 게다가 비명이 새겨지지 않은 별개의 석주들이 전해지고 있다. 아래에서 보게 되겠지만, 두 계열의 분포와 내용은 다르다.

마애법칙은 몇 가지 계열로 나눠진다.

가장 중요한 것은 발포(發布)된 연대가 각기 다른 14개의 법칙들을 함께 모아 놓은 것인데, 그 맨 마지막 법칙은 결론 역할을 한다. 이것은 유럽식으로 하면 서문에 해당하는 것이다. 이 계열의 법칙들은 아소까 제국의 변방에서 발견되었다.

인도의 서북쪽의 가장 먼 지방에서 나온 두 가지의 교정본이 있다. 한 가지는 샤흐바즈가리히(Shahbazgarhī) 마을에서 약 800m, 그리고 까뿌르다기리(Kapurdagiri, Peshawar 지역)—처음에는 이 이름으로 알려졌다-에서 3km 지점에 위치한 것이다. 이것은 계곡의 첫 비탈에 위치한 하나의 바위의 두 면(面)에 새겨져 있다. 두 번째 것은 만세흐라(Mansehra; Hazara 지역)의 근처, 외따로 떨어져 있는 3개의 바위에 새겨져 있다. 지난날에는 첫 번째 것은 서방의 대로(大路)와 스와뜨(Swāt) 계곡을 통해 아시아지역 내륙부(Haute-Asie)로 가는 길의 분기점에 있었다(A. Foucher, *BEFEO.*, I, fig. 64 p. 349와 *Vieille route de l' Inde*, I, fig. 8, p. 39). 두 번째 것은 여전히 딱실라와 까슈미르 사이의 가장 곧은 길가에 있다. 이 두 비문은 두 가지 특색을 나타내고 있다: 한 가지는 12장 법칙의 특별한 활용으로서, 첫 경우는 외따로 떨어진 바위에 있고, 두 번째 경우는 바위의 특별한 면을 차지하고 있다. 다른 한 가지 특색으로는, 이것이 인도식 아람 문자로(araméo-indien) 명각(銘刻)된 유일한 아쇼까 비문이라는 것이다(유일한 예외: 브라흐미기리(Brahmagiri)의 필사생 서명이 있다. p. 24 참조).

깔시(Kalsi)에서 2.5km, 뭇소리(Mussorie, Dehra Dun)에서 약 25km 거리, 잠나(Jamna) 강과 톤스(Tons) 강의 합류점이 내려다보이는 곳(E. Reclus, *Nouvelle Géographie univ.*, t. VIII, 지도, p. 157)에, 피라미드 모양의 큰 석영(石英) 바윗덩어리의 표석(漂石)이 있다. 이 표석의 한 면-그 표면은 고르지 않다-에 비문이 새겨져 있는데, 높이 1.5m, 길이는 윗부분이 1.6m, 아래가 2.4m이다. 비문은 왼쪽 면에 계속되고 있다. 다른 쪽에는 코끼리(gajatama)의 윤곽이 조각되어 있다. 이 비문은, 지금부터 열거할 모든 비문들처럼, 비명학자들이 브라흐미(brāhmī) 문자라고 부르는 토착(土着)의 글자로 되어 있다(p. 87).

지금부터는 인도 서북쪽과 북쪽 변경에서 발견된 비문에 대해 언급하기로 한다. 까띠아와르 반도의 주나가르(Junagarh)에서 1.5km 거리에, 거의 반구형(半球形)의 화강암 덩어리—높이 3.5m, 밑부분의 둘레 약 23m—가 기르나르(Girnar) 성산(聖山)을 둘러싼 골짜기로 들어가는 협곡(峽谷)의 입구에 자리잡고 있다. 이 바위에 아쇼까의 14장 법칙들이 새겨져 있다. 이것은 2단(段)으로 배열되어 있고, 몇 개의 직선으로 분리되어 있다. 이와 같은 형식은 통상적인 것이 아니다. 거기에는 역시 루드라다만(Rudradāman)의 산스끄리뜨어 비문이 새겨져 있다. 이 비문은 지난날 이 장소에 인공호수가 있었다는 것을 알려준다. 이 호수는 짠드라굽따의 총독이었던 바이샤 출신 뿌샤미뜨라라는 사람이 팠는데, 이것을 뒷날 마우리아 왕조의 아쇼까왕을 위해서 야바나(yavana, 즉 이란) 출신의 왕 투샤스파(Tuṣāspha)가 관리했다(*Epigraphia Indica*, VIII, p. 36 이하; S. Lévi의 번역, *Inde civilisatrice*, p. 152). 마지막으로 3번째 비문은 스깐다굽따(Skandagupta)라는 마가다왕의 치하에서 수라슈뜨라(Surāṣtra)의 총독 아들이 456년에 이 저수지를 수리한 것을 말하고 있다(같은 책, p. 188).

좀더 남쪽으로, 지난날 큰 항구였던 소빠라(Sopārā)의 옛 부두 근처에서, 1882년에 8장 법칙의 작은 부분이 새겨져 있는 현무암(玄武岩) 단편을 발견했다.

이제 동해안으로 가보자. 깔링가 옛 왕국에서는, 마하나디(Mahānadī) 삼각주의 약간 뒤쪽에, 다른 한 쌍의 비문이 있는데, 거기에는 다른 교정본에 있는 11장, 12장, 13장 법칙들 대신 특별한 두 법칙이 있다. 첫 비문은 부바네슈와르(Bhuvaneswar, Puri 지역)의 남쪽 11km 지점에 위치한 다울리(Dauli) 근처, 평야에 외따로 떨어진, 화산 모양의 3개의 가파른 구릉 중의 한 곳에 있다. 옆면이 4m에서 5m인 테라스 위에 이 비문이 있고, 비문 윗부분에 높이 1m 크기의 코끼리 전반신이 바위에 조각되어 있다.

좀더 남쪽으로, 간잠(Ganjam)의 서북쪽 약 30km 거리에 위치한 리쉬꿀리야(Rishikulya)의 북쪽 강변에 폐허가 된 견고한 도시가 있다. 이 도시 한가운데 약 35m의 화강암질 편마암(片麻岩) 바위들이 있는데, 그 가운데 하나가 통칭 자우가다(Jaugaḍa)라고 불리는 비문에 언급된 케삥갈라(Khepingala)산이다.

이 두 가지 법칙들에 대해 언급된 일련의 이본(異本)을 제외하고, 지금까지 열거된 모든 비문들의 내용은 근본적으로 동일하다. 그것들은 단지 문자와 언어적인 형태에 있어서만 다를 뿐이다. 일반적으로 "소마애법칙(小磨崖法勅)"이라는 이름으로 알려진 다음의 법칙 군(群)에서는 통일성이 좀 약하다.

소마애법칙은 아쇼까가 불교에 귀의한 2년 반 뒤에 발포한 것으로서 상당히 짧은 것이다. 우리는 10종류의 사본들을 알고 있는데, 이것들은 중인도의 라즈뿌따나(Rajputāna), 니잠(Nizam)주의 남쪽, 그리고 마이소르(Mysore)에서 발견되었다.

가장 북쪽에 위치한 소마애법칙은 자이뿌르(Jaipur, Jeypore)의 북북동쪽의 약 7km 거리에 위치한 바이라뜨(Bairāṭ) 근처에—오래된 폐허가 지난날 이곳에 도시가 있었음을 알려 준다—높이 5m 화강암의 석판(石板)에 새겨져 있다.

루쁘나트(Rūpnāth) 비문은 까이무르(Kaimur) 산의 기슭, 작은 호수 곁에 있다. 이 호수는 폭포로 연결되어 있는 3층의 못(池) 가운데서 가장 밑에 위치해 있다. 비문은 크기가 1.35m에서 0.3m의 작은 적사암(赤砂岩) 덩어리의 윗면에 새겨져 있다. 비문이 새겨져 있는 이 바위는 수백 년 동안 순례자(이곳은 성지이다)와 상인(商人)들의 자리로 사용되었기 때문에 비문이 상당히 손상되었다.

옛 마가다의 사하스람(Sahasrām, 南 Bihar)에서 3km, 손(Son) 강의 왼쪽 언덕(左岸)을 굽어보는 까이무르 산의 마지막 돌출부 중 하나에는 이슬람교의 한 성자-틀림없이 한 힌두신을 계승했을 것이다-의 기념 건조물이 있다. 그 (돌출부)의 정상 가까이에, 높이 1.2m밖에 되지 않는 문을 통해 들어 갈 수 있는 동굴이 있다. 비문은 이 동굴의 안에 있다.

다른 사본(寫本)들은 남쪽으로 멀리 떨어져 있기도 하고(예를 들면 마스끼 비문은 루쁘나트에서 770km 이상), 또 가까이 있거나 아주 가까이 있기도 하다.

마스끼(Maski)의 비문(Nizam 주, Raichur에서 75km)은 한 동굴 입구에 위치한 화강암 덩어리의 안쪽 면에 새겨져 있다. 이 지역은 어떤 중요성을 가지고 있었다. 그래서 마스끼라는 이름이 중세기의 몇몇 비문에 언급되고 있다. 바로 이 비문에 아쇼까의 이름이 나온다.

마스끼의 남서쪽 85km, 비자야나가르에서 35km 거리에 평야가 펼쳐져 있는데, 그곳에 암석으로 이루어진 몇 개의 작은 야산들이 솟아 있다. 이들 중의 한 산 밑에 꼽발(Kopbāl)이라는 마을이 자리잡고 있다. 다른 한 산의 위에는 고인돌들이 있다. 270m의 높이의 빨끼군두(Pālkīguṇḍu) 산 위에 있는 여러 시대의 비문들 가운데 짧은 단편의 아쇼까 비문이 있다. 이것은 4번째 바위-높이 50m이고 꼽발의 반대쪽에 있다-의 꼭대기에 새겨진 8줄의 비문 내용과 일치하는데, 이것이 가비마트(Gavīmaṭh) 비문이다. 이 비문의 내용은 바이라뜨 비문과 매우 비슷하고, 이 계열의 비문으로서는 가장 북쪽 지역에 위치한 것이다. 그것은 한편으로는 루쁘나트와 사하스람의 것과 다르고, 다른 한편으로는 싯다뿌라(Siddāpura)의 군(群)과 다르다. 터너(R. L. Turner)가 이것을 간행했다(*The Gavīmaṭh and Pālkīguṇḍu inskriptions of Aśoka*, Hyderabad Archaeological Series, n° 10, 1932).

끝으로, 꼽발의 동쪽 150km지점, 마드라스(Madras)의 까르눌(Karnul) 지역의 남쪽, 구띠(Gooty)에서 약 15km 지점에 위치한 뚠가바드라(Tungabhadra)의 저수지 가에 있는 에라구디(Erraguḍi)에서 1929년에 14장 법칙 전부와 루쁘나트·사하스람(Rūpnāth-Sahasrām) 법칙의 한 이본(異本)이 발견되었다. 바루아(B. Barua)가 이 이본만 간행했다(*Indian Historical Quarterly*, XIII, 1, March, 1937, p. 132). 이것은 부분적으로 좌우 교호서법(交互書法: 첫행은 왼쪽으로부터, 둘째 행은 오른쪽에서부터 쓰는 식)으로 쓰여 있다.

다른 이본들은 마이소르의 싯다뿌라(Siddāpura, Chitaldrug 지방) 마을 주위에 집결되어 있는데, 이곳은 마스끼에서 125km, 꼽발에서 약 195km 거리이다. 브라흐마기리(Brahmagiri)의 법칙은 편마암(片麻岩) 덩어리의 윗면에 새겨져 있다. 싯다뿌라의 가장 가까운 거리의 비문은 앞 비문에서 1.8km 떨어진 곳에 있는데, 역시 바위의 윗면에 새겨져 있다. 그 위에 큰 바위가 돌출해 있어 보호해 주고 있는데도, 비문은 역시 손상을 입었다. 그곳에서 5km 떨어진 자띵가 라메슈바라(Jaṭiṅga-Rameśvara) 사원 근처에 있는 비문 역시 같은 상태다. 브라흐마기리의 비문 끝에는 아람-인도 문자로 된 서명이 있다.

특이하면서도 흥미를 끄는 형태의 비문은 바브라(Bhabra) 비문이다. 훌취(Hultzsch)는 이것을 캘컷타-바이라뜨(Culcutta-Bairāṭ) 비문이라고 부른다. 왜냐하면 이것은 바이라뜨의 남서쪽 1.5km, 그리고 이 마을 이름으로 알려진 비문에서 3.5km 거리에 있는 반면, 바브라—

오히려 바브루(Bhabru)-는 그곳에서 25km 거리이기 때문이다. 이 비문은 폐허가 된 외딴 한 언덕의 편편한 화강암에 새겨져 있다.

끝으로, 아쇼까의 비문으로 추측되는 3개의 짧은 비문이 있다. 이것들은 가야(Gayā)의 북쪽 25km 거리에 위치한 바라바르(Barabar) 산에 인공적으로 판 동굴들 안에 있다. 이 비문들에는 한 라자 삐야닷시(lāja piyadassi)가 아지비까(ājīvika) 교단에 이 동굴들을 기진(寄進)한 사실이 기록되어 있다. 동쪽으로 조금 떨어진 나가르주니(Nāgārjunī) 산에 다른 동굴들이 있다. 이 동굴들은 아쇼까의 손자 다살라타 데바남삐야(Dasalatha devānaṃpiya)가 역시 아지비까 교단에 기진한 것이다.

지금부터는 석주 법칙에 대해 살펴보기로 하겠다. 이 석주들은 바라나시(Varānasi) 부근에서 나온 적사암(赤沙岩)으로 만든 일본석(一本石)으로서, 높이는 10m에서 13m이다(*Cambridge History of India*, I, 619).

이 석주들은 모두 동일한 내용을 가지고 있는 것은 아니다. 먼저, 아쇼까가 관정 26년에 다시 모은 6장 법칙이 있다. 이 법칙들은 6개의 석주에 새겨져 있다. 그러나 이 석주들 가운데 하나인 델리·또쁘라(Delhi-Topra) 석주에는 여러 법칙들의 발췌 부분으로 이루어진 제7장 법칙이 첨가되어 있다. 비문들은 대체로 잘 보존이 되었나. 첫 6장 법칙들의 이본들 간의 차이는 아주 사소하다.

이 석주들은 마우리야 제국의 여러 중심부에 자리잡고 있다: 또쁘라 석주는 잠나(Jamna) 강의 서쪽에 있고, 라우리야(Lauriya)와 아라라즈(Araraj) 석주들은 간다끄(Gandak) 강의 동쪽 강변에 있다.

두 개의 석주는 현재 델리에 있다. 이 석주들은 피로즈-샤(Firoz-

Shah, 1351~1388) 술탄(sultan: 회교국 군주)의 명령으로 그곳에 옮겨졌다. 한 석주는 암발라(Ambala) 지역의 산악 지방, 또쁘라에서 가져 왔는데, 이전에는 델리 · 시왈리끄(Delhi-Siwalik) 석주라는 이름으로 알려져 있었다. 또 하나의 석주는 델리 동북쪽의 미라트(Mīraṭh, Meerut) 부근에서 옮겨 왔다.

동쪽 군(群)에서, 먼저 두 석주를 들 수 있다. 이 석주들은 라우리야 마을(비하르 북쪽, 짬빠란 지역) 근처에 있는데, 두 석주 사이의 거리는 4km이다. 그리고 라우리야는 네팔 국경에서 멀지 않은 베띠야(Betiya)의 북북 서쪽 25km 거리에 위치하고 있다. 두 석주를 구별짓기 위해 각각 라우리야 · 아라라즈(Araraj)와 라우리야 · 난단가리(Nandangaṛh)라는 이름을 붙였다. 앞의 것은 석주 근처에 있는 시바(Siva) 사원 이름(옛날에는 Radhia라고 지칭했다)을, 뒤의 것은 붕괴된 성채(옛 이름은 Mathia) 이름을 결부시킨 것이다.

세 번째 석주는, 앞의 두 석주에서 북북 동쪽으로 약 50km 거리에 위치한 람뿌르바(Rāmpurvā) 마을 근처에 위치하고 있다.

마지막으로, 현재 알라하바드(Allahabad)에 있는 석주이다. 이 석주에는 조금 전에 언급한 것들과 대응하는 하나의 교정본뿐 아니라, 아쇼까의 다른 두 법칙, 그리고 역시 사무드라굽따(Samudragupta, 기원후 4세기 중엽)의 산스끄리뜨어 비문과 자한기르(Jahangīr, 1605년)의 비문이 새겨져 있다. 그런데 아쇼까의 추가 법칙들 가운데 하나는 꼬삼비(Kosambī)에 있던 관리들에게 보내진 것이다. 이 사실에서 결론을 이끌어 내면, 이 석주는 다른 두 석주가 델리로 옮겨진 것처럼 꼬삼비에서 알라하바드로 옮겨졌다는 것이다. 그래서 이 석주에 새겨져 있는 6장 법칙을 알라하바드 · 꼬삼(Allahabad-Kosam) 법칙이라고 부르는 것이다.

이와 반대로, 다른 두 비문은 그 내용을 고려해서 각각 황후(皇后) 법칙과 꼬삼비 법칙이라는 특별한 이름으로 부른다.

황후법칙은 하나밖에 없다. 그러나 꼬삼비 법칙은 두 개의 대응본이 있다. 한 가지는 바라나시 교외에 위치한 사르나트(Sarnath)에 있다. 이곳은 붓다가 첫 설법을 한 이시빠따나(Isipatana)의 사슴동산(鹿野苑)이다. 기둥머리(柱頭)를 장식한 모티브(主題)들 가운데는 첫 설법을 상기시키는 법륜(法輪)이 있는데, 이것은 현재 인도를 상징하는 문장(紋章)이 되었다. 사르나트의 이 석주 법칙의 내용은 빠딸리뿌뜨라(Pāṭaliputra, Patna)의 관리(官吏)들에게 말한 것이었던 것 같다. 그렇지만 빠딸리뿌뜨라는 사르나뜨에서 동쪽으로 멀리 떨어진 곳이다. 대응하는 다른 법칙은 보빨(Bhopal) 주(州) 산찌(Sāñcī)의 유명한 스뚜빠 입구에 있다. 이것은 매우 훼손되었다.

마지막으로 두 석주가 있다. 룸민데이(Lummindei: 옛날에는 Paḍeria라고 불렀다)와 니글리바(Niglīva) 석주이다. 룸민데이는 한 사원의 이름인데, 이것은 붓다의 탄생지라고 비문에 언급되어 있는 룸미니(Lumminī, 빨리어로는 Lumbinī)의 이름을 길이 전하고 있다. 빠다리야(Paḍariya)는 인접한 마을 이름이다. 이곳은 네팔 영토로서, 바스띠(Basti) 지방의 둘하(Dulha)의 북동쪽 약 8km 거리에 위치한다.

니글리바 석주는 네팔의 떼라이(Terai)에서 서북쪽으로 약 20km 거리에 위치한 니글리바 마을 근처의 니갈리 · 사가르(Nigalī-Sāgar) 못(池)가에 있다. 이 석주에 짧은 비문이 새겨져 있다. 그 내용은 아쇼까의 명령으로 행해진 스뚜빠의 확장과 뒷날 아쇼까 자신이 이곳을 방문한 사실을 말한 것이다.

4. 비문의 내용

이 모든 비명(碑銘)은, 먼저 대부분이 전설로 이루어진 전승을 통해서만 알려져 있었던 한 군주(君主)의 역사성을 폭넓게 확인해 주었다. 산드라코토스(Sandrakottos)와 아쇼까의 할아버지인 짠드라굽따(Candragupta)가 동일인이라는 것이 확실하게 되었다. 이 두 사람이 같은 인물이라는 사실은 13장 법칙에 언급된 지중해 연안의 여러 나라를 통치한 왕들의 동시성(同時性)을 가지고 얻어진 대략적인 연대와 일치하는데, 이것은 기원전 3세기 전반의 말(末)에 해당한다.

학자들은 이 사실과 바라문교 문헌인 뿌라나(Purāṇa)와 불교 문헌에 나오는 연대들을 연결해서, 이 연대와 아쇼까의 전체적인 통치 연대들을 한층 명확하게 규명하려고 했다. 여러 가지 설(說)이 제시되었다. 그 가운데서, 프랑스 학자 필리오자(J. Filliozat, *L' Inde classique*, I, § 407)의 설에 의하면, 아쇼까의 대관식(戴冠式)은 기원전 260년에 행해졌다는 것이다. 여하튼, 아쇼까의 비문은 전 인도 역사에서 비교적 정확성을 가지고 연대를 추정할 수 있는 최초의 확실한 기록이다.

그러나 사실을 말하자면 단편적인 기록이다. 이것은 단지 아쇼까 황제의 종교적인 전도(傳道)와 관계가 있을 뿐이다. 이 기록에서 아쇼까의 전반적인 정치와 그 시대의 사회에 관한 일들을 찾으려고 한다면 잘못일 것이다. 그것이 실제로 가지고 있는 내용을 해석하기는 어렵다. 다른 자료들과 명백한 일치점이 없기 때문이다. 특히, 짠드라굽따의 대신인 짜나꺄 · 까우띨야의 저작이라고 해서 사람들이 사용한 『아르타샤스뜨라(Arthaśāstra, 實利論)』는 바라문 전통의 귀중한 문헌이다. 그러나 현재 우리에게 전해지고 있는 것은 틀림없이 추정 연대보다 훨씬 후기의 것이다. 사람들이 이 문헌에서 특히 마우리야 왕조의 인도를 탐구하려고 하지만 그것은 지나친 일이다. 그러나 사실은 다른 자료가 아무것도 없다. 게다가 일치하는 점들은 매우 드물고, 거의 특성이 없다. 아쇼까에 대해서, 우리는 아쇼까 자신에게 물어 보는 수밖에 없다.

아쇼까 법칙은 불교적인 영감을 가진 칙령(勅令)이다. 이 칙령들은 그의 개인적인 행동을 통해, 그리고 그가 채택하고 소개한 원칙들을 통해 그가 취한 조처들이 정당하다는 것을 증명하면서, 동시에 신앙의 표명과 설법의 성질을 가지고 있다. 몇몇 칙령들과 그 주제에 대해 언급된 몇몇 사실로써, 아쇼까의 대관식의 연대를 추정할 수 있다. 전통에 의하면 대관식, 즉 관정(灌頂)은 그의 집권 4년 후에 거행되었다. 비문들의 목적과 그 특성 때문에, 비문들이 제시하고 있는 첫 연대가 왕이 불교에 귀의한 연대인 것은 당연하다. 사실 그것은 형식적인 귀의가 아니라, 결정적인 동기에 의한 것이었다. 그 때문에 제13장 법칙에서 대단한 신앙을 표명하게 된 것이다. 아쇼까는 이 법칙에서 강력한 깔링가 왕국—갠지스 삼각주와 마하나디(Mahānadī) 삼각주 사이에 자리잡고 있었다—을 침략한 후 그가 했던 후회를 나타내고 있다. 이 기록은 아쇼까를 세상의 군주들 가운데서 견줄 만한 사람이 없는 비상한 존재로 만들기에 충분할 뿐 아니라 유일한 것이다.

아쇼까가 이와 같은 윤리적인 위기를 맞이한 것은 그의 관정 8년 후였다. 그로부터 2년 뒤 아쇼까는 오락을 위한 순유(娛樂巡遊)를 그만두고, 그 대신 법을 위한 순례(法巡禮)를 시작했다. 그는 법순례를 하면서 사냥과 다른 오락을 하는 대신, 보시와 전도(傳道)를 했다. 그는 이처럼 일련의 개혁을 시작하면서, 개혁을 통해 전통적인 제도와 사상 대신, 다르마(Dharma, 法)에서 영감을 받아, 그것을 증진시키고, 다시 전파했다. 여기서 다르마라는 말을 "법(法)"이라고 번역했지만, 이것은 법률과 관련이 없는 "법", 그리고 교의(教義)와 의식(儀式)과 관계가 없는 "종교"를 의미한다. 다르마를 "질서"라고 번역한다면, 그것은 세습(世習)의 기본적인 개념에는 잘 부합하겠지만(Masson-Oursel, J.As., 1922, I, 269), 종교적인 반향은 부족하다. "윤리(또는 도덕)"라는 말도 사용했지만, 역시 결점이 있다. 아쇼까의 다르마는 아쇼까가 바브라(Bhabra) 법칙에서 그의 신앙을 분명하게 선언한 삼보(三寶) 가운데 하나인 불교의 "정법(正法)"이다. 그러나 그것은 단지 불교에서뿐 아니라 역시 바라문교에서 가르친 기본적인 덕행들, 즉 동물까지 포함한 모든 생명에 대한 존중, 부모에 대한 순종, 정직, 자비(III, IV, IX, 7, 소마애 II) 등과 같은 덕행들의 범위 안에 포함 되는 것이었다. 법칙(法則)에서는 4성제(聖諦), 연기법, 열반과 같은 전형적인 불교 교리들은 언급되지 않았다. 법칙에 의하면, 윤회의 바퀴에서 벗어나는 것이 구원(救援)이 아니다. 계(戒)를 지키는 사람은 이 세상—즉 좋은 환생—과 저 세상, 즉 천상(天上, svarga)에 태어나게 되는 것이다(이것이 구원이다).

아쇼까는 바라문교 신자로 태어나서 다른 종교로 개종하지 않았고, 그가 실천한 다르마(Dharma)는 태어난 카스트에 따라 각자에게 부여되는 규칙인 svadharma(各自의 法)에 불과했고, 그가 전념했던 일은 인도의 모든 군주들이 했던 것이었다고 주장할 수도 있을 것이다. 아쇼까가 권장하고, 실천했던 관용(寬容)조차도—아지비까 교단에 동굴을 기진한 것이 사실이라면—전통적인 것이라고 주장할 수 있다(S. Lévi, *Mémorial*, p. 231). 사실 사람들은 그렇게 주장했다. 그러나 이것은 명백한 사실을 부정하는 것이다. 왜냐하면 바브라의 비문에는 아쇼까가 불교로 개종한 것과 불교 성전(聖典)에 대해 언급한 것이 포함되어 있고, 역시 네팔의 떼라이(Terai) 법칙은 그가 관정 20년에 샤꺄무니 붓다의 탄생지와 꼬나까무니 붓다의 스뚜빠를 순례한 사실을 언급하고 있기 때문이다.

적어도 우리가 14장마애법칙의 제8장에 나오는 smbodhi를 보드가야의 성수(聖樹, 보리수)라고 이해한다면, 아쇼까는 깔링가의 정복 2년 후에 이미 불적지 순례 여행을 했다. 그러나 그의 신앙심—오히려 그의 열의(熱意)—은 점진적인 것이었다. 루쁘나트(Rupnath) 법칙과 특히 마이소르 법칙에 의하면, 그는 불교 귀의 후 2년 반, 그 가운데서도 첫 1년 동안은 열성 없는 신자였다. 그러나 성지 순례는 그의 새로운 열정을 나타내는 표시이다. 바브라와 산찌 법칙에서 공포(公布)된 승가 생활의 개입, 그리고 아마도 그의 영향 아래에서 가족들이 했던 기진(황후법칙)을 이 시기로 보아야 할 것인지는 알 수 없다. 여하튼, 그로부터 얼마 지나지 않아, 루쁘나트 법칙에서 전하고 있는 대(大) 전도 활동이 시작되었는데, 마애법칙과 석주법칙들이 이것에 대해 언급하고 있다. 그런데 아쇼까는 왕의 지위에 있으면서, 자신의 구제뿐 아니라 인류를 구제하려고 하는 불교 성자(聖者)의 본보기를 따랐다.

마애법칙 제3장과 4장은 관정 12년에 공포되었다. 그리고 이것과 함께 아마도 앞의 2장들도 같은 해에 공포되었을 것이다. 이 법칙들은 아쇼까의 개인적인 활동을 알려주는 것만으로 볼 때는 덜 중요하다. 궁전의 요리실을 위한 짐승의 도살 제한과 백성들과 그들의 가축의 건강과 안락을 위해 이미 취해진 조치를 상기시키는 것이 그 내용이다. 제3장 법칙은 행정적인 일들과 법의 전파를 위한 정기적인 순찰 제도에 대해 알리고 있다. 제4장 법칙에서는 법의 전파에 대한 현재의 성공과 미래에 있어서 계속될 가능성을 기록하고 있다.

틀림없이 깔링가의 법칙들도 대략 같은 시기에 공포되었을 것이다. 그 법칙 가운데 하나는 새로 정복된 지방의 관리들에게 그들이 다스리는 주민들에 대해 온유(溫柔)할 것을 지시하고, 제3장 법칙에서 했던 것처럼 5년마다 순찰 여행을 할 것을 말하고 있다. 다른 법칙은 독립적인 변경(邊境)의 주민들과 우호적인 관계를 유지할 것을 권고하고 있다.

다음해, 즉 관정 13년에 공포된 제5장 법칙은 새로운 종류의 "대신들" 또는 "감독관들"의 제도를 새로 설치한 것을 알린다. 이들은 법(法)에 종사할 사람들인 법대관(法大官, dhammamahāmātra)이다. 통상적인 감독관들은 지방의 중앙에 주재(駐在)하는 관리들이다(깔링가, 브라흐마기리, 꼬삼비, 황후 법칙들을 볼 것). 아쇼까는 그들에게 칙령들 가운데 어떤 것은 직접 보냈다. 법감독관(즉 법대관)들은 인도 서북쪽과 서쪽의 바깥 지방에서 법을 전파하는 대리인들이고 신도들의 보호자들이다. 그들은 감옥과 궁중의 규방(閨房, 제12장 법칙, 부인들을 감시하는 감독관: 監婦大官), 그리고 확실하게 확인되지 않은 여러 가지 다른 일들(석주 제7장)에 개입한다.

제6장과 제14장 법칙은 공포된 연대를 추정할 수 없다. 이 두 법칙은 이전의 사건들, 즉 삼보디의 순례(제8장), 깔링가 정복(제13장)을 생각나게 한다. 제6장은, 백성들을 그의 자식들처럼 생각하고 그들의 행복을 위해 언제 어디서나 그들에 관한 일들을 제가(裁可, 결재)할 수 있도록 하라는 왕의 의사를 공포했다. 제7장은 윤리 원칙을 포함하고

있다. 그 다음 법칙들은 그 이전에 있었던 개념 또는 제도에 법(法, dharma) 개념을 적용한 것을 기록하고 있다: 오락의 순유(巡遊)의 뒤를 이은 법의 순례(제8장), 저속한 미신적인 의식(儀式)들과 반대되는 법(法)의 의식(제9장), 백성들의 법에 대한 순종과 준수—이것들은 아쇼까가 자신을 위해 열렬히 추구했던 진정한 영광이었다(제10장), 법시(法施)—이것은 법을 널리 퍼뜨리는 것이다(제11장), 법의 찬양—모든 종파들에게 보내는 존경의 뜻을 담은 전도(傳道)(제13장), 그리고 군사적인 정복과 반대되는 법에 의한 정복(제13장). 마지막 3장은 깔링가 법칙에는 없다. 끝으로 제14장 법칙이 나오는데, 이것은 앞에 나오는 모든 법칙들에 대한 결론이다.

관정 13년 또는 이보다 약간 뒤에 만들어졌다고 할 수 있는 이 집록(集錄)의 결론과 관정 26년과 27년에 나온 비슷한 제2집록 가운데는 아쇼까의 활동에 관한 정보가 별로 없다.

관정 14년에 아쇼까는 (과거 7불 중의) 다섯 번째 붓다인 꼬나까무니(Konakamuni)의 스뚜빠를 니글리바(Nigliva)에 증축하게 했다. 그는 6년 후에 그곳에 순례를 위해 다시 갔다. 동시에, 샤까무니 붓다의 탄생지인 룸비니를 방문했다. 아쇼까가 많은 기념 건조물들을 건립했다고 하는 전통은 이렇게 부분적으로 확인된다. 특히 유명한 구법승인 현장(玄奘) 법사 역시 7세기에 꼬나까무니의 스뚜빠를 방문했다. 그리고 떼라이의 순례는 아쇼까가 그의 스승 우빠굽따(Upagupta; 南傳에서는 Tissa Moggaliputta)의 안내를 받아 했다는 여행과 일치한다.

바라바르산의 3개의 인공 석굴이 아쇼까가 아지비까 교단에 한 기진이 틀림없다고 한다면, 그것들은 동일한 연대로서, 관정 12년과 19년일 것이다.

전승이 중요한 한 사건을 설정하고 있는 것은 이 시기의 초로서, 즉위 17년 또는 18년이다. 그것은 띳사 장로의 주재하에, 9개월 동안 계속되었던 빠딸리뿌뜨라 결집의 개최이다. 이 결집은 이단(異端)이라고 표명된 219가지의 교리에 대한 설명과 논박을 검토해야 했다: 이것이 까타밧투(Kathāvaṭṭhu, 論事)이다. 그렇게 한 다음 전도사들이 파견되었다. 아쇼까의 한 아들(또는 동생)은 스리랑카를 불교로 귀의시키러 갔다. 맛잔띠까(Majjhantika) 장로에게는 간다라와 카슈미르 지방이 맡겨졌다. 그리스인(Yona)―틀림없이 이란인(Iran)일 것이다―담마라키따(Dhammarakhita)는 서해안으로 갔다. 이 사실은, 아쇼까가 이전에 가장 먼 서양(西洋)에까지 독자적으로 보내었다고 자랑하고 있는 포교단을 생각나게 한다. 게다가, 고고학은 이 전승(傳承)이 사실이라는 것을 입증해 주고 있다. 왜냐하면 산찌에서 히말라야 지방의 전도사들인 맛지마, 즉 맛잔띠까와 그의 보조자인 깟사빠곳따(Kassapagotta)의 사리함과 (붓다의 상수 제자였던) 목갈리뿟따(Moggaliputta)의 사리함을 발견했기 때문이다. 교리에 대한 토론과 이단과의 싸움에 관해서는, 까타밧투의 편찬 연대가―아마도 훨씬 후대일 것이다―아쇼까의 두 비문을 전승과 접근시키는 데 전혀 방해되지 않는다. 이 비문들의 연대는 알 수 없다. 아마도 그 결집과 관계가 없는 것 같다. 그러나 이 비문들은 그 시대에 논의된 문제들에 왕의 개입이 있었다는 것을 알려 주고 있다. 바브라 법칙에서, 왕은 매우 공손하지만 단호하게, 그가 되도록이면 다른 사람들에게 낭송해 주기를 권유하는 경전들을 교단의 구성원들에게 지정해 주고 있다. 그리고 꼬삼비 법칙은, 교단을 분열시키는 비구와 비구니들의 추방에 대해서, 결집에서 결정한 내용을 실질적으로 적용할 것에 대해 감독관들에게 알린 법규라고 생각할 수 있다.

동일한 법칙의 알라하바드 · 꼬삼 본(本)은 관정 26년에 공포한 6개의 법칙들과 동일한 석주에 새겨져 있다. 이것은 6개의 법칙들과 시대가 동일함을 나타내는 것인가? 몇몇 학자들은 6개 법칙들의 바로 밑, 오른쪽에 새겨져 있는 간결한 "황후법칙"의 경우는 그렇다고 생각한다. 하나의 기진을 기록하고 있는 이 법칙은 아무런 연대도 알려주지 않는다.

이제 제2군(群)과 마지막 군의 법칙을 살펴볼 차례다. 7개의 법칙들 가운데서 6개 법칙들은 연대가 같다. 그 다음해에 공포된 제7장은 (앞의 6장들의) 요점을 되풀이하고 있는 것이 그 특징이다. 이 두 가지 사실은 전체적으로 보아 아소까 자신의 유언과 같은 인상을 준다. 게다가 아소까는 그로부터 5년 또는 6년밖에 통치하지 못했기 때문에 더욱 그렇게 보인다. 왜냐하면 인도 토착의 자료들이 그의 통치 연수를 36년 또는 37년이라고 말하고 있는데, 그것을 믿지 못할 이유가 없기 때문이다.

우리는 6개의 첫 법칙 내용을 다음과 같이 요약할 수 있다: 1. 법의 증진, 2.법의 정의, 3. 죄, 4. 법감독관의 의무, 5. 동물의 보호, 보호해야 할 동물들의 목록, 6. 법칙의 공포(관정 12년)와 그 목적.

제7장 법칙은 가장 길다. 이것은 사실 그 자체가, 법칙들의 서문의 표준형식에 의해 매번 선행된, 10개의 별개로 된 항(項)들의 집록이다. 요약하면 다음과 같다: 1. (동기에 대한 설명) 법을 전파하기 위해 이전에 했던 노력의 쓸모없음(無用), 2. 법 전파를 달성하기 위한 방법의 추구, 3. 전도의 조직, 4. 법석주 건립, 법대관 제도, 5. 국민 복지를 위한 대책, 6. 법대관의 의무, 7. 왕의 자선(慈善), 8. (아소까)왕이 보여

준 본보기, 9. 외적인 금지보다 개인적인 선정(禪定)의 우월; 법칙의 연대, 10. 석주와 바위에 법칙을 새기게 한 명령.

5. 결론

비문에 나오는 아쇼까의 모습과 불교문헌이 보여 주는 모습 사이에는 큰 차이가 있다. 그의 청년시절의 잔인성을 이야기하고 있는 문헌들만큼 강조하지는 않지만, 아쇼까는 스스로 자신의 일생에 서로 다른 두 시기가 있었다는 것을 말하고 있다. 그것은 사냥을 하고, 육식을 많이 하고, 전쟁이 그의 의무의 일부를 이루었던 전기(前期)와 전쟁의 참혹함을 보고 불교에 귀의하게 된 후기이다. 경전의 결집과 승가의 계율문제에 개입한 일과 그에게 부과된 역할—아마도 그가 경전 결집에서 맡았던 역할—사이에는 역시 일치하는 점이 있다. 마지막으로, 문헌에서 말하고 있는 아쇼까의 전도(傳道) 활동은 어느 정도 사실과 일치한다. 자신이 하도록 했다고 자랑하고 있는 전도 활동은 멀리 떨어진 그리스와 아프리카에까지 이르렀으므로, 그 전도 이야기를 능가한다.

불교의 기본적인 교리와 제도들은 물론 그 시기—아마도 훨씬 이전—에 확정되었다. 아쇼까는 출가와 재가신도들의 구분, 정기적인 단식의 실천과 성지 순례, 스뚜빠의 건립, 붓다의 말씀을 전하는 고정된 성전들—우리에게 전승된 것들과 비슷한—의 낭송(朗誦)을 권장한 것을 증언하고 있다. 그러나 교리와 제도는 이미 존재했기 때문에 아쇼까가 상관해야 할 일은 그와 같은 일들이 아니었다. 게다가 그에게 계율은, 그가 몸소 공개적으로 모범을 보여준 "선정(禪定)" 보다 가치가 적다고, 그는 선언했다.

그런데 아소까가 널리 전파하기를 바랐던 덕행들은 불교의 고유한 것이 아니다. 그리고 불교문헌에서, 우리가 그의 설법과 가장 뚜렷한 유사성을 발견할 수 있는 것은 교리서나 계율서에서가 아니다. 예를 들면, 그것은 오래된 경전이긴 하지만, 비교적 통속적인 특색을 가진 『담마빠다(Dhammapada, 法句經)』의 게송들에서이다. 그리고 그것들과 언어적으로 유사한 것들은 바라문교의 서사시에 많이 나온다.

아소까 자신은 교리에 본질적인 부분이 있다고 생각했다. 전파되어야 할 필요가 있는 것은 바로 그것이었다. 따라서 모든 종파의 신도들이 어떠한 장소에서라도 거주할 수 있는 것은 당연하다(아소까가 이렇게 말했다면, 다른 곳에서 또는 그 이전에는 이런 자유가 없었다는 것이 아닌가?). 진정한 전도(傳道)는 경쟁상대의 종파들을 비방하지 않고, 자신들의 계율을 강요하지 않는 데 있다. 즉 그것은 "법시(法施)" 에 있다. 법시란 자비심 많은 선물로서, 그것은 후기 불교가 앙양(昂揚)시킬 감정, 즉 인류에 대한 사랑(maitrī)에 의해 생기게 된다. 불굴의 노력을 요하는 적극적인 사랑이다. 아소까는 이 점에 대해 여러 번 언급했고, 모범을 보일 것을 요구했다.

아소까가 그의 활동 가운데서 재가신도의 몫을 어떻게 해결했는지 알아볼 차례다. 그는 자신이 그만둔 일들, 즉 사냥, 전쟁, 오락을 위한 순유(巡遊)에 대해서만 언급했다. 그의 통치에 대해서는 우리가 다른 길을 통해 알 수 있는 것에서 추리할 수밖에 없다. 우리는 다음과 같은 사실들을 알고 있다. 즉 그는 좀 후기에 메가스테네스(Mégasthènes)가 묘사한 팔림보트라(Palimbothra), 즉 빠딸리뿌뜨라(Pāṭaliputra)에 거주했다는 것, 그의 제국은 북인도 전체와 인도 반도의 일부를 차지했다는 것, 그는 딱실라, 깔링가, 마이소르 지방에 총독들을 파견해 다스리게 했고, 이 총독들 가운데 적어도 한 명은 그의 아들이었다는 것, 그는 도로변에 가로수를 심고, 물 저장소를 설치하게 했고, 지중해의 여러 왕국들과의 통신 수단을 가지고 있었다는 것 등이다. 우리는 그의 관리들의 몇몇 명칭을 알고 있다. 그러나 이 이름을 제외하고는 아는 것은 거의 없다.

그런데 그에 대한 복잡성 때문에 아쇼까의 인물을 상상하기는 어렵다. 그러나 우리가 그의 여러 면 가운데서, 한 면에서만 그를 본다 해도 실재 인물은 그의 전설에서보다도 더 박진감이 느껴질 뿐 아니라, 더욱 대단한 사람이다. 인도를 위해서, 그리고 세계를 위해서, 잊혀져 버린 인도의 영광 가운데 한 가지를, 인류 역사상 가장 위대한 인물들 가운데서 한 사람을 소생시켜 준 유럽의 학자들에게 인도는 감사해야 할 것이다. 아쇼까는 마르쿠스 · 아우렐리우스(Marcus-Aurelius, 2세기의 로마 황제), 콘스탄티누스(Constantinus, 4세기의 로마 황제), 샤를르마뉴(Charlemagne, 8세기의 프랑스 왕)와 같은 인물로서, 왕관을 쓴 성자라고 할 수 있을 것이다. 그러나 이와 같은 비교는 처음부터 잘못된 것이다. 아쇼까의 경우에는 국교(國敎)도, 종교 박해도, 전쟁도 없다. 그의 공적을 인정하기 위해서는 먼저 그를 동양의 다른 군주들과 비교해야 옳을 것이다. 그는 부분적으로 그들의 전통을 따랐다: 즉 빠뜨나에서 발굴된 아쇼까의 궁전은 페르세폴리스(persépolitain) 양식으로 건축되었고, 기둥 머리(柱頭)와 기둥 줄기의 광택(光澤)은 고대 이란(페르시아)의 협력과 영향이 있었음을 나타낸다. 그가 사용한 문자들 가운데 한 가지는 동일한 영향을 받았음을 보여 준다. 마찬가지로 그의 칙령(勅令)들의 형식조차도 다리우스(Darius, 기원전 6세기 페르시아의 왕)가 사용했던 것이다. 그러나 그 다음은 다리우스에 대해 무엇을 말할 수 있는가. 단지 전쟁과 살육뿐이다. 인도에서조차도, 아쇼까보다 약 1세기 후에 통치했던 카라벨라(Khāravela)는 비슷한 표현을 사용해서 자신의 세력을 자랑했다(La Vallée Poussin, *L' Inde au temps de Mauryas*, p. 177).

자이나교의 신봉자인 카라벨라는 아쇼까가 정복해서 통치했던 깔링가국의 왕이었다. 사실 아쇼까 이후의 마가다국의 세력은 쇠퇴했다. 불교는 세속적인 세력과 양립할 수 없는가? 현대 역사학자들 이전에, 중국의 보수주의자들은, 백성들이 승려가 되면서 부역, 세금, 병역을 피하는 불교에 대해서 몇 번이나 반대했다. 그러나 아쇼까 이후의 마가다국의 역사는 너무 잘못 알려져 있기 때문에 분명한 가설을 세울 수 없다. 인도에서 다른 왕조들은, 단지 몇 세대 동안 계속된 뒤 망각 속으로 소리도 없이 사라져 버렸다.

* Jules Bloch, *Les Inscriptions d' Asoka*(Paris, 1950)의 서문을 번역한 것임.

III.
아쇼까왕과 불교

호진

1. 서론

기원전 3세기에 인도 마우리야(Maurya) 왕조의 제3대왕으로서 인도 역사상 가장 큰 제국을 건설했던 아쇼까(Aśoka)는 한 사람의 통치자로서뿐만 아니라 고대인도의 종교 · 사상 · 문화 · 역사 · 사회 · 경제 · 심지어 고고학 · 언어학 · 법률 분야에 이르기까지 특별한 위치를 차지하고 있다.

그 중에서도 아쇼까는 고대 인도불교와는 매우 밀접한 관계가 있다. 갠지스 강변의 작은 신흥종교였던 불교가 전인도뿐만 아니라 인도 바깥에까지 전해져서 세계적인 종교가 될 수 있었던 것은 그의 직접 · 간접적인 영향 덕택이라고 할 수 있다(*Histoire du Bouddhisme indien*, É. Lamotte, p. vi). 따라서 고대 인도불교를 알기 위해서는 아쇼까의 연구는 필수적인 과제라 할 수 있다. 그래서 일찍부터, 주로 구라파를 비롯한 세계의 적지 않은 인도 · 불교학 관계 학자들이 아쇼까에 대해 깊이 연구했다. 이 분야의 연구는 앞으로 우리 학계가 보다 많은 관심을 가져야 할 부분이라고 생각한다.

이 소논문에서는 아쇼까의 생애와 불교에 관계된 것만을 다루고자 한다. 그러나 이 논문이 목표로 하는 것은 새로운 어떤 것을 찾아내는 데 있는 것이 아니고, 지금까지 학자들이 해온 연구결과를 필자 나름대로 정리해 보는 데 있다. 본론에 들어가기 전에 이 연구를 위한 자료들을 간단히 소개해 두고자 한다. 크게 나누어 두 종류가 있다. 즉 문헌자료와 고고학적 자료이다.

문헌자료로서 가장 중요한 것은, (1) 산스끄리뜨어로 *Divyāva-dāna* (pp. 348-434), (2) 빨리어로 *Dīpavaṃsa*(南傳大藏經 제60권, pp. 41-70); *Mahāvaṃsa*(같은 장경, pp. 174-198), (3) 한문으로 『아육왕전』(阿育王傳, 大正藏經, 제50권, pp. 99a-131a); 『아육왕경』(같은 장경, 제50권, pp. 131b-170a); 『잡아함경』 권23(같은 장경, 제2권, pp. 161c-170c)을 들 수 있다.

고고학적인 자료로는 아쇼까 자신이 인도 여러 지방의 석주와 바위에 새기게 해 놓은 그의 통치 이념들, 소위 말하는 법칙(法勅)들이 있다. 이것은 인도에서 가장 오래된, 그리고 가장 확실한 금석문(金石文)으로서 고대 인도 역사를 위한 제1차 자료라고 할 수 있는 것이다. 법칙들은 여러 가지 내용으로 되어 있고, 역시 몇 가지 다른 언어로 쓰여 있다. 지금까지 발견된 것만도 약 40개 정도이다. 법칙의 내용 및 그것이 새겨진 비석에 따라 다음과 같이 7종으로 나눈다. 즉 (1) 14장마애법칙(十四章磨崖法勅), (2) 별각(別刻)법칙, (3) 소(小)마애법칙, (4) 7장석주(石柱)법칙, (5) 소석주법칙, (6) 동원각문(洞院刻文),

(7) 황후(皇后)법칙이다.[1)]

2. 아쇼까의 생애

1) 가계(家系)

아쇼까의 조부이고, 마우리야 왕조의 창시자인 짠드라굽따(Candrargupta)의 출신은 명확하지 않다. 두 가지 설이 있다. 한 자료에 의하면, 그는 인도와 네팔 국경인 떼라이(Terai) 근방에 위치했던 마우리야(Maurya)라는 작은 나라의 끄샤뜨리야 출신이었다.[2)] 다른 자료에 의하면, 그는 마가다 난다(Magada Nada) 왕조의 마지막 왕과 수드라(Sudra) 출신의 후궁 사이에서 태어났다. 자이나(Jaina)교의 전승에 따르면, 아쇼까는 공작(孔雀, maurya)을 사육하던 사람들이 살던 마을에서 태어났기 때문에 그가 세운 나라 이름을 마우리야(Maurya)라고 하게 되었다는 것이다.[3)]

그는 뒷날 그의 재상(宰相)이 된 까우띨야(Kauṭilya, 일명 Cāṇakya)라는 바라문 계급 출신의 사람과 함께 인도 서북 변경인 인더스 지역에

---

1) 아쇼까의 비문에 대한 자세한 소개는 塚本啓祥, 『アショ-カ王 碑文』(第三文明社, 東京 1976), pp. 13-26; Jules Bloch, *Les inscriptions d' Asoka*(Les Belles Letteres, Paris, 1950), pp. 17-28에서 볼 수 있다.

2) É. Lamotte, *Histoire du Bouddhisme indien*, Louvain-Neuve, 1976, pp. 238-239; 라모뜨의 이 책은 "인도불교사(1-2)" (2006년, 서울, 時空社, 호진)라는 이름으로 번역되었다. 그러나 이 논문에서는 원본(佛語本)이 사용되었다.

3) Alain Danielou, *Histoire de l' Inde*, Paris, Fayard, 1971, p. 112; R.S. Sharma(山崎利南 譯), 『古代 インドの歷史』, 東京, 山川出版社, 1895, p. 156.

서 군사를 일으켜 마가다(Magadha)국의 난다(Nanda) 왕조를 멸망시키고 마우리야 왕조를 세웠다. 그는 인도 대륙의 대부분을 그의 지배하에 두게 되었을 뿐 아니라, 역시 서북부 지방의 그리스 세력 밑에 있던 영토까지 통치하게 됨으로써 대제국을 만들었다.[4)]

짠드라굽따는 바라문교도는 아니었던 것 같다. 자이나(Jaina)교의 후기 문헌인 『빠리시슈따빠르반』(*Parisiṣṭaparvan*, VIII, 415 이하)이 전하는 바에 의하면, 그는 말년에 왕위를 아들에게 물려주고, 바드라바후(Bhadrabāhu)라는 자이나교의 한 성자의 제자가 되어 출가 수행하다가 자이나교도들이 하는 식으로 단식(斷食)을 해서 죽었다고 한다.[5)] 짠드라굽따는 불교에 대해서는 아무런 호의도 가지지 않았던 것 같다. 불교문헌에서는 그에 대해 거의 아무것도 언급하지 않았다.[6)] 그의 재위 기간은 24년이었다.[7)] 자이나교와 불교전승에 의하면 그에게는 여러 아들이 있었는데, 그 가운데서 빈두사라(Bindusāra)에게 왕좌를 물려주었다.[8)]

빈두사라는 부친의 유업(遺業)을 계승해서 안으로는 신왕조의 기반을 다지고 바깥으로는 영토 확장에 힘을 쏟았다. 티베트의 불교역사

---

4) É. Lamotte, 앞의 책, pp. 239-240; J. Filliozat, *L' Inde classique*(1), Paris, Payot, 1947, p. 212; 中村元, 『インド古代史』 上, 春秋社 , 1985, pp. 400-401.

5) É. Lamotte, 앞의 책, pp. 242-243; A. Danielou 앞의 책, p. 114; 中村元, 앞의 책(上), p. 406; 山崎元一, 『アショ-カ王 傳說の研究』, 春秋社 , pp. 50-51.

6) É. Lamotte, 앞의 책, p. 243 ; 中村元, 앞의 책(上), p. 406.

7) 그의 재위 연수가 24년이라는 것은 인도, 스리랑카, 미얀마의 모든 전설에서 일치한다; 中村元, 앞의 책(上), pp. 404-405; 同(下), p. 420.

8) A. Danielou, 앞의 책, pp. 126-127; 大正藏, 제50권, p. 113b(阿育王經); 同 제2권, p. 163a(잡아함, 제23권).

가인 따라나타(Tāranātha)는 그의 『인도불교사』(pp. 88-89)에서, 빈두사라와 재상 까우띨야(Kauṭilya)를 "지칠 줄 모르는 정복자들"이라고 표현하고 있다. 빈두사라는 16개국의 왕들을 정복하고, 세력을 전 인도에 떨쳤다.[9] 『사만따빠사디까』(*Samantapāsādikā*, p. 44; 善見律毘婆沙)에 의하면 그는 부왕(父王)과는 달리 바라문교를 후원했을 뿐 아니라, 다른 종교에도 관심을 가지고 있었다.[10] 그의 재위 기간에 대해서는 자료에 따라 다소 차이가 있지만 25년으로 보는 것이 가장 온당한 것으로 생각된다.[11]

빈두사라를 계승해서 마우리야 왕조의 3대 왕이 된 인물이 우리가 지금부터 추구하려고 하는 아쇼까이다.

2) 연대[12]

아쇼까의 연대는 대단히 중요하다. 인도의 각종 연대를 산출해 내는 열쇠와 같은 역할을 하고 있다. 그의 연대는 그가 남긴 법칙의 내용에서 풀어 낼 수 있다. 그가 재위 13년에 바위에 새기게 한 14장마애법칙(十四章磨崖法勅)의 제13장에는 그리스 방면의 다섯 나라 왕들에게 법사절(法使節)을 보낸 사실이 나온다.[13] 학자들은 이것을, 관련

---

9) É. Lamotte, 앞의 책, p. 244; A. Danielou, 앞의 책, p. 127.

10) É. Lamotte, 앞의 책, p. 244; 木村日紀, 『アショ-カ王とインド思想』, 以文選書 26, 1985, pp. 19-20.

11) 빈두사라왕의 재위년에는 여러 가지 전설이 있지만, 그 가운데서 25년이 가장 가능성이 높다. 中村元, 앞의 책(下), pp. 420-421, 同, p. 427의 註 20과 21. A. Bareau, *La date du Nirvāṇa*, J. A, 1953, p. 34.

12) 이 부분은 필자의 논문, 「佛滅年代考」(『佛教學報』 제25집, 1988, pp. 201-223)에서 관계된 부분을 약간 고친 것임.

이 있는 역사서와 비교 연구해서, 이 왕들이 재위(在位)했던 연대를 알아 낼 수 있었다. 이것이 아쇼까의 연대를 산출해 낼 수 있는 결정적인 근거가 되었다. 법칙에 나오는 다섯 왕들의 이름과 이들에 해당된다고 생각되는 그리스 역사상의 왕들은 다음과 같다.

앙띠요까(Aṃtiyoka) = 안티오코스 2세 테오(Antiochos II Theo: Syria왕), 기원전 261~246년.

뚜라마야(Turamaya) = 프톨레마이오스 2세 필라델포스(Ptolemaios II Philadelphos: Egypt왕), 기원전 285~246년.

앙띠끼니(Aṃtikini) = 안티고노스 고나타스(Antigonos Gonatas: Macedonia왕), 기원전 276~239년.

마까(Maka) = 마가스(Magas: Cyrene왕), 기원전 300~250년.

알리까수다라(Alikasudara) = 알렉산드로스(Alexandros: Epeiros왕), 기원전 272~255년.[14)]

아쇼까왕이 이 5명의 왕들에게 법사절을 보냈다면 이 왕들이 같은 시기에 왕위에 있었던 때이어야 한다. 위의 표에 의하면 이들이 함께 왕위에 있었던 때, 즉 공통 재위년(在位年)은 기원전 261~255년이다. 따라서 아쇼까는 기원전 261년에서 255년 사이의 어느 해에 이들 5명의 왕들에게 법사절을 보낸 것이다.

그런데 14장마애법칙 제5장에는 아쇼까가 법의 확립과 증진을 위

---

13) 塚本啓祥, 앞의 책, p. 104; J. Bloch, 앞의 책, p. 130.

14) 中村元, 앞의 책(下), p. 412; É. Lamotte, 앞의 책, p. 248; J. Filliozat, 앞의 책, p. 219.

해 법대관제도(法大官制度)를 만들어 국내외에 법대관을 파견하기 시작한 것은 그의 재위 13년째부터였다고 기록하고 있다.[15] 그렇다면 아쇼까가 그리스의 여러 나라에 법사절을 보낸 것도 이 제도가 생기고 난 이후가 틀림없을 것이다.

다른 말로 하면 그가 이들 5왕에게 법사절을 보낸 것은 아무리 빨랐다 해도 그의 재위 13년 이전은 아니라는 것이다.[16] 만약 이 제도가 만들어진 바로 그해에 이들 5왕에게 법사절을 보냈다면 아쇼까가 즉위한 해는 5왕의 공통 재위년인 기원전 261~255년에 이 13년을 더한 햇수인 기원전 274~268년이 되는 것이다.[17]

그러면 좀더 정확히 해서 아쇼까는 기원전 274~268년 사이의 어느 해에 즉위한 것일까. 이 문제를 해결하기 위해서는 짠드라굽따와 빈두사라의 연대를 알 필요가 있다. 그리스의 알렉산더 대왕이 서북 인도를 침입했다가 서쪽으로 돌아간 것이 기원전 323년이었다. 그는 그해에 바빌론(Babylon)에서 병으로 죽었다.[18] 그의 사후 인더스 강 지역을 다스리고 있던 장군은 유다모스(Eudamos)였는데, 그 역시 317년에 그곳에서 철수했다.[19] 학자들은 짠드라굽따가 군사를 일으켜 마가다를 공격, 난다 왕조를 무너뜨리고, 마우리야 왕조를 세운 것이 유

---

15) 塚本啓祥, 앞의 책, p. 90; J. Bloch, 앞의 책, p. 103.

16) 中村元, 앞의 책(下), p. 417, 註 12와 13. 宇井伯壽는 12년으로 보았다. 그의 책 『印度哲學硏究』 第二(岩波書店, 1965), pp. 11-12 참조.

17) 干潟龍祥, 「インド佛教重要事項年代考」, 『鈴木學術財團研究年報』 12-13, 1976-1977, pp. 1-2; É. Lamotte, 앞의 책, p. 237.

18) É. Lamotte, 앞의 책, pp. 120-121; 中村元, 앞의 책(上), pp. 400-401.

19) É. Lamotte, 앞의 책, pp. 122-125; J. Filliozat, 앞의 책, p. 212(§ 394); 中村元, 앞의 책(上), pp. 402; 同(下), p. 419.

다모스가 인더스 지역에서 철수한 것과 같은 해인 317년이었다고 추정한다.[20] 앞에서 보았듯이 짠드라굽따의 재위 기간이 24년이므로, 그는 기원전 317년에서 293년까지 왕위에 있었던 것으로 된다. 그 다음 왕인 빈두사라의 재위 기간은 25년이므로 그의 재위 기간은 293년에서 268년까지이다. 빈두사라를 계승한 왕이 아쇼까이므로, 그의 즉위년은 기원전 268년이 된다. 대부분의 학자들이 아쇼까의 즉위년을 기원전 268년으로 보는 것은 이상과 같이 해서 산출해 낸 것이다. 그의 재위 기간은 『마하방사』(Mahāvaṃsa, XX, 6)에 의하면 37년간이고, 힌두교 문헌인 『뿌라나』(Purāṇa)에 따르면 36년으로 되어 있다. 그러나 그가 몇 살에 즉위해서 몇 살에 사망했는지에 대해서는 알 수가 없다.[21]

3) 생애

먼저 그의 칭호부터 살펴볼 필요가 있다. 아쇼까(Asoka)라는 말은 '근심〔憂〕이 없는 자'라는 의미로, 그가 태어나자 그의 어머니에게서 모든 근심, 걱정이 사라져 버렸기 때문에 이와 같은 이름이 붙여졌다는 것이다.[22] 그래서 중국 번역자들은 아쇼까왕을 무우왕(無憂王)이

---

20) É. Lamotte, 앞의 책, pp. 239-240; J. Filliozat, 앞의 책, p. 212; 中村元, 앞의 책(上), pp. 400-401.

21) 山崎元一, 『アショカ傳說の 硏究』, p. 243; 平川彰, 『インド佛教史』(上), 春秋社, 1985, p. 130. 아쇼까는 즉위식을 하기 4년 전(기원전 268년)에 이미 집권을 했고(*Dīpavaṃsa*, VI, 21, 南傳, 60권, p. 43), 사망하기 5년 전에(기원전 231년) 왕권을 손자 Sampadin에게 물려주어야 했다. É. Lamotte, 앞의 책, pp. 236-237.

22) 大正藏, 제50권, p. 100a(아육왕전); 同 , p. 132c(아육왕경); 同 제2권, p. 162b(잡아함). 山崎元一, 『アショカ王とその時代』, p. 116.

라고 했다. 이것은 그의 본명이다.

그러나 아쇼까왕의 비문에서는 이 이름을 겨우 한번 밖에 볼 수 없고, 모두 다른 이름으로 불리고 있다.[23] 그의 여러 가지 호칭들 가운데 가장 많이 쓰이는 것은 "Devānaṃpiyā"와 "Piyadassin(Skt. Priyadassi)"이다. Devānaṃpiyā는 "모든 신들(諸天)에게서 사랑받는 자"라는 의미로 일본학자들은 "천애(天愛)"라고 번역했다.[24] 그러나 이 호칭은 아쇼까에게만 붙여진 것이 아니고 성자(聖者)들이나 국왕들에게 자주 쓰이던 일종의 존칭이었다.[25] 그리고 Piyadassin은 "친절한 용모(容貌)를 가진 자"라는 의미의 말인데 역시 일본학자들은 "희견(喜見)"이라고 번역했다.[26] 이 호칭은 『디빠방사(*Dīpavaṃsa*, 島史)』에서는 아쇼까라는 이름과 동의어로 자주 쓰이고 있다.[27] 타빠르(R. Thapar)에 의하면 이것은 아쇼까가 즉위한 후에 사용된 공적인 호칭이었다는 것이다.[28] 이 이름과 함께 "lājā Piyadassi"(喜見王)도 초기 법칙에서 보인다. 또 아쇼까가 개인적으로 승가에 보낸 편지에서만 사용된 칭호로는 "Priyadassi lājā māgadhe"(마가다 희견왕)라는 것이 있

---

23) 인도 남부지방인 Maski의 소마애법칙 제1장에서 단 한번 나온다. 塚本啓祥, 『アショーカ王碑文』, p.115와 p.118의 註 4. 中村元, 『宗教と社會倫理』, 岩波書店, 1959, p. 153.

24) 定方晟, 『アショーカ王傳』, 法藏館(京都), 1982, p. 179.

25) 中村元, 『宗教と 社會倫理』, p. 151 이하. 이와 같은 형식은 페르시아 왕들의 조칙(詔勅)에서도 볼 수 있고, 자이나교의 교주 Mahāvira의 호칭으로도 사용되었다.

26) 定方晟, 위의 책, p. 179; 塚本啓祥, 『アショーカ王』, p. 81.

27) 定方晟, 위의 책, p. 179; 塚本啓祥, 위의 책, p. 81과 p. 95의 註 7.

28) R. Thapar, *Asoka and the Decline of the Mauryas*, p. 227; 塚本啓祥, 『アショーカ王』, p. 81.

는데, 츠카모토 게이쇼(塚本啓祥) 교수에 따르면, 이것은 겸손의 의미가 들어 있는 것 같다는 것이다.[29] 마지막으로 "Devānaṃpriyo Piyadassi rājā", 즉 천애희견왕(天愛喜見王)이라는 칭호는 아쇼까의 활동이 가장 왕성한 시기에 달했을 때 발포(發布)된 14장마애법칙과 7장석주법칙에 나오고 있는 것으로 보아 마우리야 제국의 왕으로서 권위를 나타내는 이름인 것 같다.[30]

북전(北傳)에 의하면 아쇼까의 어머니는 짬빠(Campā, 瞻婆) 국의 바라문 출신이었다.[31] 그러나 이것은 북전에서만 볼 수 있는 것으로서, 야마자키 겐이치(山崎元一) 교수는 이것을, 북방의 불교도가 아쇼까의 혈통이 고귀하다는 것을 보여 주기 위해서 만들어 넣은 것이라 보고 있다.[32] 아쇼까에게는 비따쇼까(Vitaśoka, 毘多輸柯)[33]라는 한 동복(同腹) 동생과 수시마(Susīma, 宿尸魔)[34]라는 이복형을 비롯한 많은 동생들이 있었다. 이것은 남북 양전에서 모두 말하고 있다.

아쇼까는 청년시절에, 인도의 서북 변경 도시인 딱샤쉴라(Takṣaśilā)에서 반란이 일어나자 그것을 평정하기 위해 파견되었다. 그는 그 지

---

29) 塚本啓祥, 『アショ-カ王』, p. 81; 같은 저자, 『アショ-カ王碑文』, p. 121; Bloch, 앞의 책, p. 154 참조.

30) 塚本啓祥, 위의 책, p. 81; 같은 저자, 『アショ-カ王碑文』, pp. 85-86, 125-126; Bloch, p. 90, 93, 161, 162.

31) 大正藏, 제50권, p. 99c(阿育王傳); 同, p. 132b(아육왕경); 同 제2권, p. 161a(잡아함).

32) 山崎元一, 『アショ-カ王との時代』, p. 116.

33) 大正藏, 제50권, p. 132c; 同, p. 100a; 同 제2권, p. 162b. 南傳에서는 Tissa로 되어 있다. É. Lamotte, 앞의 책 , p. 243.

34) 大正藏, 제50권, p. 132b; 同, p. 99c; 同 제2권, p. 162a. 南傳에서는 Sumana로 되어 있다. É. Lamotte, 앞의 책, p. 243; *Mahāvaṃsa*, 제5장, 19-20에서 이복형제들에 대해 말하고 있다.

방 주민들로부터 아무런 저항도 받지 않고 그 지역을 평정하고 그 주변국인 카샤(Khasha) 국까지 병합했다.[35] 빈두사라왕이 병으로 죽자 아쇼까는 대신들의 추대를 받아 왕위에 올랐다. 그리고 외지(外地)에 출정 나가 있다가 군대를 이끌고 돌아온 그의 형 수시마와 싸워 그를 죽였다.[36] 남전(南傳)에서는 이것과 다르게 말하고 있다. 즉 부왕이 병중에 있을 때 아쇼까는 부왕의 곁에 있었던 것이 아니라 그 이전부터 서쪽 인도 아반띠(Avanti) 지방의 수도 웃자이니(Ujjaini)의 태수로 파견되어 있었다. 부왕이 병들었다는 소식을 듣고 곧 빠딸리뿌뜨라(Pātaliputra)로 돌아와서 부왕의 사후, 99명의 이복형제들을 모두 죽이고 왕권을 차지한 것으로 되어 있다.[37] 그로부터 4년 후인 불멸 218년에 관정식(灌頂式)을 하고 동복 동생인 띳사(Tissa)를 부왕(副王)으로 삼아 왕좌에 올랐다.[38]

아쇼까는 왕이 된 후 부왕 빈두사라가 했던 것처럼 영토 확장에 주력했다. 그는 재위 8년에 마가다 동쪽에 위치한 깔링가(Kaliṅga) 국과 큰 전쟁을 했다. 승리는 했지만 이 전쟁에 따른 참상은 극심했다. 14장마애법칙 제13장에서 그 전쟁의 상황을 "15만 명의 사람들이 포로가 되었고, 다른 10만 명의 사람들이 살해되었고, 대략 같은 수의 다른 사람들이 사망했다"[39]라고 말하고 있다. 이 전쟁에서 아쇼까를 더

35) A. Danielou, 앞의 책, p. 127; É. Lamotte, p. 267; 大正藏, 제50권, p. 100b; 同, p. 133a.

36) É. Lamotte, 앞의 책, p. 262; 山崎元一, 위의 책, p. 118; 大正藏, 제50권, p. 100c; 同, p. 133b.

37) 山崎元一, 위의 책, pp. 118-119; É. Lamotte, 앞의 책, p. 273. ; *Dīpavaṃsa*, 제6장, 21-22(南傳, 제60권, p. 43); *Mahāvaṃsa*, 제5장, 19-20, 41-42(同, 제 60권 p. 43).

38) 山崎元一, 위의 책, p. 119; *Dīpavaṃsa*, 제6장, 21-22(南傳, 제60권, p. 43).

39) 塚本啓祥, 『アショーカ王碑文』, p. 102; J. Bloch, 앞의 책, p. 125.

욱 비통하게 만들었던 것은 수행자들과 바르게 살아가고 있던 민간인들이 겪은 희생 때문이었다. 아쇼까는 깔링가 전쟁에서 살해되고 강제로 이주된 사람들의 100분의 1 또는 1000분의 1이 이와 같은 재해(災害)를 당하는 것조차도 비통함을 금할 수 없게 되었다고 말하고 있다.[40] 그는 깔링가 전쟁 이후, 영원히 무력(武力)에 의한 정복은 하지 않기로 결심했다. 그는 "다르마(Dharma, 法)에 의한 정복이야말로 최상의 정복"이라고 생각하면서 이후부터는 "다르마에 의한 정복"만을 하겠다고 선언했다.[41] 그래서 그 이후의 아쇼까는 다르마쇼까(Dharmāśoka), 즉 "법아육(法阿育)"이라 불리게 되었다.

아쇼가의 생애는 이 깔링가 전쟁 이전과 이후를 분명하게 구별지을 수 있게 달라진다. 위에서 보았듯이 아쇼까는 부왕의 사망 후 왕위계승을 위해 99명의 형제들을 죽인 것은 두고라도 그를 경멸하고 모욕한 500명의 대신들을 자신의 손으로 죽이고, 역시 자기를 업신여긴 500명의 궁녀들을 불에 태워 죽였다.[42] 심지어 "지옥"을 만들어 놓고 무고한 사람들을 그곳에 유인해 들어가게 한 뒤 그들을 모두 죽이게 했다. 그래서 사람들은 그를 "포악아육왕(暴惡阿育王, Caṇḍāśoka)"이라고 불렀다.[43] 이와 같은 잔인한 아쇼까의 모습은 남북 양전에서 모두 전하고 있다. 그러나 아마도 이것은 사실이 아니거나, 사실이라고

---

40) 塚本啓祥, 앞의 책, pp. 102-104; J. Bloch, 앞의 책, pp. 127-128.

41) 塚本啓祥, 앞의 책, p. 104; J. Bloch, 앞의 책, p. 129.

42) 大正藏, 제50권, p. 101a(아육왕전); 同, p. 133c(아육왕경); 同, 제2권, p. 163b(잡아함). *Dīpavaṃsa*, 제6장, 21-22(南傳, 제60권, p. 43); *Mahāvaṃsa*, 제5장, 19-20, 42(同, pp. 175, 177).

43) 大正藏, 제50권, p. 101a; 同, pp. 133c-134a; 同, 제2권, p. 163c.

해도 매우 과장되었을 것이다. 왜냐하면 아쇼까가 서북 인도의 반란을 덕(德)으로 평정한 것이라든지, 대신(大臣)들이 형(兄)인 수시마를 제쳐두고 그를 왕위에 추대한 것이라든지, 깔링가 전쟁 이후의 그의 모습 등으로 보아 아쇼까가 그렇게 악인이었을 것 같지 않기 때문이다. 야마자키 겐이치(山崎元一)는[44] 이 문제에 대해 "남북 양 전승은 모두 왕자 때의 아쇼까의 뛰어난 소질을 칭송하고 있는데 왕위 계승의 전후에서 그를 포악한 인물로 묘사하기 시작하고 있다"는 점을 지적하면서, "이것은 아쇼까의 불교 개종을 두드러지게 하기 위한 하나의 수법일 것이다"라고 풀이하고 있다. 사실이야 어떠하든 간에 여기에서 우리가 말할 수 있는 것은 깔링가 전쟁을 계기로 해서 아쇼까의 생애에 극적인 변화가 있었다는 것이 확실하다는 점이다.

아쇼까는 깔링가 전쟁 후 얼마 지나지 않아 불교에 귀의하고 많은 불사를 했다. 먼저 전국에 84,000의 불탑(佛塔) 또는 불사(佛寺)를 건립했다. 그리고 마투라(Mathurā)의 고승 우빠굽따(Upagupta)의 안내를 받아 여러 불적지(佛跡地)와 붓다의 고(高)제자들의 탑을 순례했다.[45] 그는 각지에서 생긴 승가의 불화와 분열을 막기 위한 노력으로 "파승가법칙(破僧伽法勅)"을 발포(發布)하기도 했다.[46] 남전에 따르면 그의 재위 18년에 빠딸리뿌뜨라의 아육원정사(阿育園精舍: Aśokārama)에서 세3결집을 개최하는데 후원을 했다.[47] 그리고 붓다의 정법을 오

---

44) 山崎元一, 『アショ-カ王とその時代』, p. 119; 木村日紀, 『アショ-カ王とインド思想』, 以文新書 26, pp. 20-21.

45) 大正藏, 제50권, pp. 101a-105a; 同, pp. 135a-138c; 南傳에서는 *Dīpavaṃsa*, 제6장, 94-99; *Mahāvaṃsa*, 제5장, 79- 84.

46) 塚本啓祥, 앞의 책(碑文), p. 137; Bloch, 앞의 책, pp. 152-153.

래 머무르도록 하기 위해 유용하다고 생각되는 7종의 법문(法門)을 법칙으로 세상에 널리 유포(流布)하게 하기도 했다.[48)]

아쇼까는 재위 10년부터 그가 "통치이념"으로 내세운 "법(法, Dharma)"을 칙령으로 널리 알리고, 또 실천하게 했다. 소마애(小磨崖) 법칙 제4장에서는 그것을 "〔즉위〕 10년이 찼을 때, 희견(喜見)왕은 사람들에게 신앙심을 보여 주었다. 그리고, 그 이래 그는 사람들을 법(法, Dharma)에 전념하게 했다"[49)]라고 한 데서 알 수 있다. 이 정책을 보다 적극적으로 실천하도록 하기 위해서 재위 12년부터[50)] 전국 각지의 석주와 바위에 법칙들을 새겨 백성들에게 알렸다. 그리고 그 자신도 법의 실천에 모든 힘을 쏟았다.

아쇼까의 법에 대해서는 항(項)을 달리해서 자세하게 고찰할 것이므로 여기서는 중복을 피하기로 한다. 그러나 단 한마디로 요약하면 그것은 (1) 생명존중, 즉 모든 유정(有情)의 불살생과 불상해(不傷害), 그리고 (2) 바른 인간 관계의 확립이라고 할 수 있다. 아쇼까는 법(다르마)의 실천을 통해 이상사회의 건설을 추구했다. 그는 전제군주로서 백성들에게 군림한 것이 아니라 백성들의 '이익과 행복'을 위한 봉사자로서 헌신하려 했다. 14장마애법칙 제6장에서,[51)] 그 자신은 백성들에게 빚을 지고 있는 채무자(債務者)로 자처하면서 모든 사람들을 위해 일하는 것은 그들에게 진 빚을 갚는 '채무의 이행(履行)'이라

---

47) *Mahāvaṃsa*, 제6장, 277-281(南傳, 제60권, p. 198).

48) 塚本啓祥, 앞의 책, pp. 121-122; Bloch, 앞의 책, pp. 154-155.

49) 塚本啓祥, 앞의 책, pp. 122-123.

50) 塚本啓祥, 앞의 책, p. 89, 131; Bloch, 앞의 책, p. 101, 167.

51) 塚本啓祥, 앞의 책, pp. 92-93; Bloch, 앞의 책, p. 109, pp. 141-142.

하고 있다. 다른 한편으로 백성들과 자신의 사이를 아버지와 자식의 관계와 같은 것이라고 표현하면서, "모든 사람들은 나의 자식이다. 나는 내 자신의 자식들을 위해서, 그들이 현세와 내세에 모든 이익과 행복을 갖기를 원하는 것처럼, 역시 모든 사람들을 위해서도 같은 것을 원한다."[52]라고 말하고 있다. 그에게는 "모든 사람들의 이익을 증진시키는 것보다 더 중요한 일은 없다."[53] 그래서 그는 다음과 같은 감동적인 조치를 취한다.

> 내가 식사를 하고 있어도, 후궁에 있어도, 침실에 있어도, 농장에 있어도, 수레 속에 있어도, 정원에 있어도, 어떠한 때에도, 어디에서도, 상주관(上奏官)은 백성들에 관한 일을 나에게 알려야 한다. 그렇게 하면 나는 어디에서도 백성들에 관한 일을 처리할 수 있을 것이다.[54]

이와 같은 조치는, 아쇼까 자신이 말한 것처럼 과거에는 취해진 일이 없었던 것이다.[55]

아쇼까는 재위 13년에, "과거에는 아직 없었던" 법대관(法大官: Dharmamahāmātra)제도를 만들어 법대관으로 하여금 5년마다 전국 각지를 순회하면서 다르마의 확립과 증진(增進)을 도모하게 하고,[56]

---

52) 塚本啓祥, 앞의 책, pp. 112-113(별각마애법칙, 제2장), 그리고 p. 108(同 1장); Bloch, 앞의 책, p. 137과 p. 141.

53) 塚本啓祥, 앞의 책, p. 92(14장마애법칙, 제6장); Bloch, 앞의 책, pp. 108-109.

54) 塚本啓祥, 앞의 책, p. 92(14장마애법칙 제6장); Bloch, 앞의 책, pp. 106-108.

55) 塚本啓祥, 앞의 책, p. 92(同); Bloch, 앞의 책, p. 106.

56) 塚本啓祥, 앞의 책, p. 92(14장마애법칙, 제5장)과 pp. 110-111(별각마애법칙, 제1장); Bloch, 앞의 책, pp. 102-103와 pp. 139-140.

또 이들 법대관들은 그의 영토 내의 어디에서나 "사람이 법에 의지해 있는가 어떤가, 법을 확립하고 있는가 어떤가"를 감독 확인하게 했다.[57)]

아쇼까 자신은 독실한 불교신자였지만 다른 종파도 평등하게 보호하고 도왔다. 그는 법칙(法勅)으로서 "천애희견왕은 모든 종파의 수행자들이 그의 영토 어디에서나 살기를 바란다"[58)]라고 자신의 뜻을 밝히고 있다. 또한 "나는 모든 종파에게도 역시 여러 가지 공양으로 경의를 표했다. 그러나 가장 중요하다고 생각하는 것은 내가 몸소 그들을 방문하는 것이다"[59)]라고도 했다. 동원각문(洞院刻文)에서는 몇 번이나 아지비까(Ajivika, 邪命外道) 교단에 동굴 사원(洞院)을 기증한 것에 대해 말하고 있다.[60)] 아쇼까는 개인적으로만 그렇게 한 것이 아니라 정책에 반영해서 그들을 보호하고 육성했다. 석주법칙 제7장에서는 법대관들로 하여금 모든 종파들, 구체적으로 불교, 바라문교, 사명외도, 자이나교 등의 모든 종파를 육성하는 일에 관여하도록 지시하고 있음을 볼 수 있다.[61)]

아쇼까의 다르마에 의한 국가의 통치는 전제군주의 통치와는 완전히 다른 것이라고 할 수 있다. 그의 통치는 너무나 이상적인 것이기 때문에 실제로 그러한 일이 가능했을까 의심이 갈 정도이다. 그러나 이것에 관한 일들이 문헌적인 전승에 의한 것이라고 한다면 전설적

---

57) 塚本啓祥, 앞의 책, p. 91(14장마애법칙, 제5장).

58) 塚本啓祥, 앞의 책, p. 93(14장마애법칙, 제7장); Bloch, 앞의 책, p. 110.

59) 塚本啓祥, 앞의 책, p. 131(7장석주법칙, 제6장); Bloch, 앞의 책, p. 168.

60) 塚本啓祥, 앞의 책, p. 141(洞院刻文, A, B, C); Bloch, 앞의 책, p. 156.

61) 塚本啓祥, 앞의 책, pp. 133-134; Bloch, 앞의 책, pp. 170-171.

또는 설화적인 것이라고도 생각할 수 있겠지만, 아쇼까 자신이 직접 석주와 바위에 새기게 해 놓은 기록이기 때문에 믿지 않을 수 없다.

아쇼까의 통치 기간 동안 인도는 얼마나 이상사회가 되었는지는 알 수 없다. 그러나 다르마(Dharma)의 정치가 상당히 잘 되고 있었다는 것은 아쇼까의 법칙을 통해 짐작할 수 있다. 아쇼까는 14장마애법칙 제4장에서 "수백 년 동안 여태까지 일찍이 없었던 일로서, 이제는 천애희견왕이 법을 가르친 덕택으로, 동물 도살의 자제(自制), 유정학대의 자제, 친족에 대한 예의, 바라문 · 사문에 대한 예의, 부모에 대한 순종, 장로에 대한 순종이 증진되었다. 법의 실행은 여러 가지 형태로 이미 증진되었다."[62]라고, 그의 다르마 통치의 결과에 대해 만족해 하고 있다. 아쇼까의 통치 기간에는 나라가 평화스러웠던 것은 틀림없다. 깔링가 전쟁 이후 아쇼까 재위 기간 동안 전쟁이 있었다는 것을 말해 주는 흔적은 어디에서도 볼 수 없다. 다르마 통치 초기에 발포된 것이긴 하지만, 법칙에서 아쇼까는 "천애희견왕이 법을 실행한 결과 (……) 전쟁의 북소리는 법을 알리는 소리가 되었다."[63]라고 표현하고 있는 데서도 그것을 엿볼 수 있다.

북전(北傳: 阿育王傳)은 만년의 아쇼까가 불행했다는 사실을 전하고 있다. 불교교단에 한 그의 지나친 보시 때문에 국가 경제가 큰 타격을 받게 되자 대신들과 부왕(副王)으로 있던 손사 삼빠딘(Sampadin, 三波提)이 그에게서 경제권을 빼앗아 버렸다. 더 이상 보시를 할 수 없게

---

62) 塚本啓祥, 앞의 책, p. 88; Bloch, 앞의 책, pp. 98-99. 이와 같은 만족의 표시는 재위 27년에 세운 7장석주법칙, 제7장(塚本, p. 136; Bloch, p. 172)에서 "사람들 사이에서 법의 증진이 일층 증진되었다"라고 되풀이 되고 있다.

63) 塚本啓祥, 앞의 책, p. 88(14장마애법칙, 제4장); Bloch, 앞의 책, p. 98.

된 아쇼까는 자신이 사용하고 있던 식기(食器)들을 불교 교단에 보내고 자신은 토기(土器)로 식사를 했다.[64)]

어떤 학자들은, 아쇼까의 법칙이 즉위 후 27년에 새겨진 것을 마지막으로 사망할 때까지 10년간 더 이상 나타나지 않은 것과, 북전에 나오는 여러 가지 전설로 아쇼까는 만년에 지배력을 잃어 버렸다고 보고 있다.[65)] 아쇼까의 사후 오래지 않아 마우리야 왕조가 망한 것을 보면 그의 다르마 정치가 국가를 유지하는 데는 지나치게 이상적이었기 때문에 현실적으로는 문제가 있었던 것 같다는 추측도 할 수 있다.

3. 아쇼까와 불교

1) 불교에 귀의

아쇼까의 할아버지인 짠드라굽따는 자이나교도였고, 아버지 빈두사라는 바라문교의 후원자였다.[66)] 아쇼까도 처음에는 그의 할아버지와 아버지처럼 바라문들을 후원하고 여러 외도들을 신앙했다고 한다.[67)] 한마디로 그는 불교도는 아니었다. 그랬던 아쇼까가 어떤 동기

---

64) 大正藏, 제50권, p. 110c(아쇼까왕전); 同, p. 148a(아쇼까왕경).

65) 山崎元一, 『アショ-カ王とその時代』, pp. 143-144. 북전(大正藏, 제50권, pp. 110b-111a; 同, pp. 147c-149a)에 의하면 , 아쇼까는 말년에 老妄이 심했던 것 같다. 그래서 副王으로 있던 손자에게 왕권을 물려주고, 보호를 받아야 했다. É. Lamotte, 앞의 책, pp. 236-237.

66) *Mahāvaṃsa*, 제5장, 36(南傳藏, 제60권, p. 176); 山崎元一, 위의 책, pp. 50-53.

67) *Dīpavaṃsa*, 제6장, 24-28(남전장, 제60권, pp. 43-44); 山崎元一, 위의 책, p. 49; 木村日紀, 앞의 책, p. 21.

에 의해서 불교에 귀의하게 되었는가. 이 문제에 대해서는 전승마다 다르게 말하고 있다.

먼저 북전에 의하면,[68] 아쇼까는 사무드라(Samudra)라는 비구로부터 교화가 되어 귀의했다는 것이다. 사무드라는 탁발 중에 잘못해서 아쇼까가 만들어 놓은 '지옥'에 들어가게 되었는데, 죽음을 앞에 둔 급박한 상황에서 도를 이루어 아라한이 되었다. 아라한이 된 뒤 신통변화를 나타내자, 그것을 보기 위해 그 '지옥'을 방문했던 아쇼까는 이 비구의 교화에 의해서 그때까지 그가 저질러온 잘못을 뉘우치고 불교에 귀의했다고 한다. 그러나 남전에서는 이것과 다르다.[69] 아쇼까는 탁발을 하고 있던 니그로다(Nigrodha)라는 7세밖에 안 된 어린 사미승의 위엄 있는 모습에 감동하여 그를 청해 설법을 듣고 귀의하였다는 것이다.

이상의 두 가지 전승은 지나치게 전설적인 내용이기 때문에 거기에 얼마나 역사성이 있는지 의문이 되기도 한다. 이것보다 훨씬 확실한 자료는 법칙(法勅)이다. 대부분의 학자들은 아쇼까가 재위 12년에 발포한 14장마애법칙의 제13장에서 그가 불교에 귀의하게 된 사정을 볼 수 있다고 생각한다.[70]

> 관정 8년에 천애희견왕은 깔링가(Kaliṅga)를 성복했나. 15만 명의 사림

---

68) 大正藏, 제50권, p. 101b-c(아쇼까왕전); 同, p. 134b-c(아쇼까왕경); 同, 제2권, pp. 163c-164c(잡아함).

69) *Dīpavaṃsa*, 제6장, 34-56(남전장, 제60권, pp. 44-46); *Mahāvaṃsa*, 제5장, 50-72(同, pp. 178-179).

70) 山崎元一, 『アショ-カ王とその時代』, p. 123.

들이 포로가 되어 거기에서 이주(移住)되었고, 10만 명의 사람들이 거기에서 살해되었고, 또 그 몇 배의 사람들이 사망했다. 그 후, 깔링가가 정복된 지금, 천애는 법을 열심히 실행하고, 법을 사랑하고, 법을 가르치는데 열성적이 되었다. 이것은 깔링가 정복에 대한 천애의 후회 때문이다. 정복된 일이 없는 나라가 정복되면, 거기에 사람의 살해, 사망, 이주가 있 는데, 천애는 이것을 몹시 괴로워하고 비통하게 생각한다.[71)]

이 법칙에서 아쇼까는 깔링가 정복에 대한 후회 때문에, 그 전쟁 이후부터 법의 실천, 법에 대한 사랑, 그리고 법의 가르침을 열심히 따랐다고 말하고 있다. 대부분의 학자들이 이 구절을 아쇼까가 불교에 귀의한 것을 말해 주는 증거라 생각하고 있는 이유는 아쇼까가 행한 이 '법(Dharma)' 이 바로 불교의 법(法)과 같은 것이라고 보기 때문이다. 그러나 아쇼까가 법칙에서 말하고 있는 '법' 이 과연 불교의 법을 의미하는가 하는 문제에 대해서는 학자들 사이에 주장이 엇갈린다. 그것은 어느 한 종파의 교리이기보다는 모든 종파나 계급, 인종과 국가 등을 초월한 아쇼까의 통치이념이었다고 하는 편이 더 설득력이 있다는 것이다. 아쇼까의 법이 불교의 법과 같은 것이냐, 아니냐 하는 문제는 다음 항(項)에서 자세하게 다루기로 하고, 여기에서 우리가 말할 수 있는 것은, 아쇼까가 무력에 의한 전쟁을 포기하고 '법에 의한 정복' 을 결심하게 된 것은 깔링가와의 전쟁 때문이었다는 것이다. 그런데 이 결심을 하고 난 뒤 얼마 지나지 않아 아쇼까는 불교에 귀의하게 된다. 이 사실을 소마애법칙 제1장에서 이렇게 말하고 있다.[72)]

---

71) 塚本啓祥, 앞의 책, p. 102; J. Bloch, 앞의 책, p. 126.

천애는 이와 같이 알린다. 약 2년 반 동안 나는 우바새였다. 그러나 나는 처음 1년 동안은 법을 위해 열심히 정근(精勤)하지 않았다. 그러나 다음 약 1년 동안, 나는 승가에 가서 열심히 정근했다.

우리가 여기에서 알 수 있는 것은 이 법칙이 발포되기 약 2년 반 전에 아쇼까가 불교에 귀의했다는 사실이다. 그런데 이 법칙은 아쇼까 즉위 후 11년에 발포된 것이라 생각되는 것이다.[73] 그렇다면 이 법칙이 발포된 해인 즉위 11년에서 2년 반을 거슬러 올라가면 아쇼까가 불교에 귀의한 연대가 나온다. 그것은 아쇼까 즉위 8년 반이 되는 해이다. 깔링가 전쟁은 그의 즉위 8년 후에 있었으므로, 아쇼까가 불교에 귀의한 것은 깔링가 전쟁이 끝난 바로 그해 또는 그 직후이었던 것이다. 아쇼까가 깔링가 전쟁의 참상을 보고 많은 후회와 비통함을 느끼면서 다시는 무력을 사용한 전쟁을 하지 않겠다고 결심한 반년 뒤에 불교에 귀의했다고 한다면, 그의 불교 귀의 동기는 바로 깔링가 전쟁이 틀림없다고 할 수 있을 것이다.

2) 아쇼까의 법(法, Dharma)

다르마(Dharma), 즉 법(法)이라는 말은 불교에서는 불법(佛法)과 같은 의미로 사용되고 있다. 그러나 이것은 어느 한 특정 종교에서만 쓰이는 용어가 아니다. 다르마는 인도의 종교 · 철학 · 법률 · 사회 등 모든 분야에서 가장 널리 사용되고 있는 말이다. 다르마는 '법' 이라

72) 塚本啓祥, 앞의 책, p. 115; J. Bloch, 앞의 책, pp. 145-146.

73) 山崎元一, 앞의 책, p. 124, 179.

는 의미 외에도 생활규정 · 규범 · 법률 · 법칙 · 종교 · 관습 · 제도 · 의무 · 정의 등의 뜻을 가지고 있다. 한마디로 그것은 만인이 지켜야 할 '행위규범' 이라고 할 수 있다.[74] 아쇼까의 법칙(dharma-lipi)에서의 법(Dharma)은 항상 다른 말과 복합적으로 사용되고 있다. 즉 법에 대한 사랑 · 법에 의한 공덕 · 법의 보시(法施) · 법칙 · 법대관 · 법순례 · 법에 의한 정복 · 법의 실수(實修) 등으로 나오고 있다.[75]

그러면 아쇼까에서의 다르마, 즉 법은 무엇을 의미하는 것일까. 7장석주법칙 제2장에서,[76] 그것을 한마디로 "법은 선(善)이다"라고 정의하고 있다. 그리고 계속해서 법이란 "적은 죄, 많은 선행, 연민, 관대, 진실, 청정이다"라고 말하고 있다. 14장마애법칙 제3장에서는 이것을 보다 구체적으로 설명하고 있다. 그러나 여기서는 법이라는 말 대신 선(善)이란 표현을 사용한다 "부모에게 순종하는 것은 선이다. 친구, 지인, 친족 및 바라문과 사문에게 보시하는 것은 선이다. 동물을 도살하지 않는 것은 선이다. 적게 지출하고 적게 저축하는 것은 선이다."[77] 그리고 다른 여러 법칙에서는 여기에다 노예와 하인에 대한 올바른 대우 · 의지할 곳 없는 사람 · 노인 · 죄수에 대한 보호 · 빈민과 약자에 대한 올바른 대우,[78] 교사에 대한 존경 · 친족과 바라문 ·

---

74) 山崎元一, 『アショ-カ王傳說の硏究』, 春秋社, 1979, p. 107.

75) 塚本啓祥, 앞의 책, p. 94, 98, 102, 104. 같은 저자, 〔アショ-カ王〕, p. 198 참조.

76) 塚本啓祥, 앞의책, p. 126; J. Bloch, 앞의 책, p. 162.

77) 塚本啓祥, 앞의 책, p. 87. 이외에도 pp. 88-89에서 같은 내용이 여러 번 되풀이 되고 있다. J. Bloch, 앞의 책, pp. 96-97, 97-107, 119-121.

78) 塚本啓祥, 앞의 책, p. 135(7장석주법칙, 제7장)와 p. 91(14장마애법칙, 제5장); J. Bloch, 앞의 책, p. 171과 104.

사문에 대한 예의 · 장로에 대한 순종 등이[79] 첨가되고 있다. 역시 여러 법칙에서 동물의 불도살 · 불살생 · 불상해 등에[80] 대해서도 거듭 언급하고 있다.

이상에서 나열한 것을 요약, 정리해 보면 다음과 같다. 아쇼까의 법(Dharma)이란 선(善)을 말하는 것이고, 선이란 구체적으로 (1) 올바른 인간관계의 확립과 (2) 유정의 불살해와 불상해, 즉 생명존중이다. 그리고 여기에 한 가지 더 보탠다면 경제 문제로서 '적은 지출과 적은 축적'[81]이다.

아쇼까는 인간관계에 있어서, 특히 인권에 대해 여러 가지로 배려하고 있다. 별각마애법칙 제1장에서는,[82] 사람들이 이유 없이 투옥 또는 고문을 당하는 일이 없게 하라고 법대관과 그 지방의 사법 책임자에게 지시하고 있다. 그리고 다른 곳에서는,[83] 설사 죄인일지라도 그에게 딸린 어린아이가 있다든지, 불행에 괴로움을 당하고 있다든지, 또는 노쇠한 경우라면 석방해 주기 위해 법대관들이 일하고 있다는 것을 말하고 있다. 아쇼까 자신도 재위 26년까지 25회 죄인들을 석방했다.[84] 그리고 사형이 확정된 죄수들에게는 3일간의 처형 유예를 주어, 그의 친족들이 그를 위해 재심을 신청할 수 있도록 했다. 만약 이 재심에서 성공하지 못하는 경우에도 보시를 한다든지 다른 방

---

79) 塚本啓祥, 앞의 책, p. 94, 95, 98, 120; J. Bloch, 앞의 책, p. 112, 115, 120, 150.

80) 塚本啓祥, 앞의 책, pp. 87-88, 98, 129-130; J. Bloch, 앞의 책, p. 97, 98, 99, 120, 166.

81) 塚本啓祥, 앞의 책, p. 82; J. Bloch, 앞의 책, p. 97.

82) 塚本啓祥, 앞의 책, p. 109; J. Bloch, 앞의 책, pp. 137-138.

83) 塚本啓祥, 앞의 책, p. 91(14장마애법칙, 제5장) ; J. Bloch, 앞의 책, p. 104.

84) 塚本啓祥, 앞의 책, p. 130(7장석주법칙, 제5장); J. Bloch, 앞의 책, p. 167.

법, 예를 들면 단식(斷食)을 한다든지 해서 사형수의 내세의 이익과 행복을 도모할 수 있게 했다.[85)]

그 다음, 아쇼까 법(Dharma) 정책의 다른 하나인 유정의 불살해, 불상해, 즉 생명존중에 대해 살펴보면, 그것은 인간에 한정된 것이 아니고 모든 유정(有情), 즉 살아 있는 모든 존재에 대한 것이다. 14장마애법칙 제1장에서,[86)] 아쇼까는 "어떠한 생물도 제물로 바치기 위해 도살되어서는 안 된다"라고 명령하고 있다. 그리고 그의 왕궁의 요리실에서 그 이전까지는 매일 수백 마리의 동물들이 도살되고 있었는데, 이 법칙(14장마애)이 새겨져 발포되던 때에는 하루에 단지 2마리의 공작과 사슴조차도 앞으로는 도살하지 않을 것이라고 선언했다. 그리고 왕궁의 사냥꾼과 어부에게 사냥을 금지시켰다.[87)] 재위 26년에 발포한 7장석주법칙 제5장에서는 자세하게 생물의 불살해와 불상해에 대한 문제를 다루고 있다. 어떠어떠한 짐승이나 물고기들을 잡아서는 안 된다고 구체적으로 그 이름을 명시하고 있다. 그리고 새끼를 배고 있거나, 아직 젖을 떼지 않은 짐승, 역시 생후 6개월이 되지 않은 어린 짐승들을 죽여서는 안 되고, 또 어떠어떠한 날들, 예를 들면 어떤 계절의 보름날, 각 포살 날에는 물고기를 죽이거나 팔아서도 안 된다고 말하고 있다. 심지어 "집에서 키우는 닭을 거세(去勢)해서는 안 된다. 그 속에 생물이 들어 있는 곡식의 겨(糀穀)를 태워서는 안 된다. 쓸데없이 또는 살생을 하기 위해 산림에 불을 질러서는 안 된다.

---

85) 塚本啓祥, 앞의 책, pp. 128-129(7장석주법칙, 제4장); J. Bloch, 앞의 책, p. 165.

86) 塚本啓祥, 앞의 책, p. 85; J. Bloch, 앞의 책, p. 91.

87) 塚本啓祥, 앞의 책, p. 123(소마애법칙, 제 4장).

(……) 생물로써 생물을 사육해서는 안 된다. (……) (어느 어느 날에는) 말이나 소에 소인(燒印)을 해서는 안 된다."[88]라고까지 지시하고 있다. 아쇼까는 이와 같이 생물들의 살해, 또는 상해(傷害)를 못하게 한 것만으로 만족하지 않고 보다 적극적인 정책을 쓰기도 했다. 즉 사람과 동물을 위한 병원을 곳곳에 짓게 하고, 거기에 필요한 약초, (약용의) 나무뿌리와 열매가 없는 곳에는 그것들을 다른 곳에서 수입해서 재배하게 했다.[89] 그리고 도로변에는 나무를 심게 하고, 또 8꼬사(kosa)[90]마다 우물을 파게 해서 사람과 동물에게 그늘과 음료수를 제공하게 했다.[91]

그러면 아쇼까는 무엇 때문에, 또는 무엇을 위해 이 법(다르마)을 이렇게 힘써 백성들에게 실천시키려고 했는가. 그것은 말할 것도 없이 백성들의 이익과 행복을 증진시키기 위해서였다. 아쇼까의 표현에 의하면, "(나는 그들이) 현세와 내세의 모든 이익과 행복을 얻기를 원하기" 때문이다.[92] 그런데 법의 실천에서 추구하는 것은 현세적인 것보다는 내세의 이익에 더 비중을 두고 있다. 법칙에서는 이것을 "천애는 내세에 관한 것만을 큰 결과라고 생각한다"[93]라고 말하고 있다. 여기서 "내세에 관한 것"이란 사후에 천상에 태어나는 것을 말한

---

88) 塚本啓祥, 앞의 책, pp. 129-139; J. Bloch, 앞의 책, p. 166.

89) 塚本啓祥, 앞의 책, p. 86(14장마애법칙, 제2장); J. Bloch, 앞의 책, p. 94.

90) 1꼬사(kosa = kosika, krośika)는 약 3마일. 塚本啓祥, 앞의 책, p. 189의 註 참조.

91) 塚本啓祥, 앞의 책, p. 86, 133(7장석주법칙, 제7장); J. Bloch, 앞의 책, p. 95, 170.

92) 塚本啓祥, 앞의 책, p. 108(별각마애법칙, 제1장) , 112, 128, 131; J. Bloch, 앞의 책, p. 137, 141, 164.

93) 塚本啓祥, 앞의 책, p. 105(14장마애법칙, 제13장); J. Bloch, 앞의 책, p. 132.

다.[94]

법의 실천에 있어서는 항상 자신을 율(律)하면서 최선을 다하지 않으면 안 된다. "계(戒)가 없는 사람에게는 법의 실행은 있을 수 없다."[95] "현세와 내세(의 이익과 행복)은 법에 대한 열렬한 사랑 · 진지한 자기반성 · 장로들에 대한 절대적 순종 · 죄에 대한 큰 두려움 · 최대한의 노력 없이는 달성하기 어렵다"[96]고 가르치고 있다. 그리고 7장석주법칙 제3장에서는, "사람은 자신의 선행만 보고, (……) 자신의 악행은 보지 않는다. (……) 포학 · 잔인 · 분노 · 오만 · 질투와 같은 것은 죄의 원인이 된다. 이것들 때문에 나를 타락하도록 해서는 안 된다"[97]라고 경계하고 있다.

이와 같은 법의 실천은 한 국가의 제왕이 백성들을 통치하기 위해서 내린 명령(勅令)이 아니라, 한 종교지도자가 수행을 위해 신도들에게 내린 종교적인 가르침이라고 착각하게 하는 내용이다. 그러나 이 법칙은 어떤, 특정종파의 가르침이 아닌 것은 틀림없다. 아쇼까는 이것을 종교 · 신분 · 계급 · 인종 · 국가 등의 벽을 넘어서, 모든 사람들이 실천할 수 있는 일종의 보편적인 규범 또는 '사회윤리'라고 생각했다.[98] 그래서 아쇼까 자신은 소마애법칙에서 "이것은 오래된 법칙(法則)이다."[99]라고 표현하고 있는 것이다. 그러나 법칙의 내용이나

---

94) 塚本啓祥, 앞의 책, p. 93, 96; J. Bloch, 앞의 책, p. 109, pp. 116-117.

95) 塚本啓祥, 앞의 책, p. 89(14장마애법칙, 제4장); J. Bloch, 앞의 책, p. 100.

96) 塚本啓祥, 앞의 책, p. 125(7장석주법칙, 제1장); J. Bloch, 앞의 책, p. 161.

97) 塚本啓祥, 앞의 책, p. 127(7장석주법칙, 제3장); J. Bloch, 앞의 책, p. 163을 요약한 내용임.

98) 山崎元一, 『アショカ王とその時代』, p. 193.

명칭이야 어떠하든지 간에 이것은 어디까지나 한 왕이 백성들에게 내린 '칙령', 즉 왕의 명령인 것만은 틀림없다. 그리고 아쇼까왕이 백성들에게 내린 이 칙령의 목적은 백성들을 다스리기 위해서였다. 법, 즉 다르마로써 국가를 통치하는 것도 역시 통치인 것만은 틀림없다. 실제로 아쇼까는 깔링가(Kaliṅga) 전쟁 이후, 다르마로써 백성들을 통치했다. 아쇼까 자신은 그것을 "법(法)에 의한 이 정복만이 참다운 정복"[100]이라고 표현했다. 결국 아쇼까의 다르마는 국가를 통치하기 위한 일종의 '통치이념'이라고 해야 할 것이다.[101]

아쇼까는 이 '통치이념'이 당대에서만 시행되기를 바란 것이 아니다. 다르마의 정치적인 성과를 영구히 유지하기 위해서 자신의 "제왕자 · 제 왕손 · 제 증손도 겁(劫)이 다할 때까지" 이 법칙을 실천하도록 석주와 바위에 새기게 했다.[102]

마지막으로 추구해야 할 문제는 이 법(다르마)의 사상적 배경이다. 이것에 대해서는 학자들의 주장은 구구하다. 그것은 "단순한 왕법(王法, Rajadhamma)"이라고 하는 학자가 있는가 하면, "당시 인도에 행해지고 있었던 모든 종교에 공통하고 있었던 것"이라고 주장하기도 한다. 또 어떤 사람은, "(그것은) 당시 모든 종교에 공통하는 것이지만 그 근본 사상은 오로지 불교에 따르고, 동시에 자이나교 및 사명외도(邪命外道, Ajivika)의 교의(敎義)도 채용하고 있다"고 하기도 한다.[103]

---

99) 塚本啓祥, 앞의 책, p. 120(제2장); J. Bloch, 앞의 책, p. 151.

100) 塚本啓祥, 앞의 책, p. 104(14장마애법칙, 제13장); J. Bloch, 앞의 책, p. 132.

101) 山崎元一, 앞의 책, pp. 201-202.

102) 塚本啓祥, 앞의 책, p. 88(14장마애법칙 제4장), 91, 93; J. Bloch, 앞의 책, p. 11, 106, 109.

최근의 연구로서 츠카모토 게이쇼(塚本啓祥)는 『アショカ王(아쇼까왕)』에서 짠드라굽따의 재상 까우띨리야(Kautiliya)가 지었다고 전해지고 있는 『실리론(實利論, *Arthaśāstra*)』의 내용과 아쇼까 법칙을 자세하게 비교 검토했다. 그에 따르면 아쇼까 법칙에 나오는 거의 모든 중요한 덕목들의 근거는 『실리론』에 있다는 것이다. 아쇼까 법칙에서 그것들을 좀더 구체화하고 확대한 것임을 보여 주고 있다. 그리고 역시 아쇼까 법칙의 사상적 배경을 모두 힌두교의 가치관과 신앙에 근거하고 있다는 것이다.[104)]

그러나 이와 같은 여러 가지 주장과는 달리 대부분의 학자들은 아쇼까 법칙의 사상적인 배경은 불교라고 말하고 있다.[105)] 특히 에띠엔 라모뜨(É. Lamotte)는 아쇼까 법칙의 내용들을 불교경전 가운데서 하나하나 지적해 보여 주고 있다.[106)] 사실 부모에 대한 순종·붕우(朋友)·지인(知人)·친족과 출가수행자들에 대한 보시와 예의, 스승에 대한 존경과 순종, 노예와 피고용인에 대한 올바른 대우 등을 위한 가르침은 장아함의 『선생경(善生經)』에서 거의 글자 그대로 볼 수 있는 것이다. 심지어 "적게 지출하고, 적게 저축하라"고 하는 경제원리조차도 『선생경』에 있는 그대로다.[107)] 아쇼까가 사람과 짐승들을 위해

---

103) 木村日紀, 『アショカ王とインド思想』, p. 59; 山崎元一, 앞의 책, pp. 193-194.

104) 塚本啓祥, 『アショカ王』, 平樂寺書店, 1978, pp. 197-222.

105) 平川彰, 『インド佛教史』(上), 春秋社, 1985, p. 136; 木村日紀(앞의 책, p. 59)는 "그 사상과 정신은 완전히 불교에 근거하고 있다는 것을 확신한다"라 하고 있다.

106) É. Lamotte, 앞의 책, pp. 249-255.

107) 大正藏 제1권, pp. 70-72(장아함, 제 11권); 南傳에서는 *Dīghanikāya*, n° 31, *Siṅgalovadasuttanta*.

길가에 나무를 심고 곳곳에 우물을 파고 약초를 재배하게 한 것도 『만쥬슈리물라깔바(*Mañjuśrīmūlakalpa*)경』에서 자세하게 말하고 있다는 것을 지적하고 있다.[108] 이 외에도 법칙 내용의 거의 대부분이 불교경전에서 그 근거를 두고 있는 것을 구체적으로 하나하나 보여 주고 있다.[109] 법칙에서 거듭 강조되고 있는, 살아 있는 목숨을 죽이지 말고 해치지도 말라는 것이라든지, 악을 피하고 선을 행함으로써 현재 생에 복을 받고 다음생에 천상에 태어난다고 하는 내용도 불교경전에서 수없이 되풀이되고 있는 것이다. 이것은 불교인이면 누구나 배우고 행해야 할 기본적인 가르침이다. 역시 인도인이면 모두가 지켜야 할 보편적인 윤리이기도 하다.

그런데 한 가지 의문은 아쇼까 법칙의 내용이 모두 불교경전을 근거로 하고 있다면 법칙에는 왜 한번도 4성제 · 8정도 · 연기법 · 열반과 같은 불교의 핵심교리가 언급되지 않았는가 하는 점이다. 그러나 이 의문은, 이 법칙을 실천하게 할 대상이 출가 수행자들이 아니라, 재가신도들 또는 종파 · 인종 · 계급을 초월한 일반 백성들이었으므로, 불교경전에 있는 일반 신도들을 위한 가르침이 주가 되었다고 생각하면 쉽게 풀릴 수 있다.[110]

---

108) *Mañjuśrīmūlakalpa*의 V, 540, 545, 648-649, 685-686 등. É. Lamotte 앞의 책, p. 251, 註 33.

109) 아쇼까 법칙과 동일한 내용이 나오는 불교경전들은, 초기경전들인 *Dhammapada*, *Suttanipata*, *Dīghanikāya*, *Majjimanikāya* 등이다. 구체적인 것은 É. Lamotte 앞의 책, p. 250과 그곳에 나오는 註 17-23까지, 그리고 p. 251의 註 37, 역시 p. 252의 註 39 등을 참조할 것.

110) É. Lamotte, 앞의 책, p. 249.

지금까지 추구해온 것에서 결론을 내리면 다음과 같다. 즉 아쇼까의 법(다르마)이 어느 한 종파적인 것이 아니고, 모든 백성들이 배워 실천해야 하는 '보편적인 사회윤리' 또는 '통치이념' 인 것이라 해도 그 사상적인 배경 또는 법칙 내용의 출처는 불교사상 또는 불교경전이라고 할 수 있다는 것이다. 법칙에 나오는 거의 모든 내용은 불교경전에서 그 근거를 찾을 수 있다는 것은 두고라도, 법칙을 만든 장본인인 아쇼까가 열렬한 불교신도였으므로 그의 사상 또는 그의 행동 지침이나 삶의 이상이 불교에서 나왔을 것은 당연한 일일 것이다. "대덕들이여, 모든 스승들께서는 불 · 법 · 승에 대한 나의 존경과 신앙이 얼마나 큰지 알고 계십니다"[111]라고 법칙에서 자신의 신앙고백을 할 만큼 불교를 독실하게 믿은 아쇼까가 그의 사상 기반을 불교를 제쳐두고 힌두교나 자이나교 또는 다른 곳에서 찾는다는 것은 생각하기 어렵다고 하지 않을 수 없다.

3) 불탑 건립과 불적 순례

아쇼까가 불교에 귀의한 뒤 행한 불사(佛事) 가운데서 중요한 것을 들면, 그것은 불탑 건립과 불적 순례라고 할 수 있다. 먼저 불탑 건립에 대해 살펴보면 다음과 같다.

아육왕전에 의하면,[112] 아쇼까는 불사리(佛舍利)가 봉안되어 있던 8개의 탑 가운데서 라마그라마(Rāmagrāma, 羅摩) 탑을 제외한[113] 7탑을

---

111) 塚本啓祥, 『アショカ王碑文』, p. 121(소마애법칙, 제3장); J. Bloch, 앞의 책, p. 154.

112) 大正藏, 제50권, p. 102a-b(아쇼까왕전; 同, p. 135a-b(아쇼까왕전); 大正藏, 제2권, p. 165a-b(잡아함, 권23).

113) 그 탑을 지키고 있던 Sāgara 용왕이 사리 양도를 거절했기 때문이다. 대정장, 제50권,

열어 그 속에 들어 있던 불사리를 가지고, 전국에 84,000개의 탑을 세우게 했다. 티베트의 역사가 따라나타(Tāranātha)가 쓴 『인도불교사』에서도 이것과 거의 비슷한 내용을 전하고 있다.[114] 그리고 인도를 여행한 중국 구법승들의 여행기에서도 아쇼까가 건립하게 했다는 많은 탑들에 대해 언급하고 있음을 볼 수 있다.[115]

그러나 이 불탑 건립의 전설은 북전에서만 볼 수 있는 것으로서 남전에서는 다르게 말하고 있다. 『디빠방사(*Dīpavaṃsa*)』에 의하면[116] 아쇼까가 건립하게 한 것은 탑이 아니고 정사(精舍)였다. 3년에 걸쳐 84,000의 도시에 각각 한 개씩의 정사를 세웠다는 것이다.

남북 양전의 이와 같은 차이점에 대해서 야마자키 겐이치(山崎元一)는,[117] 정사에는 탑이 따랐다는 남전의 여러 자료들을 검토하면서 '불탑 건립' 과 '정사 건립' 은 동일한 사실을 가리키고 있을 가능성이 있다고 보고 있다. 그리고 남전에서 불탑 건립이라는 말 대신, 정사 건립이라는 표현을 쓰고 있는 것은, 남전의 근거지인 스리랑카의 상좌부에서는 탑 숭배보다 불교교단(Saṃgha)의 공양을 더 중요시했기 때문일 것이라는 것이다.[118]

---

p. 102a(王傳); 同, p. 135a(王經); É. Lamotte, 앞의 책, p. 264.

114) 山崎元一, 『アショカ王傳說の研究』, p. 73.

115) 大正藏, 제51권, p. 862a(高僧法顯傳)와 p. 980a(悟空入竺記). 현장은 大唐西域記에서, 아쇼까가 건립한 130여개의 탑에 대해 기록하고 있다. 山崎元一 위의 책 p. 81과 p. 90의 註 45.

116) *Dīpavaṃsa*, VI, 73-99(남전, 제60권, pp. 48-50), 同, VII, 1-13(p.53), *Mahāvaṃsa*, V, 73-86(南傳, 제 60권, pp. 179-181) 참조.

117) 山崎元一, 위의 책, p. 75.

118) 山崎元一, 위의 책, p. 75; 平川彰, 『初期大乘佛教の研究』, 春秋社, 1969, pp. 605-608.

그런데 이와 같이, 아쇼까가 7개의 불사리탑을 헐어서 얻은 사리로 84,000의 탑을 건립했다는 전설에 얼마나 역사성이 있을까 하는 문제가 제기된다. 학자들 가운데는 여기에 대해 부정적인 견해를 말하는 사람도 있다.[119] 사실 북전에서 말하고 있는 이 전설을 글자 그대로 받아들일 수는 없을 것이다. 그러나 이 불탑 전설에서 말하고 있는 84,000이라는 숫자가 글자 그대로의 숫자를 나타내는 것이 아니고 '많은 수'를 뜻하는 인도식 표현이라고 이해한다면[120] '84,000 불탑 건립'이라는 말은 '많은 불탑 건립'이라는 것이 될 수 있으므로 이 전설은 별로 어려움 없이 받아들여질 수 있을 것이다. 아쇼까가 대제국의 왕으로서 불교를 깊이 신앙했고 역시 불사에 많은 관심을 가지고 있었던 것은 사실이므로, 불교도들에게 가장 큰 공덕 중의 하나라고 할 수 있는 불사리탑 건립 불사를 많이 했다는 것은 당연한 일이라고 할 수 있을 것이다.

그 다음 아쇼까의 불적 순례에 대해서다. 먼저 북전에서 말하고 있는 것을 요약하면 다음과 같다.[121] 84,000 불탑을 건립한 후, 아쇼까는 서북 인도 지방의 고승 우빠굽따(Upagupta)를 궁중에 초청해서 설법을 들은 뒤, 그의 안내를 받아 불적지의 순례를 떠났다. 붓다의 탄생지인 룸비니 동산 · 고향인 까삘라바스뚜(Kapilavastu) · 성도지인 보드가야(Bodh-Gayā) · 초전법륜지인 므리가다바(Mṛgadāva, 鹿野苑), 그

---

119) T. W. Rhys Davids, *Asoka and the Buddha-relics*, JRAS, 1901, pp. 397-410; 中村元, 『宗教の社會倫理』, p. 223- 224.

120) 山崎元一, 위의 책, p. 74와 pp. 85-86의 註 12.

121) 大正藏, 제50권, pp. 102b-104c(아육왕전); 同, pp. 135b-139a(아육왕경); 同, 제2권, pp. 165b-168c(잡아함, 23권).

리고 열반지인 꾸쉬나가라(Kuśinagara)를 차례로 방문했다. 아쇼까는 방문한 이들 모든 불적지에 공양을 올리고 후세 사람들에게 알리기 위해 탑을 세우게 했다. 특히 성도지의 보리수에 거액을 들여 공양했다. 계속해서 기원정사에 가서 샤리뿌뜨라 · 마우드갈랴야나 · 박꿀라 · 아난다 등 붓다의 큰 제자들의 사리탑을 찾아 공양을 올렸다.

남전에서는[122] 북전에서처럼 아쇼까의 불적 순례에 대해 구체적으로 기록해 놓지는 않았다. 그러나 여러 곳에서 그것을 암시하고 있는 것으로 미루어 보아 남전에서도 역시 아쇼까의 불적 순례를 인정하고 있다는 것을 알 수 있게 해준다.

법칙에서는 불적 순례라고 하지 않고, 대신 '법순례'라 말하고 있다. 14장마애법칙 제8장을 보면,[123]

> 천애희견왕은 관정 10년에 삼보리[124]를 방문했다. 그때부터 법의 순례가 시작되었다. 이 순례 동안 다음과 같은 일들이 이루어진다. 즉 사문 ·

---

122) *Dīpavaṃsa*, VI, 13-14(남전, 제60권, pp. 42-43); 同, VII, 2(同, p. 53). *Mahāvaṃsa*, V, 87-94(남전, 제60권, pp. 181-182); 同, V, 175(同, p. 189), 同, V, 184- 190(同, p. 190). 山崎元一, 『アショカ王傳說の硏究』, pp. 92-93 참조.

123) 塚本啓祥, 『アショカ王碑文』, p. 94; J. Bloch, 앞의 책, pp. 111- 113.

124) 여기서 菩提樹라는 말은 법칙에서는 Sambodhi라고 되어 있다. 처음에는 이것을 글자 그대로 正覺이라고 이해하고 "삼보리를 방문했다"라는 구절을 "정각에 도달했다", "깨달음의 길에 나아갔다"라고 번역했다. 그러나 D. R. Bhandarkar(Sambodhi in Asoka's Rock Edict VII, *IA*, Vol, XII, 1913, pp. 159-160)가 Sambodhi를 붓다의 正覺地에 있는 보리수를 의미하는 것이라고 이해하고, "보리수를 방문했다"라고 번역했다. 사실 *Dīpavaṃsa*(XVI, 1, 13, 24, 26, 30, 31)에서 자주 보리수가 Sambodhi로 불려지고 있음을 볼 수 있다. 塚本啓祥, 앞의 책, p. 161; 山崎元一, 앞의 책, pp. 93-94와 pp. 98-99의 註 10-14 참조.

바라문들을 방문하고, 그들에게 보시를 한다. 역시 장로들을 방문하고 그들에게 금전을 보시한다. 그는 지방의 백성들을 접견하고 그들에게 법을 가르치고 법에 대한 질문을 한다. 이것은 천애희견왕에게 최상의 즐거움이다. 그의 다른 모든 즐거움은 이것보다 못하다.

라 하고 있다. 이 법칙에서 우리는 아쇼까가 성도지인 보드가야를 찾아가서 붓다의 성도와 관계가 있는 보리수를 참배했다는 것을 알 수 있다.

이 여행은 '법의 순례' 이므로 불적 순례가 그 주목적은 아니었다 해도, 그 순례 도중에 불적지들을 참배했을 것은 충분히 짐작되는 일이다. 소마애법칙 제1장의 끝에[125] "이 칙령은 순례 여행 중에 내가 발포했다. 여행하는 데 256일[126]이 지나갔다"라고 말하고 있는 것으로 보아 이 여행은 약 8개월에 걸친 장기간의 것이었음을 알 수 있다.

이와 같은 법 순례 또는 불적 순례는 아쇼까의 재위 기간 동안 여러 차례 행해졌음을 법칙에서 암시하고 있다. 룸비니에서 서북쪽으로 약 20km 지점에 위치한 니갈리 · 사가르(Nīgāli-Sāgar) 못(池)가에 있는, 소위 말하는 니갈리 · 사가르 법칙에서는,[127] "천애희견왕은, 관정 14년에 꼬나까마나(Konākamana) 붓다[128]의 탑을 2배(또는 두 번째)[129]

125) 塚本啓祥, 앞의 책, p. 118; J. Bloch, 앞의 책, p. 149.

126) 塚本啓祥, 앞의 책, p. 179; 山崎元一, 앞의 책, pp. 95-96과 pp. 101- 102의 註 22, 26, 27.

127) 塚本啓祥, 앞의 책, p. 139; J. Bloch, p. 158.

128) 과거 7불(佛) 가운데, 제5불인 Konakamunī.

로 증축했다. 또 관정 ……년에[130] 몸소 (이곳에) 와서 참배했다. 〔또 석주를 건립〕하게 했다"라 하고 있다. 그리고 관정 20년에 룸비니를 방문하고 그곳에 세운 소석주의 법칙에서는,[131] "천애희견왕은 관정 20년에 몸소 이곳에 와서 참배했다. 여기에서 붓다 샤꺄무니가 탄생하셨기 때문이다. 그래서 그 주위에 돌 울타리(石柵)를 만들게 하고, 돌기둥(石柱)을 세우게 했다. 세존이 여기에서 탄생하셨기 때문에, 룸비니 마을은 조세(租稅)가 면제되고, 또 〔생산의〕 8분의 1만을[132] 지불하게 되었다"라 하고 있는 것에서 그것을 알 수 있다.

4) 제3결집과 7종법문

제3결집에 관한 사실을 전하고 있는 자료들은 모두 남전이다. 『디빠방사』에서는 결집 전설이 중복되어 있는데 이들 내용은 다른 자료들에 비해 간결하다. 『마하방사』와 『사만다빠사디까(*Samantapāsādikā*)』에 나오는 내용은 좀 더 상세하지만 문맥이 손질되어 있다.

『디빠방사』에 의하면,[133] 아쇼까가 불교를 크게 보호했기 때문에 많은 이학외도(異學外道)들이 이익을 구해서 교단에 들어왔다. 이들에 의해서 7년간이나 불완전한 포살(布薩)이 행해졌기 때문에 장로들

---

129) "두 번째"라는 번역도 가능하다. 실제로 이 탑은 발굴조사 결과, 4회에 걸쳐 증축된 흔적이 있다. 塚本啓祥, 앞의 책, pp. 194-195.

130) 이 부분은 비문이 파손되어 읽을 수 없다. 그러나 아쇼까왕이 룸비니를 방문했던 것과 같은 해로 본다면, 그것은 아쇼까 즉위 20년이 된다. 塚本啓祥, 앞의 책, p. 195.

131) 소위 말하는 Lummindei 法勅. 塚本啓祥, 앞의 책, p. 139; J. Bloch, 앞의 책, p. 157.

132) 고대 인도의 전통적인 토지 세율은 6分稅, 즉 소출의 6분의 1을 국가에 바치는 것이었다. 塚本啓祥, 앞의 책, p. 194; 中村元, 『宗教と社會倫理』, p. 222.

133) *Dīpavaṃsa*, VII, 34-41(남전대장경, 제60권, pp. 55-56).

은 그 포살에 참석하지 않았다. 불멸 후 236년(아쇼까 즉위 18년)에는 아쇼까라마(Aśokārāma, 阿育園精舍)에 이들 비구를 가장한 외도들의 수가 60,000명에 이르게 되어 붓다의 교법이 손상을 입게 되었다. 그래서 목갈리뿟다 띳사(Moggaliputta Tissa) 존자는 1,000명의 비구를 소집해서 '상좌설(上座說)' 을 확고히 하기 위해 제3결집을 행했다. 그리고 그는 이 결집 중에 이설(異說)을 깨고(破) 교법을 빛내기 위해 『까타밧투(*Kathāvatthu*, 論事)』를 지었다. 『디빠방사』의 중복된 부분에서는[134] 이것보다 좀더 자세하게 기록하고 있다. 즉 아쇼까가 아쇼까라마에 대신을 보내어 포살을 행하도록 했는데, 그 대신이 명령에 따르지 않는 약간의 장로들을 살해했다. 그때 외도들을 근절시키기 위해 60,000명의 붓다 제자들이 모였는데, 아쇼까는 그 모임의 상수인 목갈리뿟따 띳사에게, 장로 살해 사건에서 자신에게도 죄가 있는지를 물었다. 목갈리뿟따는 신통(神變)을 부려 왕의 의혹을 없애 주었다. 그리고 그는 외도들을 근절시키기 위해, 또 '자설(自說)', 즉 분별설을 빛내기 위해 『까타밧투』를 설하고, 영구히 교법을 확립시키기 위해 1,000명의 아라한을 선발해서 법의 결집을 했다. 이것이 제3결집으로서 아쇼까왕이 건립한 아쇼까라마에서 9개월에 걸쳐 진행되었다.

『마하방사』에서는 이들 두 전승보다 상세하다. 특히 결집과 관계된 부분은 구체적이다. 그 부분만 살펴보면 다음과 같다.[135] 즉 아쇼까는 목갈리뿟따 띳사로부터 대신이 장로를 살해한 사건에 대한 죄

134) *Dīpavaṃsa*, VII, 44-49(남전대장경, 제60권, pp. 56-57).

135) *Mahāvaṃsa*, V, 265-281(남전대장경, 제60권, pp. 196-198).

가 자신에게는 미치지 않는다는 것을 듣고 안심하였다. 그리고 그에게서 일주일 동안 붓다의 선법(善法)을 배웠다. 제7일이 되는 날 아쇼까는 아쇼까라마에 가서 모든 비구들을 모이게 했다. 자신은 목갈리뿟따 장로와 함께 장막 안에 앉아서 비구들을 한 사람씩 차례로 불러 붓다의 가르침에 대해 질문했다. 아쇼까는 정통설이 아닌 사견(邪見)을 말하는 사람들을 모두 환속시켜 버렸다. 그리고 정법을 말하는 비구들에게 붓다가 설한 교리가 무엇인지 질문했다. 비구들은 분별설(分別說)이라고 답하고, 목갈리뿟다 장로도 그것을 인정했다. 아쇼까는 기뻐하면서 비구중이 정화되었다는 결론을 내리고 목갈리뿟따 띳사 장로에게 포살을 행하게 했다. 그러자 승가는 화합해서 포살을 하게 되었다. 목갈리뿟따 띳사는 그곳에 모인 많은 사람들 가운데서 3장에 밝은 비구 1,000명을 선발해서 새로운 결집을 했다. 그는 타설(他說)을 깨뜨리기 위해 『까타밧투』를 설했다. 이 결집은 아쇼까의 후원 아래 9개월에 걸쳐 행해졌다.

이상이 남전에서 전하고 있는 제3결집의 전설이다. 이 결집은 불멸 후 236년, 아쇼까의 즉위 18년, 기원전 250(=268−18)년에 이루어졌다.[136]

그런데 이 중요한 사건을 법칙에서는 어디에도 언급해 놓은 곳이 없다. 난시 불교교단의 화합을 위해 발포힌 피승기법칙(破僧伽法勅)에서 이것과 관련된 것 같은 것을 약간 엿볼 수 있을 뿐이다. "비구 또는 비구니로서 승가의 화합을 깨뜨리는 사람은 백의(白衣)를 입혀

136) *Mahāvaṃsa*, V, 21(남전대장경, 제60권, p. 175); *Dīpavaṃsa*, VII, 37, 44(同, 제60권, pp. 55-56).

서 주처(住處: 精舍)가 아닌 곳에 살게 해야 한다" [137]라고 한 내용이 그것이다. 여기에서 남전이 전하고 있는 '승가의 불화사건(不和事件)'을 엿볼 수 있고, 이 승가불화의 기사를 남전의 승가불화 및 결집 전설과 관련시켜, 법칙에서도 결집을 말하고 있다고 추측할 수 있는 것이다. 그러나 우리가 이 법칙에서 분명하게 볼 수 있는 것은 단지 승가를 분열시키는 승려들을 교단 바깥으로 추방해야 한다는 것일 뿐, 경전 결집과 관계된 내용은 아니라는 것이다.

우리가 제3결집에 대한 역사성을 찾으려고 한다면 그것은 남전 자료에 한하는 수밖에 없다. 그런데 문제는 남전의 내용 역시 의문점이 있다는 점이다. 남전에서 정통설이라고 내세운 분별설은, 다름 아닌 스리랑카의 분별설부(Vibhajjavādin)의 분별설을 가리키는 것이고,[138] 또 결집 중에 목갈리뿟따 띳사가 외도를 절멸시키고 자설(自說: 분별설)을 빛내기 위해 지었다고 하는 『까타밧투』는 그 내용이, 불교가 아닌 외도의 교리를 논파하기 위한 것이 아니라 분별설부 이외의 부파불교들의 주장을 논파하기 위한 것이다.[139] 따라서 남전에서 전하고 있는 승가불화는 외도 때문에 일어난 사건이 아니라 불교 부파끼리 생긴 마찰이었고, 그때 개최되었다고 하는 결집은 전 교단을 망라해서 행해진 것이 아니라 어느 한 부파가 행한 것이라고 생각할 수 있다는 것이다.

그래서 이 결집 문제에 대해서는 학자들의 주장이 엇갈린다. 이 전

---

137) 塚本啓祥, 『アショカ王碑文』, p. 137(소석주법칙, A); Bloch, 앞의 책, pp. 152-153.

138) *Mahāvaṃsa*, V, 273-274(남전대장경, 제60권, p. 197). 山崎元一, 『アショカ王傳說の研究』, pp. 124-125.

139) 山崎元一, 위의 책, p. 125.

설을 글자 그대로 받아들이는 사람이 있는가 하면, 이와 반대로 그것을 허구적인 것이라고 하는 사람도 있다. 역시 위에서 말한 것처럼 어느 한 부파의 결집에 지나지 않는다고 생각하는 학자도 있다.[140)]

제3결집과 함께 다루어야 할 문제가 한 가지 남아 있다. 그것은 아쇼까가 법칙에서 말한 7종의 경전에 관한 것이다. 이 경전들이 제3결집에서 만들어졌다는 것을 말하고자 하는 것이 아니라, 단지 경전편찬모임인 결집과 경전 문제와는 관련이 있는 것이기 때문에 여기에서 이 문제를 다루고자 하는 것일 뿐이다.

아쇼까는 붓다가 설한 많은 경전들 가운데서 특히 중요하다고 생각한 7종의 경전들을 출가와 재가의 모든 불자들이 잘 배워 실천함으로써 정법이 영원히 계속될 것을 바라는 마음에서 그것을 법칙에서 발포했다. 아쇼까는 소마애법칙 제3장에서,[141)] "마가다의 희견왕은 승가에 인사를 드리면서, 병 없이 안온하게 살고 계시기를 빕니다. 대덕들이여, 모든 스승들께서는 불 · 법 · 승에 대한 나의 존경과 신앙이 얼마나 큰지 알고 계십니다. 대덕들이여, 세존 · 붓다가 설하신 것은 모두 잘 설해지고 있습니다. 그러나 대덕들이여, 나는 '이렇게 해서 정법은 영속할 것이다' 라 생각하고, 다음의 것을 감히 말씀드립니다" 라고 말하면서, 아래와 같은 7가지 경(經)의 이름을 들고 있다. 그것은,

---

140) 山崎元一, 위의 책, p. 124. A. Bareau, *Les premières conciles bouddhiques*, PUF, 1955, pp. 132-133; É. Lamotte, 앞의 책, p. 299.

141) 塚本啓祥, 『アショカ王碑文』, p. 121; Bloch, 앞의 책, p. 154.

(1) 비나야의 가장 우수한 가르침(Vinaya-Samukasse)

(2) 성스러운 계보(系譜, Alia-Vasāni)

(3) 미래의 포외(怖畏, Anāgata-Bhayāni)

(4) 성자의 게(偈, Munigāthā)

(5) 적묵행(寂默行)의 경(Moneya sūtte)

(6) 우빠뗏사의 물음(Upatissapasine)

(7) 망어(妄語)에 관해, 세존 붓다가 라훌라(Rāhula)에게 한 훈계 (Lāghulo-vādemusāvādam adhigicya bhagavata buddhena bhāsite)[142)]

이다. 아쇼까는 이 7종의 법문들을 출가, 재가를 막론하고 널리 듣고 생각해 주기를 바란다는 그의 소원을 이 법칙의 끝에 붙이고 있다. "대덕들이여, 나는 많은 비구와 비구니들이 이들 법문을 듣고 그것을 생각하시기 바랍니다. 우바새나 우바이도 역시 이와 같이 하기를 바랍니다. 대덕들이여, 나는 이 때문에, 즉 나의 소원을 알리기 위해서, 이것을 새기게 합니다."[143)]

그런데 아쇼까 법칙에서는 이들 경 이름만 들고 있을 뿐 그 내용에 대해서는 말해 놓지 않았기 때문에, 학자들은 지금까지 이 7종의 경들이 현존하는 경들 가운데서 어느 것에 해당되는지 알기 위해 많은 노력을 해 왔다.[144)] 그러나 그것을 정확하게 알 수는 없었다. 그들이

142) 塚本啓祥, 앞의 책 , pp. 121-122; Bloch, 앞의 책, p. 154.

143) 塚本啓祥, 앞의 책, p. 122; Bloch, 앞의 책, p. 155.

144) É. Lamotte, 앞의 책, pp. 256-257; 前田惠學,『原始佛教聖典の成立史硏究』, pp. 605-607; 塚本啓祥,『アショカ王』, pp. 256-275 등에서 자세히 다루고 있다.

내세우는 여러 가지 주장들을 간추려 보면 다음과 같다.

(1) 비나야의 가장 우수한 가르침—이 경에 대한 추측이 가장 다양하다. *Vinaya Piṭaka*의 *Mahāvagga*(율장, 대품)I, 1, 7, 6과 8, 2), 그리고 『우다나(*Udāna*)』, V, 3의 내용과 같은 것일 것이라고 본다. 이들 경의 내용은, 붓다의 최초의 설법으로서, 시론(施論), 계론(戒論), 생천론(生天論)과 모든 붓다(諸佛)의 최승설법이라고 하는 4성제이다. 이 경들이 가장 많은 학자들의 지지를 받고 있다. 이 외에도 다음과 같은 경들이 언급되고 있다. 즉 *Suttanipāta*, IV, 14의 *Tuvataka-sutta*, st. 915-937(pp. 179-182); *Dīghanikāya* n° 31의 *Siṅgalovāda Suttanta*, III(pp.184-197); *Majjhimanikāya*, n° 113의 *Sappurisa-Sutta* III(pp. 37-45) 등이다.[145]

(2) 성스러운 계보—이 경은 Aliyavaṃsa(성스러운 계보)라고 보는 설과 Aliyavāsa(聖住)라고 보는 설이 있다. 전자라고 보면, 그것은 『앙굿따라니까야』의 4, 28(II, p. 27)에 해당될 수 있고, 후자라고 한다면, 그것은 『디가니까야』, n° 33(III, pp.269-291)의 *Saṅgītisuttanta*, 그리고 같은 『니까야』의 n° 34, *Dasuttarāsuttanta*(III, p. 291), 『앙굿따라니까야』, X, 19(V, p. 29)에 해당된다고 보고 있다.[146]

(3) 미래의 포외—이 경에 대해서는 학자들의 의견이 대체로 일치하고

---

145) É. Lamotte, 앞의 책, p. 256; 前田惠學, 앞의 책, p. 605; 塚本啓祥, 앞의 책, pp. 256-263.

146) É. Lamotte, 앞의 책, p. 256; 前田惠學, 앞의 책, p. 606; 塚本啓祥, 앞의 책, pp. 263-266.

있다. 미래에 있을 늙음(老), 죽음(死) 등의 5가지 두려움을 보고 방일하지 말고 정진할 것을 설하고 있는 『앙굿따라니까야』, V, 77-88(III, pp. 100-110; 206-220)이 여기에 해당된다고 보고 있다.[147]

(4) 성자의 게—이것은 『숫따니빠따』에 있는 *Munīsutta*(st. 207-221, I, 12, pp. 35-38)와 동일한 경일 것이라는 데 모든 학자들 간에 이론(異論)이 없다. 성자(muni)들의 여러 가지 특성에 대해 설하고 있다.[148]

(5) 적묵행의 경—벨기에 학자 라모뜨(É. Lamotte) 교수는 이 경이 신·구·의 3종 침묵행에 대해 설하고 있는 『디가니까야』(III, p. 220)와 『앙굿따라니까야』(I, p. 273), 그리고 『이띠붓따까』(67, p. 56)에 해당되는 것이라고 추정했다. 그러나 마에다 에가쿠(前田惠學) 교수는 붓다의 전기(傳記)와 관련이 있는 『숫따니빠따』의 *Nālakasutta*(III, 11, st. 679-723, pp. 131-139)에 더 비중을 두고 있다.[149]

(6) 우빠띳사의 물음—우빠띳사는 불교에 귀의하기 전의 샤리뿌뜨라(Śariputra)의 이름이다. 붓다가 샤리뿌뜨라에게, 출가자들이 수행하면서 만나게 되는 여러 가지 위험에 대해 가르친 『숫따니빠따』 IV, 16 (st.955-975, pp. 185-189)의 『사리뿟따·숫따(Sariputta-sutta)』가 여기에 해당되

147) É. Lamotte, 앞의 책, p. 257; 前田惠學, 앞의 책, p. 606; 塚本啓祥, 앞의 책, p. 267.

148) É. Lamotte, 앞의 책, p. 257; 前田惠學, 앞의 책, p. 606; 塚本啓祥, 앞의 책, pp. 268-269.

149) É. Lamotte, 앞의 책, p. 257; 前田惠學, 앞의 책, p. 606; 塚本啓祥, 앞의 책, pp. 269-272.

는 것이라고 추측한다. 이 외에도 『맛지마니까야』, n° 24의 *Rathavinita-sutta*(I, pp. 146-151)와 *Vinaya Piṭaka*의 『마하박가』 I, 23, 1-5(I, pp. 39-40)도 들고 있다.[150]

(7) 망어에 관해, 세존 붓다가 라훌라에게 한 훈계—이 경은 붓다가 라훌라에게 거짓말(妄語)에 대해 설한 가르침이 그 내용으로 되어 있는 『맛지마니까야』의 n° 61, *Ambalaṭṭhikā Hahulovāda-sutta*(I, pp. 420-426)에 해당된다고 보고 있다. 그러나 같은 『니까야』의 n° 62, *Mahārahulovāda-sutta*(I, pp. 420-426)라고 추정하기도 한다.[151]

5) 전도사 파견

남전에 의하면[152] 목갈리뿟따 띳사는 아쇼까의 후원 아래 혼란된 승가를 정상상태로 회복하고, 제3결집을 한 뒤, 정법의 전도를 위해 전도사들을 국내·외의 여러 지방에 파견하여 큰 성공을 거두었다는 것이다. 지금까지는 이 남전의 전도사 파견 설을 글자 그대로 역사적인 사실이라 보고, 그것에 의해 아쇼까가 불교 전도를 위해 전도사들을 파견한 것이라 말해 왔다.[153] 그러나 여기에는 다르게 생각해야 할 문제점이 있다. 이 문제를 좀더 구체적으로 고찰하기 위해 먼저 전도

---

150) É. Lamotte, 앞의 책, p. 257; 前田惠學, 앞의 책, p. 607; 塚本啓祥, 앞의 책, pp. 272-273.

151) É. Lamotte, 앞의 책, p. 257; 前田惠學, 앞의 책, p. 607; 塚本啓祥, 앞의 책, p. 274.

152) *Dīpavaṃsa*, VIII, 1-13(남전대장경, 제60권, pp. 58-59); *Mahāvaṃsa*, XII, 1-15(同, pp. 230-234).

153) 木村日紀, 앞의 책, p. 112.

사가 파견된 지방과 전도사들의 이름부터 살펴보기로 하자.[154]

전도사 파견 지방	전도사 이름
(1) 까슈미라 · 간다라(Kaśmira-Gandhāra)	맛잔띠까(Majjhāntika)
(2) 마히사랏따(Mahisaratta, Mahisamaṇḍala)	마하데바(Mahādeva)
(3) 바나바사(Vanavāsa)	락키따(Rakkhita)
(4) 아빠란따까(Aparantaka)	락키따(Rakkhita)
(5) 마라랏타(Mahārattha)	마하담마락키따(Mahādhammarakkhita)
(6) 요나까로까(Yonakaloka)	마하락키따(Mahārakkhita)
(7) 히마바따(Himavata, Pedesa)	깟사빠곳따(Kassapagotta), 맛지마(Majjhima), 두라비사라(Durabhisara), 사하데바(Sahadeva), 물라까데바(Mūlakadeva, Alakadeva)
(8) 수반나부미(Suvaṇṇabhūmi)	소나(Sona), 웃따라(Uttara)
(9) 랑까 · 디빠(Laṅkā-dīpa)	밧다살라(Bhaddasāla), 삼발라(Sambala)

그런데 북전에서는 이와 같은 전도사 파견을 입증할 수 있는 자료가 없다. 전도사 파견을 지도했다는 목갈리뿟따 띳사 장로의 이름조차도 알려져 있지 않다.[155] 그러면 아쇼까의 법칙에서는 이 문제에 대해 어떻게 말하고 있는가. 목갈라뿟다 대신 아쇼까가 전도사 대신 법

154) 山崎元一, 『アッョカ王傳說の硏究』, pp. 103-104; 塚本啓祥, 『アッョカ王』, pp. 323-324.

155) 山崎元一, 『アッョカ王とその時代』, p. 147.

사신(法使臣, 法大官)들을 여러 지방과 여러 왕들, 그리고 여러 민족들에게 파견한 것으로 되어 있다. 그러나 남전에서와는 달리 법대신들의 이름은 언급되지 않고 있다. 법칙에서 볼 수 있는 지방들과 왕들, 그리고 민족들은 다음과 같다.[156]

(1) 쪼다(Coda)(인)	(2) 빤댜(Paṃḍya)(인)
(3) 사띠야뿌따(Satiyaputa)	(4) 껠랄라뿌따(Kelalaputa)
(5) 땀바빵니(Taṃbapaṃni)[157]	(6) 요나(Yona)(인)
(7) 깜보자(Kaṃboja)(인)	(8) 간다라(Gaṃdhāra)(인)
(9) 로티까(Roṭhika)(인)	(10) 삐띠니까(Pitinika)(인)
(11) 나바까(Nābhāka)(인)	(12) 나바빵띠(Nābhapaṁti)(인)
(13) 보자(Bhoja)(인)	(14) 안드라(Aṃdhra)(인)
(15) 빠린다(Pāriṃda)(인)[158]	(16) 앙띠요까(Aṃtiyoka)(왕)
(17) 뚜라마야(Turamaya)(왕)	(18) 앙띠끼니(Aṃtikini)(왕)
(19) 마까(Maka)(왕)	(20) 알리까수다라(Alikasudara)(왕)[159]

법칙에서 볼 수 있는 법사신 파견 지역은 20곳이다. 이 가운데서 첫 15개 지역은 인도국 내이고, 나머지 5개 지역은 국외다. 국내 15개

156) 山崎元一, 『アッョカ王傳說の研究』, pp. 106-107 참조.

157) 이상은 14장마애법칙, 제2장(塚本, 앞의 책, p. 86; Bloch, p. 93)과 제13장(塚本, p. 104; Bloch, p. 130).

158) 이상은 14장마애법칙, 제5장(塚本, 앞의 책, pp. 90-91; Bloch, pp. 103-104)과 제13장(塚本, p. 104; Bloch, pp. 103-104).

159) 이상은 14장마애법칙, 제2장(塚本, 앞의 책, p. 86; Bloch, pp. 93-94)과 제13장(塚本, p. 103; Bloch, p. 130).

지역과 남전에서 말하고 있는 전도사 파견 지역을 비교해 보면 두 전승에서 나오는 지역의 명칭들은 거의 다르다. 그러나 지도상에서 볼 수 있는 지역들의 위치는 거의 동일하다.[160] 두 전승의 지역들을 대조해 보면 다음과 같다.

전도사 파견 지역〔남전〕	법사신 파견 지역〔법칙〕	지도상의 지역
1) 까슈미라·간다라	7) 깜보자 8) 간다라	인도 서북부 지방
2) 마히사랏따	14) 안드라 15) 빠린다	데칸 동남부 안다라 지방
3) 바나바사	3) 사띠야뿌따	데칸 서남부 지방(좀더 남쪽에 위치한 1) 쪼다, 2) 빤댜, 3) 껠랄라뿌따도 포함할 수 있다.)
4) 아빠란따까	서쪽 변경지방 (해당 지역 없음)	
5) 마라랏타	9) 로티까	데칸 서북부 지방
6) 요나까로까	6) 요나	서북 변경, 그리스계 이란인의 거주 지역
7) 히마바따	11) 나바까 12) 나바빵띠	히말라야 지역(네팔)
8) 수반나부미		
9) 랑까·디빠	(해당 지역 없음) 5) 땀바빵니	벵갈 지방 또는 미얀마 스리랑카
(해당 지역 없음)	13) 보자	

이 대조에서 보아 알 수 있듯이 남전에서는 두 지역〔4)와 8)〕이, 그리고 법칙에서는 한 지역〔13)〕이 상응하는 곳이 없을 뿐, 그 이외의 지역들은 두 전승에서 완전히 또는 거의 일치하고 있다. 이와 같은 사실에서 우리는 남전에서 말하고 있는 전도사 파견과 법칙에서 볼 수 있는 법사신 파견 사이에 어떤 관계가 있다고 볼 수 있겠는가. 한 걸음 더 나아가서 어떤 학자들이 주장하고 있는 것처럼[161] 이 두 사실을 동일한 것이라 말할 수 있겠는가.

이 문제를 위해서 무엇보다도 먼저 생각해야 할 것은 아쇼까가 널리 보급하고자 했던 법(다르마)이 불교의 가르침과 동일한 것인가 하는 점이다. 위에서 우리가 아쇼까의 법(法)에 대해 추구하면서 알 수 있었던 것처럼 아쇼까의 법은 불교사상이 그 밑바탕이 되어 있는 것은 틀림없겠지만, 그러나 그것은 직접적으로 불교의 법은 아니었다. 아쇼까의 법은 종교 · 인종 · 계급 등을 초월한 보편성을 가진 하나의 사회윤리 또는 통치 이념이었다. 그렇다면 그와 같은 법(다르마)을 전파하기 위해 파견한 법사신들, 즉 법대관들은 특정종파의 교리를 전파하기 위한 전도사가 아니었다는 것은 명백하다. 그리고 또한 그 법대관들은 관리들이었지 출가 승려들이 아니었다는 점도 간과할 수 없는 일이다.[162] 결국 한마디로 해서 남전에서 전하고 있는 전도사 파견과 법칙에서 볼 수 있는 법사신 파견은 같은 것이 아니라는 사실이다. 그러므로 아쇼까가 불교를 전파하기 위해 전도사를 파견했다는

---

160) 山崎元一, 『アッョカ王とその時代』, p. 148 지도 참조.

161) 山崎元一, 앞의 책(이와 같은 주장은 山崎元一이 하고 있는 것이 아님).

162) É. Lamotte, 앞의 책, pp. 255-256; 山崎元一, 『アッョカ王傳說の硏究』, p. 108.

주장은 자료상으로는 근거가 없는 것이다. 남전에서도 전도사를 파견한 것은 목갈라뿟따 띳사 장로였지 아쇼까는 아니었다.

그렇다면 아쇼까는 개인적으로 불교를 신앙했을 뿐 불교를 전파하는 데는 아무런 기여도 하지 않았는가. 사실 그는 일국의 제왕으로서 백성들에게 자기 자신이 신앙하는 종교만을 강제할 수는 없었을 것이다. 앞에서 보았듯이, 아쇼까는 다른 종교도 보호 육성했다. 그는 모든 종교에 대해 평등정책을 썼다. 그렇지만 그는 불교신도로서 불교에 더 많은 관심을 가지고 있었던 것은 사실이다. 그가 특별히 승가를 위해 발포(發布)한 법칙에서도, 그리고 그가 남긴 불적지의 기념물들에서도 그것을 알 수 있다. 그리고 또 한 가지 간과할 수 없는 중요한 사실은, 그가 통치이념으로 시행한 법(다르마)이 불교사상을 배경으로 하는 것이었다는 점이다. 이것은 아쇼까가 직접적으로 불교를 전파해야겠다는 의도가 들어 있는 것이 아니었다 해도 결과적으로는 모든 백성들에게 불교사상을 쉽게 접할 수 있게 길을 열어준 것으로서 불교전도 활동에 크게 기여했다고 할 수 있을 것이다. 그리고 역시 법대관들이 법(다르마)의 보급에 힘쓴 것도 간접적인 불교전도의 효과를 가져왔을 것이다. 그래서 그들이 활동했던 전국의 모든 지역에서 불교가 뿌리를 내리기 쉬웠을 것이라는 것은 추측할 수 있는 일이다.[163)]

결국 갠지스 강 중류 지방을 중심으로 한 좁은 지역의 작은 신흥종교에 지나지 않았던 불교가 전 인도 또는 인도 바깥에까지 전파되어, 마침내는 세계적인 종교가 될 수 있었던 것은 아쇼까의 직접 또는 간

---

163) É. Lamotte, 앞의 책, pp. 255-256, 329, 337.

접적인 도움에 힘입었던 바가 크다고 하지 않을 수 없을 것이다.

4. 결론

우리는 지금까지 아쇼까에 대해 두 가지 점에서 추구해 왔다. 한 가지는 그의 생애에 관한 것이었고, 다른 한 가지는 그의 불교와의 관계에 대한 것이었다. 그의 생애에 대한 것은 주로 문헌자료에 의해서 추구해야 했다. 이 자료들에 의해서 우리는 그의 가계, 출생 그리고 그의 활동 등에 대해 비교적 자세하게 알 수 있었다. 그러나 이 자료들은 모두가 불교경전이거나 불교와 관계가 깊은 문헌들이었다. 여기에 나오는 아쇼까는 불교를 보호하는 왕으로서 지나치게 불교적이고 전설화된 모습이었다. 이와 같은 모습의 이면에는 그의 역사적인 모습이 어느 정도 숨어 있겠지만 그것을 찾아내기 위해서는 우리의 힘이 미치지 않았다. 이 문제를 위해서는 아쇼까의 전설이 어떻게 만들어지게 되었는가, 전설이 가지고 있는 의미는 무엇인가 등에 대한 세밀한 연구가 필요하다. 이미 외국학자들의 좋은 연구서들이 많이 나와 있지만, 우리 나름대로의 연구와 정리가 필요하다는 것을 알 수 있다.

두 번째로, 불교와의 관계에 대한 것은 문헌적인 자료와 고증학적인 자료, 특히 아쇼까가 남겨 놓은 비문들에 의해서 보다 구체적으로 알 수 있었다. 우리는 그의 불교귀의 문제, 그의 통치 이념이었던 법(다르마)의 문제, 그가 행한 여러 가지 불사들, 즉 사원과 불사리탑, 기념물들의 건립, 경전의 결집 문제, 그가 모든 불교신도들에게 권장한 여러 가지 경전들, 그리고 국내외의 전도사 파견 문제 등에 대해 추구했다.

이 연구를 통해서 우리들이 지금까지 피상적으로 생각하고 있었던 여러 가지 문제들을 좀더 확실하게 알 수 있었다. 아쇼까가 불교에 귀의하게 된 동기는 깔링가(Kaliṅga)와의 전쟁 때문이었다는 것을 이미 알고 있는 사실이지만, 그것을 좀더 구체적으로 볼 수 있었다. 그가 내세웠던 법(다르마)은, 그것이 비록 사상적으로 불교가 그 배경이 되어 있지만, 그것은 어디까지나 보편적인 사회윤리 또는 일종의 통치이념이었지 불법(佛法) 그 자체는 아니었다. 역시 아쇼까가 그의 법을 널리 전파하고 실천하게 하기 위해 사방에 파견했던 '법사신' 또는 법대관도 불교 전도사가 아니었다. 많은 불탑과 사원의 건립, 그리고 불적지 순례, 경전의 결집 등의 불사에 대해서도 우리의 자료상에서 볼 수 있는 그대로는 받아들일 수 없다는 것도 알 수 있었다. 그러나 독실한 불교신자였던 아쇼까가 이들 불사에 직접 또는 간접적으로 관여함으로써 초기불교 발전에 크게 기여한 것은 틀림없는 일이다.

아쇼까 연구를 위해서 이 작은 논문은 문제의 윤곽을 건드린 데 지나지 않는다. 앞으로 우리가 해야 할 일들은 아쇼까와 관계가 있는 모든 자료들의 세밀한 검토와 연구, 그의 전설 형성의 추구, 거기에서 아쇼까의 참 모습과 그가 몸담고 있었던 사회와 시대적인 상황, 그리고 그가 했던 여러 가지 불사에 대한 역사적인 규명 등이다. 역시 그의 다르마(Dharma, 法)에 대한 보다 구체적인 이해와 불교사상과의 관계에 대한 깊은 연구도 있어야 한다. 이와 같은 여러 가지 문제들을 해결함으로써 우리는 고대 인도불교를 좀더 구체적으로 이해하는 데

도움을 받을 수 있을 것이고, 한 걸음 나아가서는 아쇼까의 위대한 사상과 이상의 현대적인 수용 가능성도 타진할 수 있게 될 것이다.

* 『佛敎思想論叢』, 鏡海申正午博士華甲紀念論文集, 荷山出版社, 1991, pp. 495-526에 게재한 것을 수정한 것임.

아쇼까왕 비문 분포도

박뜨리아
깜보자
간다라
카슈미르
편잡
인더스강
히말라야산맥
갠지스강
야무나강
마투라
꼬삼비
빌사
바르후뜨
바라나시
바이샬라
빠딸리뿌뜨라
보드가야
마가다
웃샤인
쇼나리
수라슈뜨라
바루깟차
또살리
사마빠
깔링가
데칸고원
안드라
수바르나기리
이실라
바나바사
쪼다
땀바빵니
랑카
아라비아해
벵갈 만
▲마 애 법 칙 (RE)
△소마애법칙(MRE)
⊥석 주 법 칙 (PE)
×소석주법칙(MPE)
✱동 원 각 문 (CI)
아쇼까왕 비문
◎수 도
⊙태수왕자직할지(州都)
○도 시
0 50 100 150km

법칙의 소재지와 명각법칙의 종류

① 샤흐바즈가리히 (RE)
② 만세흐라 (RE)
③ 깔시 (RE)
④ 기르나르 (RE)
⑤ 소빠라 (RE)
⑥ 다울리 (RE, SE)
⑦ 자우가다 (RE, SE)
⑧ 에라구디 (RE, MRE)
⑨ 깐다하르 (RE, MRE, PE)
⑩ 루쁘나뜨 (MRE)
⑪ 구자라 (MRE)
⑫ 사하스람 (MRE)
⑬ 바이라뜨 (MRE)
⑭ 델리 (MRE)
⑮ 아흐라우라 (MRE)
⑯ 마스끼 (MRE)
⑰ 가비마트 (MRE)
⑱ 빨끼군두 (MRE)
⑲ 브라흐마기리 (MRE)
⑳ 싯다뿌라 (MRE)
㉑ 자땡가 · 라메슈바라 (MRE)
㉒ 라줄라 · 만가리 (MRE)
㉓ 바이라뜨 (MRE)
㉔ 델리 · 또쁘라 (PE)
㉕ 델리 · 미라트 (PE)
㉖ 라우리야 · 아타라즈 (PE)
㉗ 라우리야 · 난단가리 (PE)
㉘ 람뿌르바 (PE)
㉙ 알라하바드 · 꼬삼 (PE, MPE, QE)
㉚ 산찌 (MPE)
㉛ 사르나트 (MPE)
㉜ 룸민데이 (MPE)
㉝ 니갈리 · 사가르 (MPE)
㉞ 딱실라 (MPE)
㉟ 람빠까 (MPE)
㊱ 아마라바띠 (MPE)
㊲ 바라바르 (CI)

찾아보기

가

가비마트(Gavīmaṭh)(법칙) 26, 37
각문의 재고 250, 253
간다라(Gandhāra)(지방) 38
감부대관(監婦大官) 56, 58, 120, 122
겁(劫)이 다할 때까지 98, 101-102
과거 7불 69-70
관리의 의무 56
관리의 파견 146
교통노선(고대 인도) 47-49
구나함모니불(俱那含牟尼佛) 69 → 꼬나까마나
구루게(W. P. Gurugé)의 학설 234
구자라(Gujarrā)(법칙) 25
구자라뜨(Gujarāt) 38
구출갈마(驅出羯磨) 74
군감독관(軍監督官) 40-41
그리스어 비문 27, 39, 158-159(사진)
그리스인의 정착(인도서북) 39
그리스인의 도시(알렉산드리아) 39
기리나가라(Girinagara)(도시) 37
기르나르(Girnār)(법칙) 23, 134(사진)
까우띨야(Kauṭīlya, Cāṇakya)(대신) 50, 289, 291
까티아와르(Kaṭhiāwār) 38
깐다하르(Kandahār)(법칙) 24, 29, 38
깔링가(Kaliṅga) 정복 124, 128, 305-306

깔시(Kālsī)(법칙) 22, 147(코끼리상 사진)
깜보자(Kamboja) 37, 102, 127
깟사빠곳따(Kassapagotta) 사리함 280
껠랄라뿟따(Kelalaputta)(나라) 37, 90-91
꼬나까마나(Konākamana)(과거불) 69, 186, 320
꼬사(kosa, krośa)(거리 단위) 61, 173, 177
꼬살라(Kosala)(나라) 42
꼬삼비(Kosambī)(법칙) 29, 180-181, 273
꾸날라(Kuṇāla)(왕자) 263

나

나가르주니(Nāgārjunī) 동원(洞院) 32, 264, 271
나가리(nāgarī)(문자) 29
나바까(Nabhaka)(영토) 37, 127, 131
나바빵띠(Nābhapaṃti)(영토) 37, 127, 132
나크시 · 이 · 루스툼(Naqsh-i-Rustum)(장소) 38
노만(K. R. Norman)의 학설 237-238, 240, 247
노예와 하인에 대한 대우 112, 117
눈(眼) 보시 163
니간타(Nigaṇṭha, 尼犍陀, 자이나) 174, 178
니갈리 · 사가르(Nigālī-Sāgar) 31, 69(못과 석주 사진), 186(비문 사진)
니그로다(Nigrodha)(사미) 305
니글리바(Niglīva)(법칙) 31, 207, 209, 273

다

다르마쇼까(Dharmāśoka, 法阿育)(왕) 11, 298 → 법아육
다르마(Dharma)의 의미 276, 307
다샤라타(Daśaratha)(왕, 각문) 32
다울리(Dhauli)(법칙) 23, 25, 36
담마락키따(Dhammarakkhita)(전도사) 280
대관(大官) 42, 56, 136, 144, 191
대관회의(大官會議) 50

데바나가리(Devānagarī) 22
데바남삐야(devānampiya, 天愛) 264, 295
델리(Delh, 소마애법칙) 26
델리 · 또쁘라(Delhi-Toprā)(법칙) 28-29
델리 · 미라트(Mīrath)(법칙) 28, 172(석주 사진)
델리 · 시왈리크(석주) 272
도시감독관 41
도시집의관(執義官) 36, 44, 50, 56, 134, 136-137
동물의 거세(去勢)와 소인(燒印) 금지 167-168, 311
동물의 도살금지 53, 88, 93, 98(자제), 112-113, 117, 145, 158, 167, 176, 179, 309
동원각문(洞院刻文) 22, 32, 189
두 배로 증축했다(꼬나까마나 탑) 186-187
두 종류의 병원 61, 90, 92, 311
드라비다어(Dravida)(언어) 219
딕쉬따르(V. R. Dikshitar)(학자) 97, 255
따라나타(Tāranātha)(역사가) 290, 317
따라이(Tarāī)(지방) 209
딱샤쉴라(Takṣaśila)(도시) 38, 43, 137, 140, 296
딱실라 (Taxila)(법칙) 24, 31, 188
땀바빵니(Taṃbapaṃṇī, Tamraparni)(나라) 37, 90-91, 127, 131
뗄루구어(Telugu)(언어) 219
또살리(Tosalī)(도시) 43, 134, 137
뚜라마야(Turamaya)(왕) 127, 131, 292
뚜샤스파(Tuṣāspha)(왕) 37
띠바라(Tīvara)(왕자) 191
띠슈야(tiṣya) 별자리 136, 139, 142, 168
띠슈야 보름날 168
떳사(Tissa)(왕자) 78, 262, 297
떳사락키따(Tissarakkhitā)(왕비) 263
떳사 목갈리뿟다(Tissa Moggaliputta)(장로) 279

라

라그만(Laghmān)(장소) 31
라스또기(N. P. Rastogi)의 학설 233
라우리야 · 난단가리(Lauṛyā-Nandangaṛh)(법칙) 28, 167(석주 사진), 272

라우리야 · 아라라즈(Ararāj)(법칙) 28
라줄라 · 만다기리(Rājula-Maṇḍagiri) (법칙) 27
라훌라(Rāhula)에 대한 훈계(經) 65, 154, 157
람빠까(Lampāka)(법칙) 24, 31, 38, 188
람뿌르바(Rāmpurvā)(법칙) 29, 45(황소 주두 사진)
랏티까(Raṭṭhika) 37, 102, 150-151
루쁘나트(Rūpnāth)(법칙) 25, 268
루쁘나트 · 사하스람(Sahasrām) 270
룸민데이(Lummindeī)(법칙) 31, 184
룸민데이의 아쇼까 석주각문 재고 7, 207
룸비니 개발 트러스트 207
룸비니 마야당(사진) 54
룸비니 마을 184
룸비니 석주(발굴 당시 사진) 67

마

마가다(Magadha)(나라) 42(왕국의 출현)
마가다어(Magadhī) 7, 209
마가스(Magas)(키레네 왕) 40
마까(Maka, Magā)(왕) 127, 131, 292
마스끼(Maski)(법칙) 26, 37, 269
마애법칙의 계열 265 이하
마야당 유구(遺構) 248
마야당 출토 자연석 248
마하끄샤뜨라빠 · 루드라다만(왕) 각문 23
마하라자디라자 · 사무드라굽따(왕) 비문 29
마힌다(Mahinda)(장로) 77, 79, 83
만세흐라(Mānsehrā)(법칙) 22, 38, 117
맛잔띠까(Majjhantika, Majjhima)(장로) 280
망고나무 심기 61, 173, 177, 191
망어에 관해 세존 · 붓다가 라훌라에게 설한 훈계(經) 64, 154, 326, 329
매키언(McKeon)(학자) 8
메가스테네스(大使) 34, 40, 43, 260, 283
모든 사람은 나[Aśoka]의 자식이다 141
목갈리뿟다 (Moggaliputta)(장로) 77-79
목갈리뿟다 띳사(Moggaliputtatissa)(장로) 280(사리함), 329

목건라우바제사(目犍羅優波提舍)(장로) 82
무우왕(無憂王) 294
물 마시는 장소(飮水場) 설치 61, 173
미귀순 변경인 141, 143
미래의 포외(Anāgata-Bhayāni)(經) 64, 153, 156, 326

바

바라문(Brāhmaṇa) 93, 95, 98, 110, 112
바라문 · 사문(Brāhmaṇa · Śramaṇa) 93, 95, 175
바라바르(Barābar)(洞院) 189
바브라(Bhābrā; Bhābrū의 잘못)(법칙) 27
바이라뜨(Bairāṭ)(법칙) 25, 27(제2법칙)
반다르까르(D. R. Bhandarkar)의 학설 224, 252
반얀(banyan) 나무심기 61, 173, 177
반얀 동원 189
백의(白衣)를 입히다 72, 74, 180, 182, 323
법대관(法大官) 51, 56, 75, 102, 173, 278, 293, 301, 309
법대관의 임무 102-103, 173
법문(法門) 153-154
법사절(法使節) 291
법시(法施) 51, 112
법 실행 174
법아육(法阿育) 11, 62, 262
법에 대한 기쁨 127, 132
법에 대한 사랑 124, 129, 161-162, 306
법에 의한 정복 36, 50, 59-60(자세한 내용) , 126, 130, 279
법에 의한 통치 36, 303
법을 알리는 소리 51, 53, 63, 98, 100, 303
법을 위한 여행(法巡禮) 275, 279
법의 공포(公布) 173
법의 복합사(複合詞) 50-51, 308
법의 사랑 124, 129, 161-162, 306
법의식(法儀式) 112-113, 279
법의 실행 124, 129
법의 증진 51, 75, 102, 170, 172, 175(방법)
법이란 무엇인가 163
법주(法柱) 건립 75, 173

법칙(法勅) 87-88
법칙 명각(銘刻)의 목적 163, 170, 176
법칙의 낭송 136, 142
베디사(Vedisa)(지방) 79
변경을 맡은 대관 56, 161-162
별각마애법칙 25
병원 건립 61, 90, 92, 311
보드가야(석주 사진) 57
보시당(布施堂) 191
보자(Bhoja) 36, 127, 132
부모에게 순종 93, 97, 117
분수세(分受稅) 254, 308
불덩어리(火蘊) 53, 63, 98, 100
불적순례 318-321
불탑건립 316-318
뷜러(G. Buhler)의 학설 209, 251
브라흐마기리(Brahmagiri)(법칙) 26, 37, 51
브라흐미(Brahmi) 문자 5, 21, 22, 138 (사진), 266, 270
블로흐(J. Bloch)(학자) 8, 259
블로흐의 학설 228
비나야의 가장 우수한 가르침(經) 64, 153-155
비따쇼까(Vitaśoka, 毘多輸柯) 296
비슈바 · 조쁘리(Viṣva Jhopri) 동원 189
빈두사라(Bindusāra, 아쇼까의 父王) 261, 290, 294, 304
빚의 상환(償還) 60, 107-108, 136, 139, 141, 143, 300
빠딸리뿌뜨라(Pāṭaliputra)(도시) 43, 102, 105, 280(결집)
빠데리아(Paḍeria, Rummindeī) 207, 209
빠린다(Pāriṃda)(민족) 37, 127
빠우라(paura, 市民) 43
빠우라 · 자나빠다(jānapada, 지방민) 44
빤디야(Paṃḍiya)(주민) 37, 90, 127
빨끼군두(Pālkīguṇḍu)(법칙) 26
뿌나르바수(punarvasu)(별자리) 168-169
삐띠니까(Pitinika)(주민) 37, 102, 127, 264, 295
삐야닷시(piyadassi, 喜見) 264, 295

사

4개월 계절 142-143, 167
사냥의 금지 310
4대성지 253
사띠야뿟따(Satiyaputta) 37, 90-91
사르나트(Sārnāth)(도시) 31
사르나트 석주의 4두 사자상 31, 41(사진)
사르나트의 파괴된 석주(사진) 30
사리(舍利)[아쇼까가 여행 중에 입수] 146, 149
사마빠(Samāpā) 36(도시), 43(법대관), 134
사명외도(邪命外道) 42 → 아지비까
사무드라(Samudra)(비구) 305
사문 · 바라문 98, 110, 319
사문 · 바라문에 대한 보시 112, 117
4바라이법(波羅夷法) 74
사직관(司直官) 42, 93-94
사축원관(飼畜苑官) 42, 50, 120, 123
사카즈메 히데이찌(坂誥秀一)(학자) 249
사하데바(Sahadeva)(전도사) 80
사하스람(Sahasrām)(법칙) 25
사형수에게 165-166(3일간 유예), 166(재심청구)
사회계층(고대 인도) 45-46
사회구성(고대 인도) 44
산찌 탑(사진) 73(제1탑), 78(제2탑), 81(제3탑)
삼빠딘(Sampadin, 三波提)(副王) 294, 303
삼보리(三菩提) 방문 56, 63, 110, 277
상가밋따(Saṃghamitta) 77, 79
상까샤의 코끼리상(사진) 61
상주관(上奏官) 42-43, 55, 106, 301
생명의 증여(贈與) 163
샤르빵띠에 (J. Charpentier)(학자) 213
샤흐바즈가리히(Shāhbāzgaṛhī) 22, 38, 87, 125
서기관(書記官) 42
서카(D. C. Sircar)(학자) 8
석판(石板, silaphalaka) 176
선(善)이란 93, 117
성스러운 계보(Alia-Vasāni, 聖住)(經) 153, 155, 326-327
성자의 게(Munigāthā)(經) 64, 153, 156, 326

세나르(E. Senart)(학자) 211, 264
센(A. Sen)의 학설 231
소마애법칙 22, 25
소빠라(Sopārā)(법칙) 23, 267
소석주법칙 22, 30
수마나(Sumana, Susīma)(왕자) 262
수바르나기리(Suvarṇagiri)(도시) 37, 56, 144, 147
수세관(收稅官) 42, 50, 93-94
수시마(Susīma)(왕자) 262, 296
순례여행 67, 148
순종 124, 175(존자에게); 125, 150, 174(부모와 스승에게)
순찰(巡察) 93(5년마다), 95, 137(3년마다), 140, 278
스깐다굽따(Skandagupta)의 각문 23
스미스(V. A. Smith)의 학설 212
스와뜨(Swāt) 계곡 39
승가에 가다 144, 148
시장감독관 40
신(神)들과의 교제 63, 144-145, 148
14장마애법칙 21-22
싯다뿌라(Siddāpura)(법칙) 26, 37, 147(장소)

아

아람어(Aram) 7, 30, 266(문자)
아람어 비문 28, 38, 158, 159(사진)
아르다마가다어(Ardhamāgadhī) 222
아르타샤스뜨라(Arthaśāstra) 214, 230
아마라바띠(Amarāvatī)(법칙) 32
아산디밋따(Asandhimittā)(왕비) 263
아쇼까 21(법칙, dhamma-lipi); 37(영토); 54, 106(신속한 國務처리를 위한 지시들); 55, 110, 275, 283(오락여행의 폐지); 56, 146, 148(삼보리 방문, 법순례 시작); 61(복지사업); 62, 306(불교귀의); 65, 124, 128-129(깔링가 정복); 69(룸비니 참배); 75-76, 274, 291(연대); 84-85(법사신 파견); 90, 92(병원건립과 약초재배); 135, 138(아쇼까의 소망); 146, 148-149(256일의 여행); 184(룸비니 참배); 281(통치기간); 259-261(아쇼까의 유산); 274(아쇼까 비문내용); 288(연구를 위한 자료); 289(家系); 294(생애); 304(아쇼까와 불교); 313-315(다르마의 사상적 배경); 316(불탑 건립과 불

적 순례)
아쇼까 다르마에 대한 학자들의 견해 297 이하
아쇼까 다르마 통치의 결과 287
아쇼까라마(Aśokārāma) 322
아쇼까 법칙의 기본적인 내용 52
아쇼까의 보리수 공양 111(사진)
아쇼까의 전설 261
아지비까(ājīvika, 邪命外道) 173, 178, 189, 271, 302
아호강가(Ahogaṅga)(장소) 78, 81
아흐라우라(Ahraurā)(법칙) 26, 71
안드라(Andhra)(민족) 37, 127, 132
안티노코스 2세 고나타스(마케도니아 왕) 40
안티오코스 2세 테오스(시리아 왕) 40
알라하바드(Allāhābād)(장소) 272
알라하바드 · 꼬삼(Kosam)(법칙) 29, 32, 272
알렉산드로스 2세(에페이로스왕) 40
알리까수다라(Alikasudara)(왕) 127, 131, 292
앙띠끼니(Aṃtikini)(왕) 127, 131, 292
앙띠요까(Aṃtiyoka)(왕) 37, 126, 292, 331
야마자키 겐이치(山崎元一)(학자) 296
에라구디(Erraguḍi)(법칙) 24, 27, 270
염부제(閻浮提) 63, 144, 148
오래된 법칙 150-152
요나(Yona)(그리스인) 36, 91, 126
요나왕 71, 126
요나까(Yonaka)(민족) 127
요자나(yojana)(거리단위) 126, 131
우물파기 61, 90, 173
우바새(優婆塞)(2년 반 동안 나[아쇼까]는 우바새였다.) 144
우빠굽따(Upagupta)(장로) 279, 299, 318
우빠띳사의 물음(Upatissapasine)(經) 64, 154, 156, 326, 328
우에사카 사토루(上坂悟)(학자) 207, 247-248
우이 하쿠주(宇井伯壽)(학자) 11
울너의 학설(A. C. Woolner)(학자) 215
웃자이니(Ujjayinī)(도시) 38, 79, 137, 140, 262, 297
유사(有司) 42, 50,165
6분세(分稅) 44, 68, 185, 257-258

256일(아쇼까의 순례여행) 146, 148-149, 320
이란인들의 인도 서북지방 정착 38
이실라(Isila)(도시) 144, 147,
익슈바꾸(Ikṣvāku) 왕조 211
인도지(印度誌, Indica) 34
인석(印石) 248-250
임주족 58, 60, 126, 130

자

자띵가 라메슈바라(Jatiṅga-Rāmeś-vara)(법칙) 27, 37
자연석(마야당 출토) 249, 251, 254
자우가다(Jaugaḍa)(법칙) 23, 25, 36
자한기르(Jahangīr)(왕) 비문 29
장로에 대한 순종 98
재판과 형벌의 공정 165-166
적묵행(寂默行)의 경(經) 64, 154, 156, 326, 328
전도사들의 이름 330
전도사 파견 83, 329
전도사 파견 지방 330, 332
정사(精舍)에서 추방 74
정의로운 정복자(dharmavijayin) 59
제3결집 77, 299, 321-323
제임스 프린셉(J. Prinsep) 6, 264
조세(租稅) 44, 184-185, 254
종파의 본질 증진 119, 121
주처가 아닌 곳에 살게 하다 180, 182, 323
지방장관 42, 50, 93-94, 150, 152
징벌갈마(懲罰羯磨) 74, 182
짜빠다(Capaḍa)(銘刻者) 151-152
짠드라굽다(Candragupta, 아쇼까의 祖父)(왕) 34-35, 289-290, 293
짬빠(Campā)(나라) 296
쪼다(Coḍa)(민족) 37, 90, 127

차

차루바끼(Charuvaki)(왕비) 32, 191
천궁(天宮) 53, 63, 98, 100
천상에 도달하다 60, 107-108, 113, 136, 142-143, 145, 164-165(來世의 이익)
천상의 초자연적인 형상 53, 63, 98, 100
천애의 법(法) 사랑 124
천애의 후회 124

천애희견왕(天愛喜見王) 56, 67, 87-88, 115, 117, 296
천애희견왕의 룸비니 참배 184
천애희견왕의 최상의 기쁨 110-111
최상의 정복 126
최초로 새긴 법칙 170
추나르(Chunar)(장소) 26, 252
칙령의 목적 145
칙령의 발포(發布) 146
7종의 법문(經名) 65-66, 325
7장석주법칙 22, 161
츠카모토 게이쇼(塚本啓祥) 7, 296, 314

카

카로슈티(Kharoṣṭhi)(문자) 7, 21, 38
카샤(Khasha)(나라) 297
칼라띠까(Khalatika)(산) 189-190
캘컷타 · 바이라트(Calcutta-Bairāṭ)(법칙) 64
케른(H. Kern)(학자) 263

타

타파르(R. Thapar)(학자) 65
탐욕스러운 정복자 59
태수왕자(太守王子) 36-38, 42, 137, 140, 144, 147
터너(R. L. Turner)(학자) 270
토마스(F. W. Thomas)(학자) 227

파

파승가(破僧伽) 73, 180, 182
파승가법칙(法勅) 72, 180, 299, 323
파승가의 억제 72
8분세 50, 68-69, 184-185, 256-257
84,000 불탑(佛塔) 71, 77, 299, 317
팔크(H. Falk)(학자) 240
포살일(布薩日) 74, 168-169
포악아육(暴惡阿育, Caṇḍāśoka) 62, 262, 298
푸세(A. Foucher)(학자) 229
풀 · 이 · 다룬테(Pūl-i-Darunteh) 32
퓌러(A. A. Führer)(학자) 209, 219
프톨레마이오스 2세 필라델포스(에집트

왕) 40

피로즈 · 샤(Fīroz-shāh)(왕) 28

피셸(R. Pischel)(학자) 238

하

향연(饗宴)을 위한 집회의 금지 61, 88

헷띠아랏치(D. E. Hettiaratchi)(학자) 239

현명한 유모의 비유 165

현세와 내세의 이익 164-165, 176

화합만이 선이다 120, 122

화합승(和合僧)의 의미 73

황후법칙 22, 29, 32, 191, 273

훌취(E. Hultzsch)의 학설 219

휴게소의 설치 61, 173

흉포한 정복자 59

희견(喜見, Πιοδάσης) 88, 129, 295

희견왕의 승가에 대한 인사 153

아쇼까왕 비문

초판 발행 ǀ 2008년 4월 30일

지은이 ǀ 츠카모토 게이쇼(塚本啓祥)
옮긴이 ǀ 호진(浩眞, 尹炳植) · 정수(淨修, 韓仁徹)

펴낸이 ǀ 고광영
펴낸곳 ǀ 불교시대사
출판신고일 ǀ 2008년 1월 7일, 제300-1991-27호
주소 ǀ 110-718 서울시 종로구 관훈동 197-28 백상빌딩 13층 4호
전화 ǀ (02)730-2500
전송 ǀ (02)723-5961

홈페이지 http://www.buddhistbook.co.kr

ISBN 978-89-8002-104-8 93220

※책값은 뒷표지에 있습니다.
※잘못된 책은 바꾸어 드립니다.